COLLECTION NOUVEAUX CONTINENTS

La CARTOGRAPHIE

Classes préparatoires – CAPES – Agrégation – IEP

Nicolas Balaresque
Agrégé d'histoire, professeur en classes préparatoire ECS au lycée Henri IV (Paris)

Daniel Oster
Agrégé de géographie, professeur de chaire supérieure de géographie en classes préparatoires au lycée Henri IV (Paris)

Réalisation des cartes : Claire Levasseur

Nathan

Dans la même collection :

Les grandes mutations du monde au XXe siècle

Direction de R. Benichi
Auteurs : N. Balaresque, R. Benichi, N. Bonhomme, J.-F. Grevet, F. Martin, D. Oster, J.-Y. Piboubès, M. Rapoport

La mondialisation contemporaine – Rapports de force et enjeux

Direction de N. Balaresque et D. Oster.
Auteurs : D. Acloque, N. Balaresque , A. Delpirou, J. Dietrich, H. Dubucs, F. Munier, D. Oster, J.-Y. Piboubès, C. Picardat, K. Sahler, C. Tiano.

Géopolitique des Amériques

Direction scientifique de A. Musset, coordination de V. Thébault
Auteurs : A.-L. Amilhat-Szary, M. Guibert, M.-G. Lachmann, F. Leriche, É. Salin

Géopolitique de l'Asie

Direction scientifique de Ph. Pelletier, coordination de V. Thébault
Auteurs : N. Anquetil, G. Boquérat, Ph. Pelletier, V. Thébault, G. Weissberg

Géopolitique de l'Europe

Direction scientifique de B. Elissalde, coordination de V. Thébault
Auteurs : Ph. Dugot, B. Elissalde, D. Hamon, G. Loison, D. Pierre-Elien, C. Rocafort, V. Thébault

La France – Territoires et aménagement face à la mondialisation

Direction de Y. colombel et D. Oster
Auteurs : D. Acloque, É. Bonnet-Pineau, Y. colombel, A. Delpirou, D. Oster

La mondialisation

Direction de D. Retaillé
Auteurs : C. Allmang, R.-É. Dagorn, P. François, J.-Ch. Gay, Ph. Guillot, É. Leclerc, D. Retaillé, L. Vignal, O. Vilaça, Ph. Violier

Géopolitique du monde contemporain

Direction de P. Gentelle
Auteurs : D. Eckert, B. Elissalde, M. Foucher, P. Gentelle, Ph. Pelletier, R. Pourtier, J.-L. Racine, É. Salin, J. Soppelsa, H. Théry

Coordination éditoriale : Christine Asin
Édition : Séverine Martineau
Relecture-correction : Catherine Lainé
Conception graphique et mise en page : Alinéa
Fabrication : Maria Pauliat

ISBN : 978-2-09-162983-4

SOMMAIRE

Principes et méthodes de la cartographie

« Debout, penché sur la table, les deux mains appuyées à plat sur la carte, je demeurais là parfois des heures, englué dans une immobilité hypnotique d'où ne me tirait pas même le fourmillement de mes paumes. » J. Gracq, *Le Rivage des Syrtes*.

On n'exigera pas de l'étudiant préparant des épreuves de cartographie aux concours la même fascination que celle de Julien Gracq pour les cartes, mais il devrait être rassuré par cette évocation de leur pouvoir. Le choix, dans des épreuves prestigieuses, d'interroger sur des cartes, ou même d'en demander une réalisation, en prend acte. Il ne s'agit pas seulement de varier les exercices ou d'offrir un complément à l'épreuve reine que constitue en France la dissertation, mais bien de travailler sur un élément irremplaçable de la réflexion historique, géographique et géopolitique.

La **réalisation d'une carte** dans un temps limité, en problématisant un sujet général ou régional, témoigne de qualités essentielles : la capacité à **organiser une vision d'ensemble**, à la **retranscrire dans un langage rigoureux** qui la rende immédiatement accessible, mais aussi la rapidité à prendre des décisions, à arbitrer efficacement entre des choix. Tout ne peut pas être retranscrit graphiquement, le candidat doit donc aller à l'essentiel, en associant à sa démonstration un impératif de lisibilité. Les quarante cartes de cet ouvrage ont été réalisées avec à l'esprit ce premier objectif de synthétiser des informations souvent disparates pour les traduire de façon la plus lisible. Chacune est ainsi très proche de ce que pourra réaliser un étudiant ayant bien intégré les exigences de l'exercice.

L'**exercice du commentaire** relève, lui, en partie, de la déconstruction : l'étudiant doit comprendre les choix du concepteur de la carte, **retrouver ses logiques et les problématiques** qu'il a voulu traduire dans sa représentation spatiale d'un sujet plus vaste. Dans le même temps, il doit aussi être capable de **relier ce que montre la carte à l'ensemble des éléments non cartographiables** qui sous-tendent le propos du cartographe. Ici, ce sont donc ses qualités d'analyse qui sont mises en avant. Là encore, l'exercice est décisif pour évaluer les compétences d'un candidat. À travers le commentaire de la carte, les meilleurs convainquent les jurys de l'acuité de leur regard sur une situation donnée et de leur excellence à en rendre compte de façon suggestive. Les quarante commentaires du livre jouent sur ce double effort d'interprétation du langage cartographique et de mise en liaison avec des explications extérieures qui éclairent les situations spatiales et les rapports de force dessinés par la carte.

1. La cartographie aux concours des écoles de commerce

Trois exercices mobilisent la cartographie aux concours des écoles de commerce : la réalisation d'un croquis illustrant le sujet de dissertation à l'ESCP, un commentaire écrit d'un croquis donné en sujet au concours Ecricome, enfin un commentaire oral rapide d'un croquis fourni aux épreuves orales de l'EM Grenoble et de Toulouse Business School.

a. **Ce dernier exercice est intégré à un oral plus large** et le commentaire de la carte doit s'y dérouler en cinq minutes, après une préparation d'une demi-heure. Il s'agit donc essentiellement d'un exercice de synthèse dont on attend des qualités de clarté et d'organisation de la pensée. Hiérarchiser les informations et les relier entre elles, en ajoutant à l'explication les éléments non cartographiables du sujet, doit permettre de convaincre le jury.

b. Le commentaire de la carte du concours Ecricome propose au choix deux sujets, dont un avec une carte, en couleurs, accompagnant le sujet de dissertation. Des questions peuvent accompagner la carte. Le commentaire attendu, rédigé mais peu étendu (pas plus d'une page et demie), doit témoigner de qualités de lecture, d'analyse et de compréhension des enjeux géostratégiques. La note pèse pour un quart dans la note globale.

La carte proposée peut être un planisphère représentant les évolutions, les rapports de force, les structurations d'un phénomène, d'une activité, d'une organisation ou de l'exercice de la puissance de tel ou tel acteur du monde contemporain. Il peut aussi s'agir, à une échelle plus fine, d'un espace particulier – région, pays, voire d'un territoire plus restreint –, dont les dynamiques ou les blocages illustrent des situations géopolitiques ou géoéconomiques particulières. Enfin, deux cartes de comparaison, à deux moments différents de l'histoire par exemple, peuvent être proposées.

Dans tous les cas, la lecture du candidat doit d'abord **interroger le titre retenu**. Celui-ci donne presque toujours des indications pertinentes sur le point de vue retenu, suggérant avec le plan de la légende (le cas échéant, car cette dernière peut être très succincte) la problématique implicitement retenue par le concepteur de la carte : c'est celle-ci qu'il faut identifier avec précision et reprendre dans le commentaire. Le titre peut cependant parfois être purement descriptif, volontairement neutre : la **problématique** sera alors à rechercher **du côté de la légende**. Quoi qu'il en soit, le candidat doit faire un effort d'empathie pour saisir ce qu'attendait le concepteur du sujet de l'analyse de sa carte. C'est au passage la même démarche qui doit être suivie avant de problématiser et de faire un plan pour la dissertation. Il s'agit de se rapprocher le plus possible du commentaire idéal, en gardant à l'esprit que le correcteur est payé d'expérience pour savoir que celui-ci n'existe pas.

L'épreuve durant quatre heures, **en aucun cas le commentaire de la carte ne doit excéder une heure** et, au vu des difficultés de la dissertation, on peut même estimer que trois quarts d'heure sont raisonnables. Chacun doit déterminer, au cours des épreuves sur table lors des deux années de préparation, s'il convient de commencer par le commentaire afin d'avoir l'esprit libre pour la dissertation (qui représente les trois quarts de la note). Si on retient la formule inverse, on doit s'imposer rigoureusement de dégager le temps nécessaire pour le commentaire.

Celui-ci doit se dérouler de façon canonique en respectant l'ordre suivant : la **présentation du document** (sa nature, les sources), le **contexte du phénomène représenté**, une **analyse de sa représentation cartographique**, enfin une **critique de celle-ci**, en évitant le dénigrement mais en soulignant, à l'inverse, que les éléments non retenus correspondent le plus souvent à des choix délibérés.

c. Au concours de la BCE, l'épreuve ESCP, comptant pour de nombreuses écoles, dont HEC, associe en quatre heures une dissertation à « l'**élaboration d'une carte réalisée sur fond muet, à partir du sujet posé** ». Il semble logique de commencer par la réalisation de cette carte et de sa légende, et d'enchaîner avec la recherche d'une problématique et du plan de la dissertation, le tout dans un laps de temps raisonnable d'une heure, au maximum une heure et quart, en étant assez rapide pour rédiger la dissertation, dont le volume attendu est tout de même de huit pages. Il s'agit donc d'**être rapide et synthétique**, de **s'appuyer sur une légende structurée mais légère** et de **réaliser proprement et précisément une carte parlante et exacte**. La principale justification d'une réalisation du croquis avant de rédiger la dissertation est donnée par le partage des points : un quart pour le croquis, qui est apprécié dans une note globale. Il est donc raisonnable de le traiter en premier pour, une fois bien lancé par ce premier exercice, se concentrer jusqu'à la fin sur la rédaction de la dissertation. Un **avantage appréciable d'une réalisation préalable de la carte** semble aussi s'imposer : il est alors possible de la citer au cours de la démonstration (avec les expressions « comme on peut le voir sur la carte » ou « *cf.* carte »), pour étayer son propos en gagnant du temps et en convainquant le correcteur de la cohérence de sa démarche. La carte, construite en partie avec les éléments complémentaires donnés avec le sujet (autour de sept documents, statistiques, graphiques ou cartographiques), fait bien alors corps avec la dissertation, qu'elle illustre par certains de ses aspects, dont elle renforce la charge démonstrative par d'autres. Des candidats préfèrent néanmoins, et pour certains avec succès, dégager trois quarts d'heure, voire une seule demi-heure pour les plus adroits, à la fin de l'épreuve. C'est une tactique risquée, qu'il semble délicat de conseiller.

Un constat de bon sens doit enfin être pris en compte : sans qu'il y ait de règle intangible en la matière, les (nombreux) correcteurs de cette épreuve opèrent logiquement selon la même approche : avant de lire la dissertation, ils jettent un coup d'œil sur la carte, qui leur donne, avant toute analyse, une première impression orientant déjà la note qu'ils donneront *in fine*. **La clarté et la propreté de la carte sont donc décisives** : elles prédisposent le correcteur, jusque-là sans aucun *a priori*. Schématiquement, face à une première impression positive, il est dans l'état d'esprit qui est le sien lorsqu'il aborde dans l'année une copie d'un(e) étudiant(e) excellent(e) : c'est la copie à laquelle il aimerait donner la meilleure note possible, et pourquoi pas un 20 (chaque correcteur a plus d'une centaine de copies à corriger et s'astreint à mettre quelques excellentes notes, qu'il aurait des réticences à accorder dans l'année). À l'inverse, se placer dans la situation opposée, c'est s'exposer stupidement à l'irriter avant toute autre impression.

Dans un deuxième temps, la lecture de la carte est purement vérificative : avant de mesurer les points forts et faibles de la construction, **le correcteur regarde attentivement les localisations de la carte**, pour y rechercher d'éventuelles erreurs ou confusions. Ces dernières peuvent être fatales à la note, et excéder les cinq points du croquis (puisque la note est globale et non justifiée). La plus grande attention est donc ici requise ; dans le doute, l'abstention s'impose (un correcteur ne verra peut-être pas qu'une indication d'importance n'est pas localisée ; il verra à l'inverse à coup sûr une localisation fautive). C'est dans un troisième temps qu'il aborde l'analyse de la légende, la vérification de sa cohérence avec la carte, et qu'il arrête, *in petto*, la note qu'il lui attribue. **Une excellente carte** vaut en fait plus de cinq, même si le correcteur s'en défend, puisqu'elle l'entraîne à **une lecture bienveillante de la dissertation**. Cette attitude est souvent décisive et permet de faire basculer une impression indécise dans un sens favorable. À l'inverse, une carte qui dévoilerait des lacunes scandaleuses (aux yeux, sévères, du correcteur) peut coûter la moyenne dès les premières minutes de la correction.

2. Carte, croquis, schéma graphique

Le terme même de « **carte** » désigne, par extension sémantique, toute production graphique ayant l'ambition de représenter tout ou partie de la surface terrestre. Outil privilégié du géographe, la carte sert à localiser et nommer des réalités physiques et humaines présentes dans le monde ; elle permet également d'analyser des phénomènes géographiques qui, au bout du compte, éclairent l'organisation et la maîtrise des territoires. Par souci de clarté, il vaut mieux réserver le terme « carte » à un document professionnel plus ou moins élaboré et caractérisé par des localisations précises obtenues par le travail d'un cartographe.

Le terme « **croquis** » doit être préféré pour désigner la production simplifiée d'un espace, qui conserve un réel souci de localisation, mais dont l'objet principal réside dans la volonté d'expliquer l'organisation de l'espace étudié. Pour cette raison, un croquis correspond au traitement graphique d'un sujet qui localise les principaux phénomènes géographiques tout en s'efforçant d'exprimer les principales idées du sujet, organisées autour d'une problématique. Le caractère démonstratif du croquis est clairement affiché.

Enfin, un troisième terme, « **schéma cartographique** », se rapporte à une production graphique simplifiée à l'extrême qui n'essaie pas de localiser de manière précise mais cherche avant tout à visualiser quelques idées essentielles d'un sujet à caractère géographique.

Il existe donc **un gradient entre les trois types de production cartographique (la carte, le croquis, le schéma)** en fonction de la précision du paramètre « localisation », du nombre d'informations retenues et du rapport à l'interprétation de l'espace étudié. Aussi, notre ouvrage utilisera parfois le terme de « croquis » pour souligner notre volonté de préserver une localisation rigoureuse tout en mettant en évidence, de façon synthétique, les problèmes géographiques majeurs du sujet. Notre objectif principal est d'apporter une réponse graphique organisée à une problématique clairement perceptible. Mais, par commodité, nous emploierons le plus souvent le terme de « carte » dans son acception générique.

3. Les qualités d'une bonne carte

La lisibilité, la précision, l'expressivité et la pertinence scientifique constituent les qualités nécessaires à la réalisation d'une bonne carte. La carte s'apparente à un message visuel qui doit informer clairement l'utilisateur sur les idées principales d'un sujet. Le « message est bien passé » lorsque la réponse à la problématique apparaît tout de suite lors d'une lecture presque instantanée de la carte. Cette **lisibilité** implique de sélectionner les informations adéquates et de maîtriser le langage cartographique. Trop d'informations risquent de brouiller le message, voire de le rendre illisible ; au contraire, la synthèse et la concision garantissent la facilité de sa perception. Notons d'ailleurs que l'échelle de la carte joue un rôle important dans le nombre d'informations finalement retenues. Sur le plan de la réalisation graphique, l'abondance et/ou le mauvais choix des variables visuelles utilisées altèrent également la qualité de transmission des données. Cela dit, si la carte doit être claire, elle ne doit pas être trop pauvre pour avoir du sens. Il faut donc bien réfléchir à la sélection des informations, comme au choix des figurés utilisés.

Simplifier pour mieux démontrer ne signifie pas manquer de **précision**. L'exactitude des localisations et le choix judicieux de la nomenclature constituent des moyens indispensables à la réalisation d'un bon croquis. Ainsi, sur la carte C3, « Le territoire chinois et la mondialisation », le regroupement de nombreuses implantations de toutes sortes autour de Shanghai, Hong Kong et Pékin fait bien ressortir la domination de ces trois grands pôles de la croissance chinoise.

La recherche de l'**expressivité** rejoint la nécessité d'une carte lisible dont le but est de démontrer, de mettre en valeur, et non simplement de collecter des faits se rapportant au sujet. Pour être évocatrice, la carte puise, dans la palette des procédés graphiques, **les meilleurs moyens de souligner l'essentiel aux dépens de l'accessoire**, de distinguer les différents types d'une classification indispensable, etc. Par exemple, l'utilisation raisonnée des couleurs ou la variation du trait de dessin donne souvent de bons résultats pour cette mise en perspective. Si l'on regarde la carte A6, « Les défis démographiques de la planète », son expressivité tient beaucoup au **choix des couleurs** (gradient des couleurs pour les différents taux de croissance, uniformisation des couleurs pour chacune des parties ou sous-parties de la légende…) et à **celui des figurés** (répartition équilibrée des figurés de surface, ponctuels et linéaires, permettant de représenter les phénomènes aussi bien statiques que dynamiques).

Toutes ces qualités de lisibilité, de précision et d'expressivité ne seraient pas utiles sans l'indispensable **pertinence scientifique** du travail cartographique. Nous détaillerons plus loin les éléments garantissant cette pertinence ; nous nous contenterons ici d'évoquer **l'importance de la réflexion en amont de la construction graphique**, une réflexion qui doit nécessairement aborder la problématisation du sujet et la question des connaissances, non seulement factuelles, mais aussi conceptuelles. Si nous prenons l'exemple de la carte A14, « Le fait religieux mondialisé », elle ne se contente pas de proposer une localisation des religions, elle cherche surtout à illustrer la question des rapports entre un phénomène culturel et la mondialisation : celle-ci conduit-elle à une convergence généralisée des cultures ou, au contraire, à leur radicalisation ? D'où la construction de la légende qui, après la description d'une géographie religieuse soumise aux forces de l'inertie et du changement, met en valeur les tensions et conflits liés au fait religieux sans omettre de décrire les éléments du volet « pacifique » de la question.

4. Les éléments de la carte

Toute carte comporte un titre, une échelle, un choix de projection, un ensemble d'informations, une légende et une nomenclature.

Placé en haut ou en bas de la carte, le **titre** définit l'objet de l'étude cartographique. Lorsqu'il accompagne une dissertation, la carte répond le plus souvent à la problématique du sujet de la dissertation. Dans ce cas, le titre de la carte reprend les termes de ce sujet. Mais il peut arriver que le titre et la problématique de la carte soient différents lorsqu'une partie de la dissertation s'avère difficilement cartographiable. En clair, la reprise du plan du travail écrit pour construire la légende est très souvent gage de cohérence entre les deux entreprises (la dissertation et la production graphique) mais, pour certains sujets, la carte nécessite une hypothèse de travail spécifique qui débouche sur un traitement partiel du sujet donnant une prime à l'organisation de l'espace. Le titre de la carte doit alors refléter ce parti pris.

L'**échelle cartographique** accompagne la carte pour évaluer le rapport d'une distance mesurée sur celui-ci à sa valeur réelle sur le terrain. Cette échelle peut être mentionnée sur le croquis de deux manières : l'échelle numérique (fraction 1/n) et l'échelle graphique (segment représentant un certain nombre de km dans la réalité). Toutes les cartes de cet ouvrage reproduisent une échelle graphique, bien plus facile à utiliser pour la lecture des distances. Plutôt que de s'attarder sur les expressions « grande échelle » ou « petite échelle », il est important de souligner que **l'échelle détermine le degré de généralisation du croquis ainsi que la densité des objets à représenter**. D'ailleurs, plusieurs cartes de l'ouvrage n'hésitent pas à faire varier les échelles en ajoutant en cartouche une petite carte qui « zoome » sur une partie ou sur un thème de l'espace cartographié, ceci afin de clarifier la lecture d'un espace surchargé en informations.

Le choix du **système de projection** représente une autre donnée cartographique fondamentale. Rappelons qu'une projection permet de transposer, sur un plan à deux dimensions, une représentation de la surface terrestre (celle-ci étant courbe), ce qui implique obligatoirement des déformations. Les projections sont le plus souvent dénommées en fonction de la surface géométrique dont elles dérivent (cylindrique, conique, azimutale) et de l'auteur qui l'a mise au point (Mercator, Peters, Lambert…). Toutes les cartes de l'ouvrage n'exploitent pas le même type de projection par suite d'une réflexion sur l'intitulé du sujet et sur l'emplacement des régions les moins et les plus déformées. Tout naturellement, la carte C12, « L'Arctique entre inquiétudes et espoirs » a été construite à partir d'une projection polaire qui a l'inconvénient de représenter seulement une partie de la planète, mais qui a l'avantage de déformer faiblement toutes les régions voisines du pôle Nord, ce qui n'aurait pas été le cas, par exemple, avec le choix de la projection Mercator. En dehors du système de projection proprement dit, se pose également la question du **positionnement des États**. Ainsi, la carte A18, « L'hégémonie mondiale des États-Unis remise en cause ? », sur la place des États-Unis dans la mondialisation, a choisi une disposition « classique » des continents avec une projection centrée sur l'Europe, mais une carte centrée sur les États-Unis aurait pu souligner la position intermédiaire de ce pays entre l'Asie orientale et l'Union européenne.

La **légende** de la carte constitue, à n'en pas douter, un élément clé du travail cartographique. Elle donne du sens à l'ensemble des faits retenus, elle est garante de la pertinence de la réponse à la problématique proposée. C'est elle qui se trouve à l'origine du message visuel qu'elle cherche à transmettre ; elle doit donc **être ordonnée et refléter le raisonnement qui conduit à sa réalisation**. Pour cette raison, il est nécessaire de la construire avant le travail graphique. L'importance de la légende, véritable code d'accès à la carte, est telle qu'elle mérite quelques développements spécifiques (voir ci-après, le 7e point).

La **nomenclature** regroupe l'ensemble des noms qui figurent sur la carte. Son envergure résulte d'un compromis entre la nécessité de contribuer à la qualité des informations et le danger d'une abondance submergeant la carte et la rendant illisible. Sans doute, certains noms (villes, fleuves, régions…) sont attendus pour localiser les phénomènes étudiés, mais l'essentiel de la nomenclature doit être mis en rapport étroit avec l'intitulé du sujet. Il faut donc choisir avec soin les noms des localisations les plus pertinentes. L'**écriture des noms** de la carte est soumise à quelques règles : les noms sont toujours écrits horizontalement, ils doivent désigner sans ambiguïté les objets auxquels ils se rapportent et ne pas surcharger des figurés ou être recouverts par eux. Il faut utiliser l'écriture scripte avec minuscules et majuscules tandis que les variations de taille, de forme, d'épaisseur et de couleur des lettres permettent de différencier ou d'harmoniser les éléments du croquis. Prenons l'exemple de la carte C9, « La Méditerranée, des jeux d'interfaces multiples »), dont la nomenclature relativement consistante comporte cinq familles de noms : les pays, les villes, les peuples, les détroits maritimes, les ports maritimes. Plusieurs procédés typographiques aident au repérage et à la compréhension rapide de cette nomenclature.

5. La réflexion préalable à la réalisation de la carte

Il s'agit tout d'abord d'**analyser les termes du sujet**. En cela, la démarche ne diffère pas fondamentalement de celle qui est utilisée pour une dissertation.

Les **limites géographiques du sujet** doivent souvent être précisées. En cas de distribution d'un fond de carte, celui-ci peut constituer une aide mais il ne suffit pas, le plus souvent, pour résoudre cette question des limites. Si l'on prend la carte B8, « La Chine et son environnement asiatique », faut-il prendre en compte, par exemple, les États d'Asie centrale qui font partie, avec la Chine et d'autres pays asiatiques, de l'Organisation de coopération de Shanghai ? Le concepteur de la carte a répondu par la négative à cette question, dont la réponse n'est pas évidente.

Parfois, la question des **limites historiques du sujet** se pose. Dans le cas d'un sujet comme « Les conflits en Afrique depuis la "décennie du chaos" » (carte B4), il n'y a pas d'ambiguïté grâce à la précision chronologique de l'intitulé. Dans d'autres cas, où pourtant le sujet traite d'aspects relevant du monde actuel, se pose néanmoins la question de la dimension historique pour expliquer l'organisation contemporaine de l'espace étudié. La carte C8, « Les mutations de l'industrie française » ne peut faire l'économie de la réflexion sur la périodicité des mutations contemporaines, ne serait-ce que pour distinguer plusieurs générations de l'espace industriel d'aujourd'hui.

Mais l'essentiel de l'analyse du sujet porte bien évidemment sur les termes du sujet ; il est indispensable de bien **comprendre l'intitulé du titre de la carte**. Un libellé simple comme « La

Chine et son environnement asiatique » (carte B8) ne pose pas de problème, en dehors des limites géographiques déjà évoquées plus haut. La Chine est un État (la République populaire de Chine) avec deux territoires au statut particulier (Région administrative spéciale). L'environnement asiatique, c'est la couronne d'États voisins avec lesquels la Chine entretient des relations économiques (flux commerciaux et financiers), géopolitiques (tensions, coopérations…) et culturelles (diasporas chinoises) au point de former avec la Chine un ensemble géographique marqué par des interdépendances croissantes. Pour d'autres sujets, comme « La mer, miroir de la mondialisation » (carte A16) ou « La compétitivité des États dans le monde globalisé » (carte A5), l'intitulé laisse place à une plus grande latitude d'interprétation du sujet du fait de mots à définir précisément comme « miroir » ou « compétitivité ». Par ailleurs, pour ce dernier terme, se pose **la redoutable question de sa transcription cartographique**. Un dernier exemple montre la nécessité impérieuse de bien comprendre le sujet : la carte C9, « La Méditerranée, des jeux d'interfaces multiples » multiplie les objets de réflexion. Quelles limites d'étude pour la Méditerranée ? Le mot « interface » ne doit pas poser de problème de définition insurmontable mais son pluriel interpelle. Quant au terme « jeux », il faut bien le mettre en relation avec les notions de fermeture et d'ouverture qui varient dans le temps et l'espace, et selon le phénomène concerné.

L'analyse du sujet et la compréhension de son contenu débouchent sur la **recherche d'une problématique pertinente**. Il s'agit de réfléchir à ce que la carte doit montrer, de dégager une idée directrice qui donne du sens à la production cartographique. C'est elle qui détermine la construction de la légende, qui conduit au cœur de la réflexion géographique. Le principal défaut de trop nombreuses cartes consiste à empiler des faits, à énumérer, sans organiser la réflexion sous forme d'une démonstration argumentée. Il n'existe pas de recette toute faite mais **l'objectif principal, c'est bien la différenciation spatiale qui met en évidence des contrastes et des inégalités**. Ainsi, le modèle centre-périphérie peut être une clé de lecture opératoire pour comprendre l'organisation d'un territoire. Passons en revue quelques cartes de l'ouvrage. La carte C12, « L'Arctique entre inquiétudes et espoirs » illustre le changement de statut d'une ultra-périphérie devenue, par les vertus du réchauffement climatique, un enjeu mondial pour l'accessibilité à des ressources indispensables et l'ouverture de nouvelles routes maritimes. La problématique d'une telle carte peut ainsi souligner l'aspect contradictoire de cette situation avec les espoirs d'un nouvel espace de transit et d'un gisement potentiel d'énergies, mais aussi avec les tensions liées à ces nouveaux enjeux. La carte A7, « Les enjeux planétaires des migrations internationales » révèle, quant à elle, les liens entre la mondialisation du phénomène migratoire et des enjeux géographiques tels que les perspectives démographiques mondiales, l'urbanisation galopante, le changement climatique et le rôle des moyens d'information. En conséquence, une problématique peut s'interroger sur la façon dont la mobilité humaine s'intègre au monde globalisé.

La **sélection des informations** à cartographier vient après l'analyse du sujet et le choix d'une problématique. Comment mobiliser et classer les connaissances permettant de répondre au sujet ? Ces informations dûment sélectionnées résultent d'un tri qui sépare les plus importantes (pour le sujet) des autres, plus secondaires, en repérant notamment les faits descriptifs et les facteurs explicatifs. Insistons sur cette étape : réaliser un croquis, c'est **d'abord faire des choix sur les informations** que l'on veut communiquer, et ensuite les classer et les hiérarchiser en fonction de la problématique de départ. Rappelons néanmoins que **cette opération dépend aussi de l'échelle de la carte et de la nature du sujet**. L'échelle de la carte peut conduire à une sélection très restrictive des connaissances ou, au contraire, autoriser la représentation de certains détails. Par ailleurs, dans le cas d'un sujet riche et/ou complexe, la carte doit évoquer un nombre suffisant de phénomènes, sous peine de passer à côté d'idées fondamentales nécessaires à la compréhension du sujet. Cela dit, l'impératif technique majeur concerne la clarté et la lisibilité du croquis, tout en évitant l'indigence des informations. Prenons l'exemple de la carte A12, « Les enjeux sanitaires du monde actuel ». Un premier problème se pose avec le choix obligatoire d'un planisphère pour répondre au sujet et la nécessité de montrer la forte densité des stratégies de riposte dans l'espace européen. Le concepteur de la carte a trouvé une porte de sortie dans la résolution de ce problème en proposant un cartouche près de la carte générale, cartouche qui permet de « zoomer » sur l'Europe, tandis que la lecture du planisphère reste facile. Autre problème pour cette carte (mais pas seulement pour elle) : conserver l'objectif de dépasser la simple description du phénomène avec une ambition explicative raisonnable tout en préservant une lisibilité optimale de la production graphique.

6. Le langage cartographique

Une carte transmet un message qui doit être vu. Pour cela, elle utilise un langage spécifique et respecte quelques « règles grammaticales qui entrent dans le cadre de la sémiologie graphique » (Jean-Paul Bord, *L'univers des cartes*, Belin, 2012). Toujours selon J.-P. Bord, « l'objet de la sémiologie ou sémiotique graphique est de permettre, par l'utilisation des règles de la perception visuelle, l'analyse, la construction et la visualisation de l'information géographique, c'est-à-dire l'utilisation d'un système graphique de signes pour que l'information soit transmise afin d'être comprise facilement et rapidement ».

Avant d'aborder les principaux aspects du langage graphique/cartographique, il nous faut rappeler les **principes de base qui orientent le choix des variables visuelles**. Trois grands principes doivent être observés : la spécificité, la proportionnalité et l'universalité. **La spécificité** vise à représenter des faits de même nature par des figurés de même nature, des faits proches par des figurés proches. Prenons l'exemple de la carte A6, « Les défis démographiques de la planète », qui propose, entre autres informations, une typologie du vieillissement démographique à partir du critère de l'âge médian de la population des grandes régions mondiales. C'est bien sûr le même type de figuré (un carré de couleur bleue) qui est utilisé pour les différents types, seule la variation du ton de la couleur permet de différencier ces derniers. La **proportionnalité** forme un autre principe de base des choix graphiques : la taille des figurés et le gradient des couleurs doivent être proportionnels à l'importance des faits représentés. Autrement dit, la hiérarchie des figurés reflète précisément la hiérarchie des phénomènes géographiques cartographiés. Si des statistiques sont exploitées, la règle s'applique facilement. Dans le cas contraire, une proportionnalité relative pourra suffire. Enfin, l'**universalité** ne doit pas être oubliée, avec un même choix de figurés pour l'ensemble de la carte. Au bout du compte, l'ensemble des figurés doit contribuer au résultat escompté. Ajoutons que la lisibilité d'une carte passe par un choix restreint de variables visuelles ainsi que par la netteté et la diversité du trait de dessin.

Ces principes de base respectés, présentons sommairement les **composantes du langage cartographique**. Ces règles de sémiologie graphique ont été définies par Jacques Bertin dans son maître ouvrage *Sémiologie graphique* (première publication en 1967, rééditions en 1973 et 1999, la dernière aux Éditions de l'EHESS). Il existe **trois signes graphiques élémentaires : le point, la ligne (ou le trait) et la surface (ou l'aplat)**, d'où une implantation graphique des figurés sur le croquis appartenant à trois familles : ponctuelle (points, symboles), linéaire et zonale (figurés de surface). Ce sont les variables visuelles qui s'appliquent à ces trois types de figuré pour leur donner toute leur signification. J. Bertin a défini **six variables visuelles (forme, taille, couleur, valeur, orientation, grain)** ; certaines sont aisées à comprendre (forme, taille, couleur), d'autres méritent quelques explications rapides (valeur, orientation, grain). La valeur traduit la progression du clair au foncé, l'orientation se rapporte à l'angle formé par un figuré linéaire avec la verticale (exemple des hachures orientées différemment), le grain reflète la densité d'une trame (exemple des pointillés plus ou moins denses). Certaines variables visuelles sont d'une utilisation commode pour réaliser une carte / un croquis (forme, taille, couleur, valeur), d'autres relèvent davantage de la carte construite avec du matériel « professionnel » (donc avec ordinateur).

La **forme**, variable visuelle facilement identifiable, emprunte fréquemment les symboles géométriques de base (carré, cercle, triangle, etc.) pour transcrire une information qualitative mais non quantitative. Aussi, sert-elle principalement à différencier des implantations ponctuelles.

La **taille**, autre variable visuelle facilement perçue sur une carte, permet de transcrire l'importance d'un objet ou d'un phénomène géographique. La variation de taille se fait facilement à partir de carrés, de cercles ou d'autres **figures géométriques simples**. Sur la carte C1, « La Russie, un État-continent en recomposition », les principaux lieux d'accueil des IDE sont représentés par des petites colonnes rectangulaires bleues de tailles inégales qui témoignent très clairement de l'hégémonie incontestable de Moscou dans ce domaine. Sur d'autres cartes, **l'épaisseur variable des flèches ou le diamètre différent des cercles** transcrivent l'intensité variable de certains phénomènes géographiques tels que des flux ou des influences de métropoles, par exemple.

La **couleur** représente la variable visuelle la plus aisément perceptible et, par conséquent, la plus efficace, parfois au détriment des autres signes si l'on n'y prête garde. Elle doit donc être utilisée pour mettre en évidence l'aspect principal de la carte. De plus, elle aide à séparer clairement des figurés se rapportant à des faits de nature différente. Aussi, pour ne pas disperser la perception visuelle, pour garantir le maximum de lisibilité, il vaut mieux limiter le nombre de couleurs et veiller à ce qu'elles soient contrastées ou seulement régies par un dégradé selon les objectifs visés. Soulignons ici l'intérêt de **distinguer les couleurs chaudes des couleurs froides** pour exploiter au mieux les possibilités évocatrices de la variable « couleur ». Plusieurs remarques à ce sujet : les couleurs chaudes (surtout le rouge) attirent particulièrement l'œil, elles sont donc bien adaptées pour représenter les informations à mettre en valeur. Par ailleurs, il est conseillé de réserver les couleurs froides aux valeurs négatives d'un phénomène et les couleurs chaudes aux valeurs positives. La variation du ton d'une couleur, du plus clair au plus foncé, constitue un autre moyen d'utilisation de la couleur en associant les valeurs faibles aux tons clairs et les valeurs élevées aux tons foncés. De cette façon, **la hiérarchie des tons d'une couleur reflète la hiérarchie des informations** que l'on veut représenter. Autre question relative aux couleurs : les conventions et les habitudes associées à certaines couleurs. D'aucuns ne peuvent imaginer la mer et les cours d'eau en dehors de la couleur bleue, ni concevoir des figurés se rapportant à l'agriculture qui ne soient pas en vert, etc. En réalité, il n'y a pas de règle générale mais le choix de couleurs inhabituelles pour traduire certaines réalités spatiales peut compliquer la lecture de la carte. Cela dit, l'essentiel ne se situe pas à ce niveau, il se trouve du côté de l'expressivité et de la lisibilité.

Parmi les objectifs de la carte : l'impression globale que le message visuel transmet. Autrement dit, le langage cartographique, largement fondé sur les combinaisons de quelques variables visuelles (surtout la forme, la taille et la couleur), doit contribuer à rendre compte de l'idée maîtresse de la carte dès le premier coup d'œil. Ensuite seulement, une lecture plus attentive autorise un décryptage plus fin des informations cartographiées.

7. La construction de la légende

La réalisation d'une carte revient toujours au même principe : **valider, totalement ou partiellement, une hypothèse de travail (la problématique) qui rend intelligible le sujet proposé**. Lorsque les informations ont été sélectionnées, il faut adopter une démarche (le plan de la légende) qui les classe en grandes rubriques. Ce classement correspond à **une certaine logique de démonstration tout en respectant la démarche géographique**. La légende se construit

Le langage cartographique

	FIGURÉS DE SURFACE	FIGURÉS PONCTUELS	FIGURÉS LINÉAIRES
REPRÉSENTER des INFORMATIONS	Des informations qui s'étendent en surface *Exemples :* Zone désertique Espace agricole Espace densément peuplé Aire de l'animisme	Des informations dont la localisation est ponctuelle *Exemples :* Ville Port maritime Pôle industriel Détroit	Des informations dont la localisation est linéaire *Exemples :* Front pionnier Flux migratoire Route maritime Limite sud du pergélisol
DIFFÉRENCIER des INFORMATIONS	Varier la couleur des plages colorées Varier l'orientation des hachures	Varier la forme Varier la couleur	Pour différencier des éléments linéaires de nature différente Des flèches pour les dynamiques, les flux Des traits pour les réseaux, les limites... Pour différencier des types de flux Varier la couleur ou la forme des flèches
HIÉRARCHISER des INFORMATIONS	Varier le ton d'une même couleur Faible → Élevé Varier la gradation des hachures Faible → Élevé Varier la densité des points Faible → Élevé	Varier le ton d'une même couleur Faible → Élevé	Pour hiérarchiser des flux : Varier la taille des flèches Faible → Élevé Pour hiérarchiser des axes de communication : Varier l'épaisseur des traits Faible → Élevé

comme le plan d'une dissertation : quelques thèmes majeurs s'enchaînent afin de démontrer une idée maîtresse, c'est donc tout le contraire d'un plan à tiroirs. Il n'existe pas de plan type mais quelques questions basiques (où ? comment ? pourquoi ?...) aident à la réflexion préliminaire. Même la partie typologique que d'aucuns croient indispensable à la légende d'une carte n'est pas obligatoire : tout dépend de sa faisabilité et de son intérêt pour le sujet traité.

Rappelons que **la carte porte sur des territoires**, donc sur des espaces appropriés, limités et gérés par un groupe humain. Ces territoires sont organisés, ils révèlent des structures et des dynamiques (c'est-à-dire des changements de localisation) dont il est important de repérer les pôles, les axes, les aires... **La différenciation spatiale est au cœur de la réflexion géographique**, ce qui explique, par exemple, l'importance du modèle centre-périphérie dans la compréhension de l'organisation des territoires.

Avec la carte sur l'Inde (C4, « Le territoire indien face à la mondialisation »), il s'agit de réfléchir au rôle de la mondialisation dans les mutations de l'organisation du territoire indien. Existe-t-il, par exemple, une spécificité indienne dans le contexte asiatique ? Le concepteur de la carte a choisi un plan de légende selon une logique très classique :
1. Les manifestations d'une puissance émergente
2. Les freins à la mondialisation
3. Des territoires inégalement insérés dans la mondialisation

Autrement dit, la première partie témoigne des différents aspects géographiques qui traduisent la montée en puissance récente et rapide de l'économie indienne tandis que la deuxième partie explicite certains retards et freins persistants qui entravent l'émergence (parmi ceux qui sont cartographiables). La troisième partie présente la résultante spatiale de ces profondes mutations à travers une typologie des territoires indiens selon le critère de l'intégration à la mondialisation. Ce plan de légende a choisi délibérément l'inscription spatiale différenciée du processus de mondialisation dans le territoire de l'Union indienne ; la typologie rendant compte d'une réalité complexe s'avère donc incontournable.

Prenons un autre exemple : la carte sur les enjeux maritimes (carte A16, « La mer, miroir de la mondialisation »). Elle a pour objectif de montrer les différents aspects de la maritimisation du monde actuel, dimension majeure de la mondialisation contemporaine. L'essor remarquable des transports maritimes et l'exploitation espérée d'immenses ressources favorisent une territorialisation croissante du domaine océanique, qui débouche elle-même sur la montée en puissance des questions géopolitiques et géostratégiques relatives aux mers et aux océans. Pour rendre compte de cette problématique, le plan de la légende aurait pu suivre la démarche suivante :
1. La maritimisation des échanges mondiaux
2. La valorisation des ressources maritimes
3. Les tensions et convoitises

Le concepteur de la carte n'a pas choisi cette démarche, pourtant satisfaisante ; il a préféré un plan centré sur des processus clairement géographiques, tout aussi satisfaisant et qui de plus, selon nous, enrichit la réflexion en évoquant :
1. La diffusion planétaire des enjeux maritimes (processus de diffusion spatiale)
2. La polarisation de la maritimisation du monde (processus de polarisation spatiale)
3. Des enjeux sources de tensions et de convoitises (processus de tension appliqués à un espace)

C'est la démonstration qu'une même problématique autorise, dans certains cas, différentes constructions possibles pour la légende d'un croquis.

8. Quelques conseils pratiques

Au concours, la première contrainte réside dans le temps limité. Mais le candidat avisé en fera une incitation à la clarté, qualité toujours valorisée par le correcteur. La **légende** doit rapidement être arrêtée au brouillon, en se posant une triple question pour chaque élément retenu :
– Est-ce que je dispose des éléments de connaissances suffisants pour représenter tel élément ?
– Est-il cartographiable ?
– Sa représentation sur le croquis n'interfère-t-elle pas avec un ou d'autres éléments retenus ?

Dans la carte A15, « Sport et culture, une économie mondialisée », on a choisi de colorier les pays en fonction d'un indicateur (la valeur des ventes de musique en ligne par habitant), ce qui a impliqué de ne pas représenter d'autres éléments pertinents (la valeur des dettes des clubs de football, par exemple, ou le nombre de footballeurs brésiliens dans les différents championnats nationaux).

Concrètement, **on doit raisonnablement s'arrêter à une douzaine, voire une quinzaine d'éléments représentés**, ce qui exige une grande rigueur dans la constitution de la légende et un soin vigilant dans sa rédaction. Celle-ci doit être simple, programmatique et convaincante. Ce qui suppose de **ne pas abuser des procédés trop lourds** : titres interrogatifs ou sujet découpé en trois morceaux se suivant de partie en partie. Par exemple, dans la carte précédemment citée, on a préféré trois titres qui font sens individuellement (I. La mondialisation des pratiques, II. Des enjeux financiers croissants, III. Des particularismes tenaces), tout en étant logiquement articulés entre eux. On aurait pu céder à la facilité et rédiger ainsi : I. Des pratiques mondialisées… II. Qui sont de plus en plus financiarisées… III. Mais qui se heurtent à de tenaces particularismes. Cette dernière solution, non retenue, a contre elle le côté journalistique de la formulation et l'équivoque des points de suspension, refuge trop classique d'une réflexion fuyante chez de nombreux étudiants. **Deux ou trois sous-divisions par partie sont souhaitables**, même si, exceptionnellement, une partie peut ne se composer que de deux ou trois éléments, difficilement regroupables dans ce cas. Tous les éléments éclairant le sujet ne pouvant apparaître, on peut choisir de retenir un exemple particulièrement illustratif. C'est ce qui a été retenu dans la carte A3, « Les firmes transnationales, acteurs majeurs de la mondialisation ».

La réalisation vise à l'efficacité. La boîte de 72 crayons de couleur est inutile : il faut certes choisir des couleurs dans la même gamme pour représenter un phénomène, mais il faut aussi que l'œil du lecteur distingue bien les nuances, ce qui n'est pas toujours le cas, même dans des cartes éditées. Pour représenter ainsi un dégradé en trois niveaux d'un phénomène (par exemple, des niveaux de taux de chômage), on préférera un bleu très sombre pour le niveau le plus élevé, un bleu intermédiaire bien distinct et enfin, un bleu pastel très atténué. Un camaïeu plus subtil risque fort d'être illisible (les concours ont lieu au printemps, certes, mais le correcteur travaille tard, à la lumière électrique, bien moins flatteuse pour les raffinements graphiques). Le plus grand soin doit être apporté à ce que les figurés arrêtés en légende soient bien les mêmes que ceux du croquis réalisé, que ce soit pour les couleurs ou les hachures, qui doivent être dans le même sens.

Les règles implicites de réalisation relèvent toutes du bon sens et pas de l'académisme artistique. La carte se doit d'être graphiquement efficace, sans céder à la tentation de l'art pour l'art et aux délices de l'esthétique. Ce qui se traduit par une **utilisation des instruments en fonction de leurs spécificités** : les aplats sont exclusivement exécutés au crayon de couleur, plutôt dans des teintes pastel, pour éviter qu'ils n'écrasent les autres indications. Les trames ou hachures, bien pratiques pour superposer les indications, ne sont pas toujours faciles à réaliser avec soin, un minimum d'entraînement est donc nécessaire pour éviter les résultats disgracieux. Les figurés linéaires peuvent être dessinés au feutre, en privilégiant les fins (doubler plutôt la flèche que d'utiliser un feutre trop épais). La nomenclature doit être écrite à l'encre, de préférence avec des stylos fins, et on peut jouer sur les couleurs. **Toutes les indications doivent être soigneusement localisées** (si le sujet conduit à indiquer la Malaisie, il faut si possible que le nom soit écrit à la fois sur les parties continentale et insulaire du pays).

Éviter tout matériel qui risque de baver, choisir les gammes de couleur selon les principes en vigueur énoncées au point 6. Les effets psychédéliques sont à bannir, sauf si, d'aventure, le sujet s'y prêtait (aucune des cartes retenues ici ne rentrant dans ce cas de figure). Contrairement à un préjugé tenace chez beaucoup d'étudiants, **aucune règle n'impose de colorier intégralement la carte** : la carte A11, « Le pétrole, vecteur de la mondialisation », laisse logiquement en blanc de très nombreux territoires, pas directement concernés. Pour les étendues marines, un liseré bleu suffit, le cas échéant. On trouve dans le commerce toutes sortes d'instruments à tracer qui peuvent être utiles si on manque de confiance dans son trait : règle molle ou « perroquet » d'architecte pour les courbes, formes en creux (disques, triangles, etc.) pratiques pour établir des hiérarchies. Aucune de ces aides ne dispensera d'un effort de soin d'autant plus nécessaire qu'il n'y aura pas un second jeu de cartes au concours.

9. Les sujets des cartes

Il ne s'agit pas ici d'établir une typologie de l'ensemble des sujets de carte possibles, tellement la diversité de ces derniers est grande. Tout dépend notamment du champ d'investigation et du public concernés. **Nous limiterons notre réflexion aux quarante cartes réalisées pour cet ouvrage.** Leur classement constitue un premier élément pour traiter le sujet : la première partie (18 cartes) traite de questions à l'échelle mondiale, la deuxième partie (10 cartes) propose des sujets à l'échelle des grandes régions du monde (des continents ou des ensembles de pays), la troisième partie (12 cartes) choisissant l'échelle infra-continentale. Cela dit, dans cette dernière partie, figurent des sujets sur la Méditerranée, le Sahara, le bassin caraïbe et l'Arctique qui auraient pu trouver leur place dans la deuxième partie. L'essentiel est de retenir l'importance de l'échelle pour sélectionner les informations et réfléchir aux choix graphiques les plus pertinents. Le type de projection représente également une contrainte à laquelle il faut s'adapter. Telle projection rendra compte de manière plus efficace de tel phénomène alors qu'une autre projection risque de gêner la représentation de celui-ci.

Pour en revenir au sujet proprement dit, différents types apparaissent clairement à la lecture des quarante intitulés de l'ouvrage. Plusieurs sujets portent précisément sur les **mutations d'ensemble d'un territoire à une échelle donnée** (nationale, continentale, etc.) : sur le Japon (carte C5), la Russie (carte C1), les États-Unis (carte C2), la Chine (carte C3), etc. Le libellé intégrant le terme « mondialisation » incite à réfléchir aux changements des structures spatiales en lien avec les dynamiques impulsées par la mondialisation. D'autres sujets, principalement à l'échelle mondiale, portent sur **un thème particulier** (sport et culture, fait religieux, enjeux sanitaires, migrations internationales, globalisation financière, etc.) dont il est essentiel de montrer l'importance dans le processus de mondialisation tout en s'attachant à montrer leur impact sur les territoires. **Certains sujets nécessiteront une attention particulière** : ceux formulés sous la forme interrogative (carte A1, « Le clivage Nord/Sud est-il toujours pertinent ? »), ceux exigeant la compréhension d'un concept clé (carte A5, « La compétitivité des États dans le monde globalisé »), ceux associant deux notions (carte B6, « Violences et politique en Amérique latine »). Dans le cas d'un sujet mettant en relation deux termes (exemple de la carte B8, « La Chine et son environnement asiatique »), il faut bien sûr réfléchir aux liens existant entre les deux éléments de l'intitulé (la Chine et ses voisins), principalement sur les plans géoéconomique et géopolitique. Force est de constater que, pour cette carte B8, ces liens se déploient dans un immense espace très hétérogène, même si l'émergence économique le caractérise en bonne partie, bousculant au passage les positions bien établies comme la puissance japonaise ou l'alliance de nombreux pays avec les États-Unis.

10. Un exemple de sujet

Récapitulons ici les conseils de méthode évoqués précédemment en réfléchissant au sujet : « La Russie, un État-continent en recomposition » (carte C1). Seules quelques pistes seront suggérées puisqu'un commentaire élaboré figure dans l'ouvrage à la suite de chaque carte.

La réflexion préalable. L'intitulé du sujet ne comporte aucune ambiguïté : il s'agit d'étudier la recomposition du nouvel État russe dans ses frontières de 1991 issues de l'éclatement de l'URSS, une recomposition dans de nombreux domaines (politique, économique, territorial), provoquée à la fois par la nouvelle donne politique nationale et par l'insertion dans la mondialisation. L'objet du croquis est de mettre en valeur la recomposition territoriale de la Russie avec ses mutations et ses héritages, qui se traduisent par des inégalités de développement croissantes entre les différentes parties de l'immense territoire eurasiatique. Un moyen de rendre la réflexion intéressante est de choisir une problématique centrée sur la Russie, puissance émergente souvent présentée comme membre des BRICS, ce qui permet d'examiner les facteurs réels de la recomposition du pays.

La sélection des informations. Celle-ci suit l'analyse du sujet et la problématique adoptée en mobilisant les connaissances qui semblent les plus appropriées pour rendre compte de l'idée majeure de la carte. Les contraintes naturelles, les immenses ressources énergétiques et minières, les infrastructures de transport, les relais de la mondialisation, les différents types de relation avec le reste du monde comptent parmi les informations importantes pour le sujet. Un regroupement thématique des informations sélectionnées peut contribuer à y voir plus clair sans pour autant présager du plan de légende qui sera finalement retenu. En outre, la sélection des informations ne doit pas négliger la faisabilité de leur transposition cartographique.

La construction de la légende. Le plan de la légende doit suivre une logique de démonstration qui, au bout du compte, doit valider, totalement ou partiellement, l'hypothèse de travail choisie (la problématique, en d'autres termes). Pour ce sujet, une première partie peut s'attacher à décrire les héritages et les contraintes qui pèsent dans la recomposition ; une deuxième partie peut souligner malgré tout l'importance des dynamiques territoriales liées en particulier à l'insertion dans la mondialisation ; enfin, une troisième partie peut décrire la diversité des liens avec le reste du monde qui s'incarnent dans des lieux privilégiés. Ce plan de légende se décompose en trois grands ensembles, eux-mêmes divisés en plusieurs sous-parties. Le choix des figurés intervient à partir de ce canevas démonstratif pour représenter au mieux les aspects/phénomènes de nature linéaire, ponctuelle ou zonale. **Deux procédés s'avèrent fréquemment utiles** pour améliorer la lisibilité du croquis :
1. l'affectation des plages de couleur pour l'élément jugé essentiel ;
2. le choix d'une seule couleur pour toutes les informations d'une sous-partie de la légende.

11. Le commentaire de carte

Commenter une carte semble souvent un exercice plus facile que celui de la réaliser. Pourtant, les écueils sont nombreux et les rapports de jurys se désolent chaque année de la médiocrité de trop de commentaires. La première facilité à repousser est celle de la paraphrase. Le commentaire doit apporter une valeur ajoutée à la carte, non se contenter d'en constituer un doublon rédigé. La seconde erreur commise par des étudiants mal préparés consiste à se servir de la carte comme d'un tremplin à l'exposé de leurs connaissances sans tenir compte des éléments cartographiés. Le bon commentaire, se tenant à égale distance de ces deux voies sans issue, doit **identifier** dans la carte **les points névralgiques autour desquels le concepteur a conçu sa problématique**. Une fois repérés, ces derniers sont au centre de l'explication. Sans qu'il y ait ici une règle absolue dans la conduite du commentaire, le temps limité ainsi que le volume rédigé, qui ne doit souvent pas dépasser un nombre maximum de pages, imposent de procéder méthodiquement. Certaines cartes de cet ouvrage sont plus rapidement commentées (une seule page) ; d'autres, qui occupent deux pages, le sont plus amplement afin de mieux correspondre aux attentes des différents concours. Mais toutes suivent la même logique, qui part d'**une présentation du document avant d'éclairer les aspects les plus instructifs**, puis de **relever rapidement ceux qui seraient restés en dehors du champ de la représentation cartographique**.

La présentation doit souligner les grands éléments retenus par le cartographe (choix de la projection, échelle) en les mettant en relation avec le sujet. Les enjeux de la carte doivent être ici explicitement évoqués, en s'appuyant notamment sur son titre, pour aboutir à une problématique claire et intéressante. Les particularités de la carte ou de la légende doivent être rapidement évoquées.

Les explications qui suivent la présentation adoptent une démarche adaptée au sujet de la carte et à sa transcription graphique. Dans certains cas, elles cherchent à rendre clair ce qui n'est que suggéré sur la carte. Dans d'autres cas, comme la carte A12, « Les enjeux sanitaires du monde actuel », où seules quelques maladies ont été cartographiées (paludisme, tuberculose, VIH/sida, SRAS), elles peuvent justifier les partis pris de choix précis ou restrictifs. En tout cas, la partie explicative du commentaire doit être structurée en deux ou trois paragraphes qui correspondent aux aspects principaux de la carte.

Une dernière partie soulignant les limites de la carte s'impose, mais contre toute attente, elle constitue davantage un éloge de la cartographie (bien conduite) qu'autre chose, quitte à relever quelques faiblesses plus ou moins gênantes en fonction du sujet proposé. Elle permet de rappeler les ambitions de l'exercice, c'est-à-dire l'inscription territoriale de phénomènes qui ont une portée géographique plus ou moins grande.

CARTE A1

Le clivage Nord/Sud est-il toujours pertinent ?

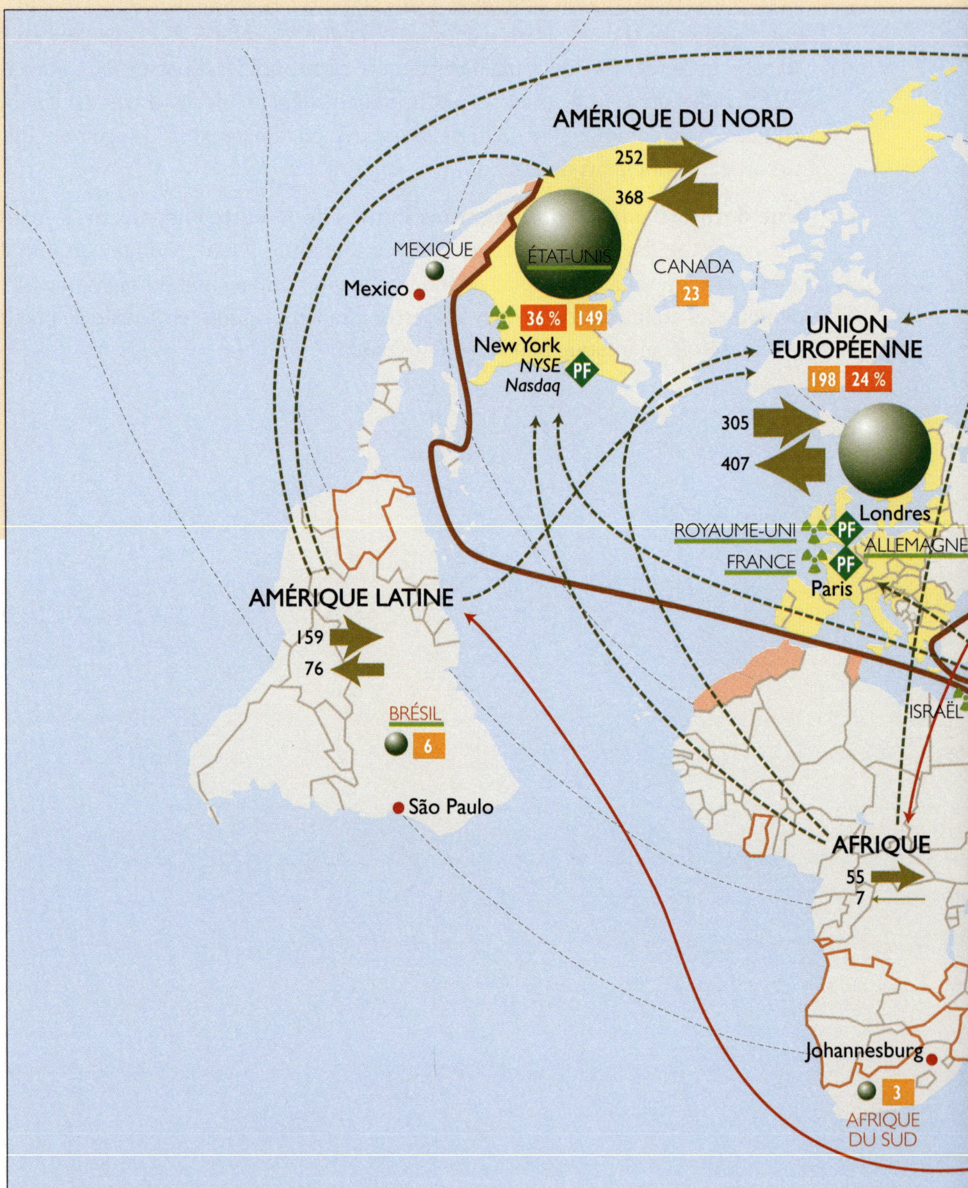

I. Une domination du Nord qui reste forte

a. Les beaux restes de la Triade

PF Principales places financières

Concentrations de FTN (nombre par pays sur les 1 000 premières)

276 50 20 5

b. Une puissance militaire qui reste polarisée

Club nucléaire

INDE Pays qui dépensent le plus pour leur défense

c. Des flux déséquilibrés

Principaux flux d'IDE, en milliards de dollars

25 Entrants

18 Sortrants

Principaux flux de matières premières

COMMENTAIRE P. 22

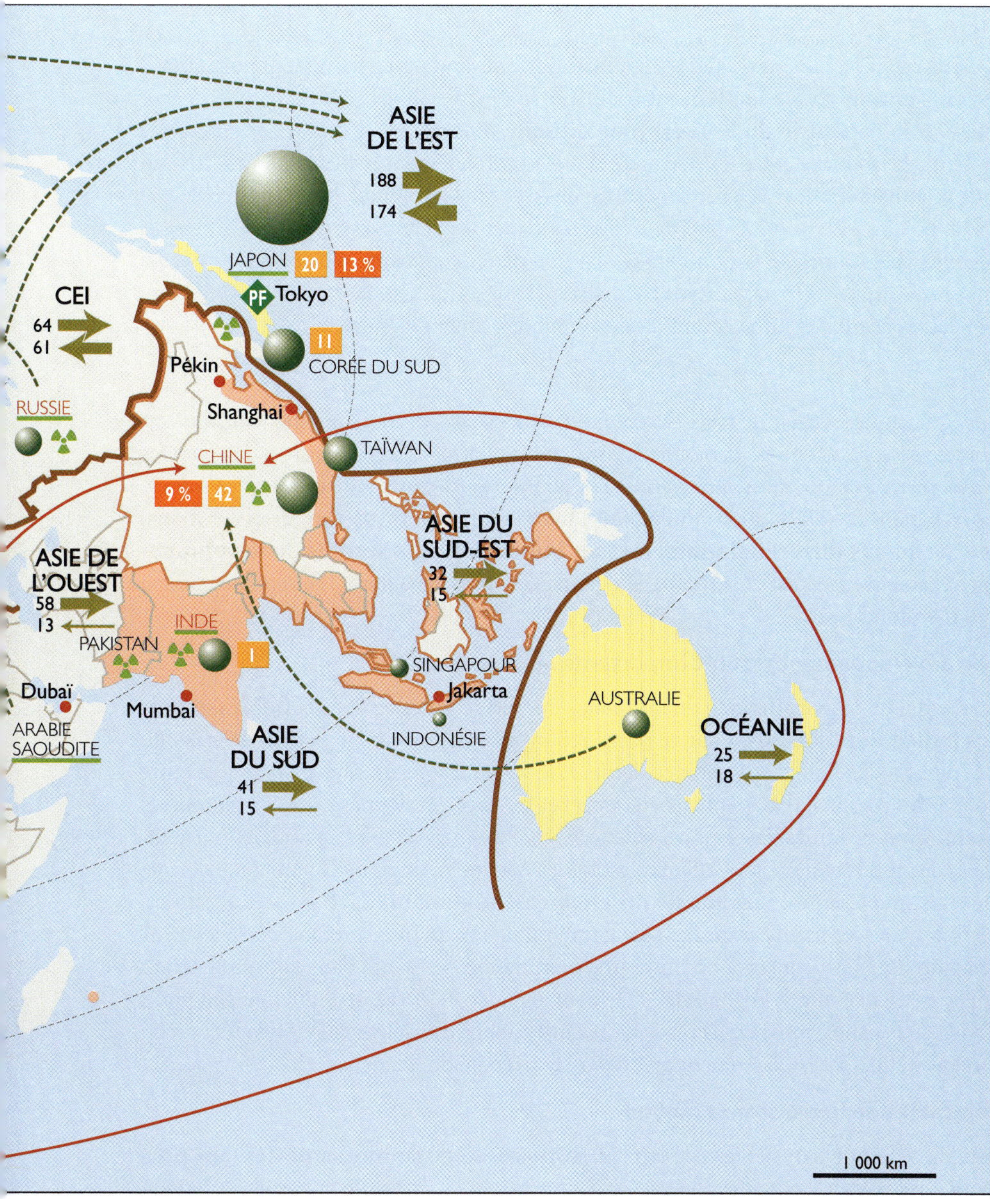

II. Une frontière pourtant largement contestée par la mondialisation

a. La DIT rebat les cartes

Glissement de l'industrie vers les pays ateliers

b. Les croissances

Plus fortes croissances du PIB

c. Les émergents

INDE BRICS

Flux commerciaux S/S de plus en plus visibles

Métropoles bien insérées dans l'archipel mégalopolitain

III. Les inégalités de développement témoignent d'héritages persistants

a. Les inégalités devant la vie et la mort

Espérances de vie les plus longues

b. Une polarisation de la connaissance

23 Nombre d'institutions dans le classement de Shanghai

36 % Pourcentage dans la R&D mondiale

c. Un développement toujours inégal

Frontière N/S conventionnelle

COMMENTAIRE

⏭ Présentation

Le sujet ici cartographié est un classique, les réponses à la question posée ne cessent pour autant d'évoluer. **Si on s'entend assez facilement à définir le Nord**, soit les pays développés à économie de marché, **la catégorie du Sud est plus difficile à définir**, et c'est un des défis de la carte. Par ailleurs, la frontière entre les deux mondes est profondément revisitée par les flux qui constituent la mondialisation, et la carte s'interroge aussi sur le bien-fondé du terme « clivage ». Une projection polaire a été retenue afin de mieux souligner les échanges entre les différentes parties du monde. C'est une indication déjà révélatrice d'un dynamisme plus évident qu'il y a quelques années : lorsque le géographe Yves Lacoste dessinait la frontière Nord/Sud en 1985, une classique projection Mercator suffisait tant les deux mondes étaient dissociés.

⏭ Explications

Des éléments qui caractérisaient le sous-développement des pays du tiers-monde, certains ont perduré, d'autres se sont atténués. Pour certains de ces pays du Sud, on a assisté à des convergences sociales (urbanisation, classes moyennes) et politiques (démocratie) avec les pays développés. C'est le cas en Asie du Sud-Est (Philippines, Indonésie), parfois aussi en Afrique (Ghana, Kenya). Pour autant, **les différenciations restent importantes en termes de développement**, même si la croissance s'est déportée au sud et que l'on peut considérer l'émergence comme un mouvement profond.

1. Les retards de développement restent importants au Sud

Le principal marqueur de l'insuffisance du rattrapage du Sud se retrouve dans la **faiblesse persistante des indicateurs sociaux**. Pour ne pas surcharger la carte, on a simplement représenté l'indication la plus fondamentale : l'espérance de vie. Elle varie presque du simple au double entre les pays africains les plus mal dotés (49 ans au Niger) et les pays développés du Nord (autour de 80 ans). Les **marqueurs sanitaires** sont par ailleurs encore très défavorables au Sud, les maladies tropicales (paludisme) restant encore redoutables, tandis que les victimes de la pandémie de sida y sont largement surreprésentés. L'**indice de développement humain** (IDH) progresse partout, y compris dans les pays les moins avancés, mais il trahit toujours un fossé profond entre les deux parties du monde. Le Nord conserve en outre une domination écrasante dans la capitalisation boursière, mais aussi au cœur de l'économie de la connaissance. C'est ce que reflètent son poids dans l'économie de la connaissance et la place de ses institutions d'enseignement et de recherche enregistrée depuis 2003 par le classement établi par l'Université de Shanghai.

2. Les effets contrastés de la croissance au Sud

La nouveauté du début du XXIe siècle concerne la **croissance économique, nettement plus forte au Sud** ; les pays les plus dynamiques y sont tous situés, rappelle la carte. La hausse structurelle des prix des matières premières depuis les années 2004-2005 profite à nombre d'économies, notamment celles des pays producteurs d'hydrocarbures (Angola…). Elle risque cependant, c'est le syndrome de la maladie hollandaise – de capter l'essentiel des investissements au détriment du secteur manufacturier : l'Amérique du Sud est ainsi menacée de **reprimarisation**. Pourtant, les fortes hausses du PIB concernent aussi, en Afrique (moyenne de 5,5 % entre 2004 et 2014), des pays qui ne sont pas exclusivement producteurs de produits primaires : le Ghana et l'Éthiopie, notamment. La **consommation des classes moyennes** nourrit aussi désormais la croissance, en Afrique comme en Asie ou en Amérique latine. À l'inverse, la croissance européenne est atone depuis la crise de 2008, celle du Japon est entrée dans une phase de quasi-stagnation depuis vingt ans, et si la croissance des États-Unis résiste mieux, elle est inférieure à celle des champions du Sud. Une **croissance de rattrapage** s'est donc installée, nécessaire pour absorber la croissance démographique du Sud (qui s'atténue), très loin encore de permettre une convergence réelle avec le Nord.

3. L'émergence

Le document complémentaire donne des indications précises sur ce qui définit l'émergence, au-delà des différentes catégories qui la constituent. Elle passe par l'**affirmation d'entreprises mondiales**, qui viennent, dans leurs secteurs, concurrencer celles de l'ancienne Triade, qui ont longtemps été en situation de monopole. Elle passe aussi par la **captation de flux d'investissements directs à l'étranger** (IDE), qui s'investissent d'abord dans les produits primaires, mais que l'on voit aussi consolider les secteurs de la consommation (les télécommunications, notamment). La nouvelle puissance de ces économies se traduit par une plus grande visibilité, que les projections jugent inéluctable (document complémentaire). Pourtant, en termes de PIB par habitant, il faudrait plus d'une génération à la Chine pour rattraper le Japon, en conservant son rythme du début du siècle. Or, celui-ci faiblit nettement, autour de 7,5 % en 2013 et 2014, loin des pourcentages à deux chiffres des années 2000. Les plus puissantes économies peinent à franchir le palier qui sépare les économies intermédiaires des économies supérieures. Les croissances les plus fortes se déplacent alors vers de nouveaux émergents (Colombie, Indonésie).

⏭ Limites de la carte

Choisir, c'est renoncer, affirmait Gide, et l'avertissement reste vrai dans la confection d'une carte. Certains éléments du ***hard power*** sont représentés, mais ceux qui constituent le ***soft power*** sont limités à l'économie de la connaissance. Les différentes fractures fréquemment convoquées pour souligner les différences de développement n'apparaissent pas non plus : ainsi en est-il de la **fracture numérique**, dont on disait, dans les années 1990, qu'elle allait creuser le fossé entre le Nord et le Sud. Les indicateurs qui la dessinent sont soumis à des évolutions trop rapides pour pouvoir être enregistrés avec profit. Elle n'apparaît surtout plus aussi évidente : l'équipement accéléré en téléphonie mobile, les usages nouveaux qui se développent ont souvent donné l'impression que les nouvelles technologies de la communication offraient des opportunités insoupçonnées aux pays africains.

DOCUMENT COMPLÉMENTAIRE

Les 10 premières économies mondiales, PIB en PPA (milliards de dollars)

	Classement 2011		Classement 2030		Classement 2050	
1	États-Unis	15	Chine	31	Chine	54
2	Chine	11	États-Unis	23	États-Unis	38
3	Inde	5	Inde	14	Inde	35
4	Japon	4	Japon	6	Brésil	9
5	Allemagne	3	Russie	5	Japon	8
6	Russie	3	Brésil	5	Russie	8
7	Brésil	2	Allemagne	4	Mexique	7
8	France	2	Mexique	4	Indonésie	6
9	Royaume-Uni	2	Royaume-Uni	3	Allemagne	6
10	Italie	2	France	3	France	6

Source : FMI.

Mondialisation et tensions géopolitiques

I. La redistribution des cartes entre les puissances

a. L'ancienne Triade

b. Les émergents
- BRICS
- Nouveaux émergents
- Futurs émergents

c. Les organisations régionales
- L'UE, la plus aboutie
- Autres organisations majeures

II. Les contestations commerciales

a. Monnaies et finances
- Pays accusés de sous-évaluer leur monnaie
- Principales réserves de dollars

b. Le retour du protectionnisme
- Économies peu ouvertes (droits de douane moyens supérieurs à 20 %)

c. Les champions des exportations
- Principaux excédents commerciaux

COMMENTAIRE P. 26

III. De nouveaux risques géopolitiques

a. La mondialisation des armes

3,5 Principaux acheteurs, en milliards de dollars, entre 2007 et 2011

Risque de diffusion nucléaire

b. Les enjeux maritimes

Routes stratégiques

Piraterie

c. Des tensions traditionnelles réactivées ou persistantes

Terrorisme islamiste

Principaux risques interétatiques

COMMENTAIRE

⏭ Présentation

La mondialisation est, le plus souvent, perçue comme relevant essentiellement de logiques économiques. Les conséquences de l'élargissement à une échelle globale des marchés ne sont pourtant pas déconnectées de bien d'autres dimensions ; elles recoupent notamment le jeu des rapports de force territoriaux. La géopolitique doit donc, dans ses évolutions, être confrontée à ce processus permanent de rapprochement et de mise en contact. Le cartographe a choisi logiquement une projection polaire, surplombant le globe, comme la légende synthétise des informations complexes : **les tensions géopolitiques couvrent des échelles variées** – du risque nucléaire, relevant de traités multilatéraux, aux innombrables conflits locaux, dont aucun ne peut totalement s'extraire de déterminations lointaines.

⏭ Explications

La géopolitique étant affaire de dynamiques, la mondialisation étant un processus, il est délicat de les représenter à un moment donné, une crise chassant l'autre dans l'agenda médiatique. D'où un souci, dans cette carte, de s'attacher aux **facteurs structurels**, sans chercher à représenter des crises spécifiques (comme la dégradation des relations entre la Russie et l'Ukraine en 2014).

1. Les forces en présence

La première partie rappelle donc le panorama des rapports de force mondiaux, sans pour autant constituer un arrêt figé sur image, puisque sont évoquées les différentes catégories d'émergents. Aucune de ces dernières n'est indiscutable. La première catégorie, celle des **BRICS**, est proposée comme un catalogue de pays où les investissements seraient appelés, au début du XXIe siècle, à être les plus rentables. La catégorie des **nouveaux émergents**, plus large, regroupe des pays de taille intermédiaire caractérisés par une croissance soutenue depuis une dizaine d'années. Le ralentissement des précédents, aux prises avec les difficultés inhérentes à un passage vers un statut supérieur, fait désormais de la Colombie, de l'Indonésie ou des Philippines des destinations privilégiées pour les investissements en quête d'opportunités. Une dernière catégorie concerne les **pays ateliers** dont la croissance, récente, est dopée par le faible coût de la main-d'œuvre. Ils sont en concurrence pour capter les fonctions productives les moins qualifiées. Cette pression à la baisse sur les salaires se traduit par des conditions de travail de plus en plus mal acceptées : les travailleurs du textile du Bangladesh ou du Cambodge, employés par les sous-traitants des grandes marques occidentales de confection, contestent désormais le prix à payer pour cette nouvelle division internationale du travail. Les **centres de décision anciens**, la triade définie par Ohmae dans les années 1980, restent en grande partie dominants par la maturité de leurs marchés, leur forte présence dans l'économie de la connaissance et leur maîtrise de la finance globalisée.

2. La compétition commerciale

Les enjeux du commerce s'inscrivent à l'articulation entre la mondialisation économique et la géopolitique. Depuis la crise de 2007-2008, les analyses du commerce international vu sous l'angle de la **guerre économique** fleurissent. Les références au colbertisme, le commerce comme élément de la puissance d'un État, retrouvent une nouvelle jeunesse, sans que les commentateurs se rappellent clairement que la guerre était alors un moyen comme un autre de régler les différends commerciaux (Colbert est à l'origine de l'invasion des Provinces-Unies par Louis XIV en 1672, au nom de la défense des intérêts des manufactures du roi). Pourtant, l'évolution du commerce international depuis la création du GATT en 1947, prolongé depuis la fin du siècle par l'OMC et ses 153 membres, a fait chuter les droits de douane à moins de 4 % en moyenne pour les produits manufacturés. Cette logique n'est pourtant pas régulièrement appliquée, la carte montrant clairement que si les pays anciennement développés la suivent nettement, les émergents et les pays en retard de développement abritent encore leurs marchés avec des droits plus élevés. **Le protectionnisme est néanmoins partout de retour**, s'abritant derrière les organisations régionales, qui favorisent le commerce intra-régional et freinent donc les importations depuis les autres parties du monde. **Les mesures non tarifaires** (normes sanitaires ou de sécurité, par exemple), difficilement représentables sur la carte, sont désormais l'instrument privilégié de défense des productions nationales. Les armes classiques de subvention indirecte aux exportations sont régulièrement dénoncées : la sous-évaluation monétaire (Chine) et la modération salariale (Allemagne) permettent de faire gagner en compétitivité les productions nationales, au détriment de la consommation et donc des exportations.

3. La mondialisation des menaces militaires

Celle-ci n'est pas une nouveauté : l'impérialisme de la fin du XIXe siècle, la logique de la guerre froide avaient déjà lié les tensions locales, tout autour du monde, à des conflits généraux. Le risque nucléaire relève de cet héritage, mais il s'inscrit désormais dans la perspective d'une prolifération qui achèverait les traités de contrôle de l'arme ultime (TNP de 1968). Le Proche-Orient, autour de l'Iran, et l'Asie orientale, avec la Corée du Nord, sont les régions les plus tendues. Les technologies, les matériaux et les financements s'inscrivent dans des réseaux clandestins qui courent tout autour du monde. Les principales tensions entre États sont rappelées ainsi que les menaces non étatiques, qu'elles soient locales (piraterie) ou mondialisées en partie, comme le terrorisme islamiste. **Toutes ces tensions nourrissent d'importants efforts budgétaires de défense**, même s'ils diminuent dans les pays du Nord. Un marché puissant des armes conventionnelles (80 milliards de dollars par an) intègre ces affirmations de souveraineté aux marchés commerciaux.

⏭ Limites de la carte

Par définition, cette carte recoupe une infinité de dimensions ; les arbitrages des concepteurs ont dû opérer des choix en fonction des éléments les plus représentables. D'autres, au cœur du sujet, ne peuvent que difficilement être représentés, ainsi en est-il des **cybermenaces** et des moyens de défense mis en œuvre pour les contrer. Ils sont officiellement recensés comme faisant partie des risques majeurs par toutes les doctrines de défense. Leurs dimensions territoriales sont pour le moins insaisissables, comme l'est leur financement. Par extension, toutes les guerres de l'ombre n'apparaissent que fortuitement. Enfin, les **risques associés aux bouleversements climatiques** sont, eux aussi, classés parmi les défis majeurs de la défense, par les mouvements de population qu'ils ne manquent pas d'entraîner, mais aussi par les conflits locaux pour l'appropriation de ressources qu'ils suscitent.

DOCUMENT COMPLÉMENTAIRE

Budget de défense en 2013 (en milliards de dollars)

États-Unis	582,4	France	53
Chine	139,2	Inde	46,2
Russie	68,9	Allemagne	44,7
Royaume-Uni	58,8	Arabie saoudite	42,8
Japon	56,8	Corée du Sud	31,5

Sources : IHS Jane's Aerospace, Defence and Security.

CARTE A3

Les firmes transnationales, acteurs majeurs de la mondialisation

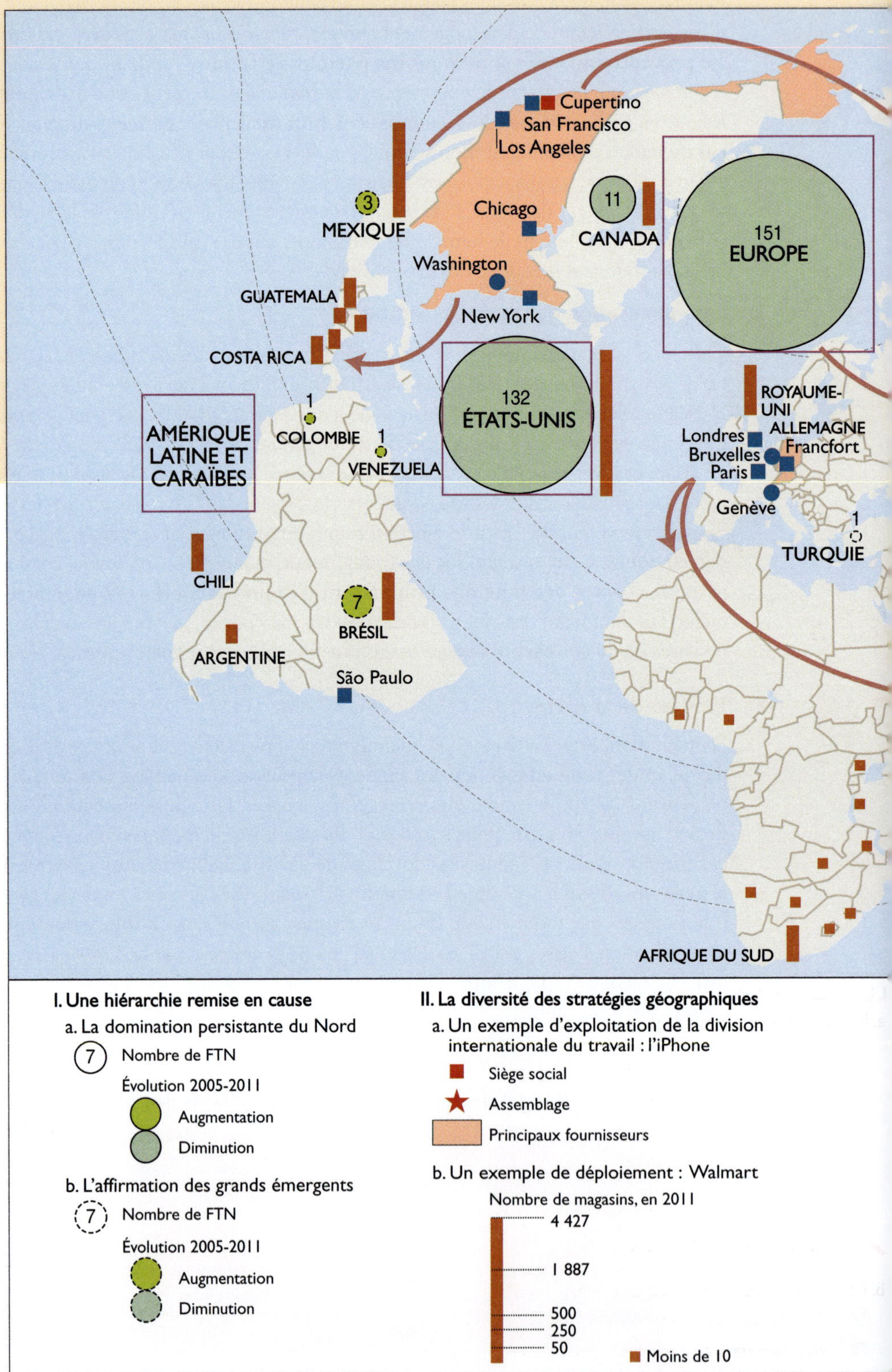

⏭ COMMENTAIRE P. 30

I. Un rôle de polarisation à l'échelle mondiale

a. Des pays inégalement attractifs

Stock d'IDE, en milliards de dollars, en 2012

3 932
2 500
1 500
500
200
Europe : 7 805

Mouvements de délocalisation

b. Des lieux de pouvoir en nombre limité

● Capitales des institutions internationales, lieux du lobbying

■ Villes concentrant les principaux sièges sociaux

COMMENTAIRE

⏭ Présentation

À côté des États, les firmes transnationales sont des acteurs essentiels des processus de mondialisation. Cette carte constitue donc une représentation indispensable du fonctionnement du monde du début du XXIe siècle, puisque ce sont essentiellement ces très grandes firmes qui jouent sur la **nouvelle division internationale du travail**. En aval, par la stratégie de marketing qui les pousse le plus souvent à s'installer dans le plus grand nombre de marchés. Pour autant, cette carte relève de la gageure, tant elle couvre un champ infiniment ouvert d'un côté et, de l'autre, des phénomènes peu cartographiables. La définition d'abord des firmes transnationales n'est pas sans ambiguïtés. Pour la CNUCED, il faut que cinq filiales à l'étranger au moins génèrent un quart du chiffre d'affaires d'une entreprise pour que celle-ci émarge dans cette catégorie. On convient désormais que toutes les plus grandes entreprises nationales en font partie. Le terme « **transnationale** » paraît par ailleurs préférable à « **multinationale** », en vogue au XXe siècle mais encore préféré par de nombreux économistes : cette dernière appellation renverrait à une entreprise-monde, sans attache particulière à un pays, ce qui reste sans exemple.

⏭ Explications

1. Concentration

La liste des 500 plus grandes entreprises fournie chaque année par la revue *Fortune* témoigne d'une certaine stabilité. En chiffre d'affaires, **les entreprises de la vieille industrie dominent** largement le paysage, ce dont témoigne aussi le haut de la liste (document complémentaire) : 9 sur les 10 premières. Le poids des États-Unis reste prépondérant, même s'ils ne sont plus dans la situation hégémonique des années 1960, quand leurs entreprises pesaient pour la moitié du classement. L'Europe est traditionnellement fortement représentée, avec des groupes variés dans tous les secteurs. Les plus petits pays peuvent apparaître (le Suisse Nestlé occupe la première place des groupes alimentaires). Ces firmes ont des filiales dans le monde entier, leur personnel de direction est d'origine multiple, mais les décisions restent prises dans un nombre limité de villes où se concentrent leurs sièges sociaux. Elles pèsent sur les orientations politiques en faisant pression sur les instances internationales (OMS, Commission européenne, etc.).

2. Segmentation

Le jeu des transnationales a été décisif ces dernières années pour définir une **nouvelle division internationale du processus productif**. Elles s'inscrivent aux échelons les plus pertinents d'une **chaîne de valeur globale** qui fait qu'un produit est élaboré tout autour du monde, le faible coût du transport maritime et de la logistique en général permettant une mise en concurrence, par le biais de filiales et/ou de sous-traitants, d'une gamme de plus en plus variée de territoires industrialisés. La carte relève un exemple classique, et simplifié, de ce nouveau paradigme de la production, avec le cas de l'iPhone de l'entreprise californienne Apple (« *made in China, designed in California* »). Mais cette géographie est mouvante puisque les fonctions les plus valorisées de l'entreprise (marketing, design, management), traditionnellement liées au siège social, pourraient à leur tour être affectées par les **logiques de délocalisation**, jusqu'à présent essentiellement cantonnées aux activités manufacturières. La recherche sans cesse élargie de nouveaux marchés de consommation, en aval, constitue une autre dimension du rôle actif des transnationales dans le processus de mondialisation. L'exemple de Walmart, première entreprise mondiale par son chiffre d'affaires mais aussi par ses effectifs, s'impose. Son implantation n'est pas universelle, elle se tient à l'écart notamment de certains marchés européens déjà contrôlés par ses concurrents, mais elle témoigne de la **montée en puissance des classes moyennes africaines**, asiatiques et latino-américaines, le nouvel horizon de bien des firmes transnationales.

3. L'arrivée des émergents

Le début du XXIe siècle est marqué par une montée en puissance des firmes du monde émergent. La carte indique par ailleurs que les pays en retard de développement restent marginaux dans cette géographie : l'Afrique est absente du classement, malgré ses ressources considérables, de même qu'elle n'attire encore que peu d'investissements. Cette dernière donnée doit cependant être nuancée : la carte s'arrête aux seuls **stocks d'IDE**, privilégiant l'accumulation ancienne. En termes de dynamiques, l'Afrique capte de plus en plus de flux d'investissements, fortement polarisés sur les secteurs miniers, mais aussi sur celui des communications. Les principales entreprises du continent, les groupes publics pétroliers algériens, angolais et nigérians, ne sont par ailleurs pas encore présents en dehors de leurs théâtres nationaux. Au sein des puissances émergentes, le fossé est énorme entre les nombreux et puissants groupes chinois (3 sur les 10 premiers), et des groupes puissants mais beaucoup plus isolés en Inde, au Brésil et en Russie. Dans ce dernier cas, ils ressortissent tous au domaine des hydrocarbures. Au Brésil, la palette est plus variée (Vale, un des trois principaux groupe minier, accompagne JBS Friboï, un géant de la volaille). En Inde, les conglomérats traditionnels (par exemple, Tata) sont logiquement passés d'un pays-continent aux marchés mondialisés.

⏭ Limites de la carte

Des distorsions fondamentales impliquées par l'extension des firmes transnationales n'apparaissent pas ici parce qu'elles ne sont pas cartographiables. En premier lieu, leur **impact sur l'emploi** : si elles génèrent plus d'un quart du PIB mondial, elles ne fournissent que moins de 5 % des emplois. Leur aptitude ensuite à **optimiser les régimes fiscaux** qui concernent leurs différentes filiales et, partant, à payer beaucoup moins d'impôts que les plus petites entreprises. La versatilité des flux d'investissements rend par ailleurs peu intéressant l'enregistrement précis de leur débit : il est fréquent qu'ils varient de façon considérable, dans un sens ou un autre, en fonction des variations de taux de change, par exemple. En 2013, la France a ainsi été victime d'un effondrement de 77 % des IDE entrants, tandis que les pays émergents perdaient une grande part de leur attractivité.

DOCUMENT COMPLÉMENTAIRE

Les 10 principales entreprises mondiales selon leur chiffre d'affaires au 31 mars 2013

Rang	Nom	Pays	Branche	Chiffre d'affaires (en milliards de dollars)
1	Royal Dutch Shell	Pays-Bas	Pétrole	481,7
2	Walmart	États-Unis	Commerce de détail	469,2
3	ExxonMobil	États-Unis	Pétrole	449,9
4	Sinopec	Chine	Pétrole	428,2
5	China National Petroleum Corporation	Chine	Pétrole	408,6
6	BP	Royaume-Uni	Pétrole	388,3
7	State Grid Corporation of China	Chine	Électricité	298,4
8	Toyota	Japon	Automobile	265,7
9	Volkswagen	Allemagne	Automobile	247,6
10	Total	France	Pétrole	234,3

Source : classement *Fortune 500*, juillet 2013.

CARTE A4

La globalisation financière

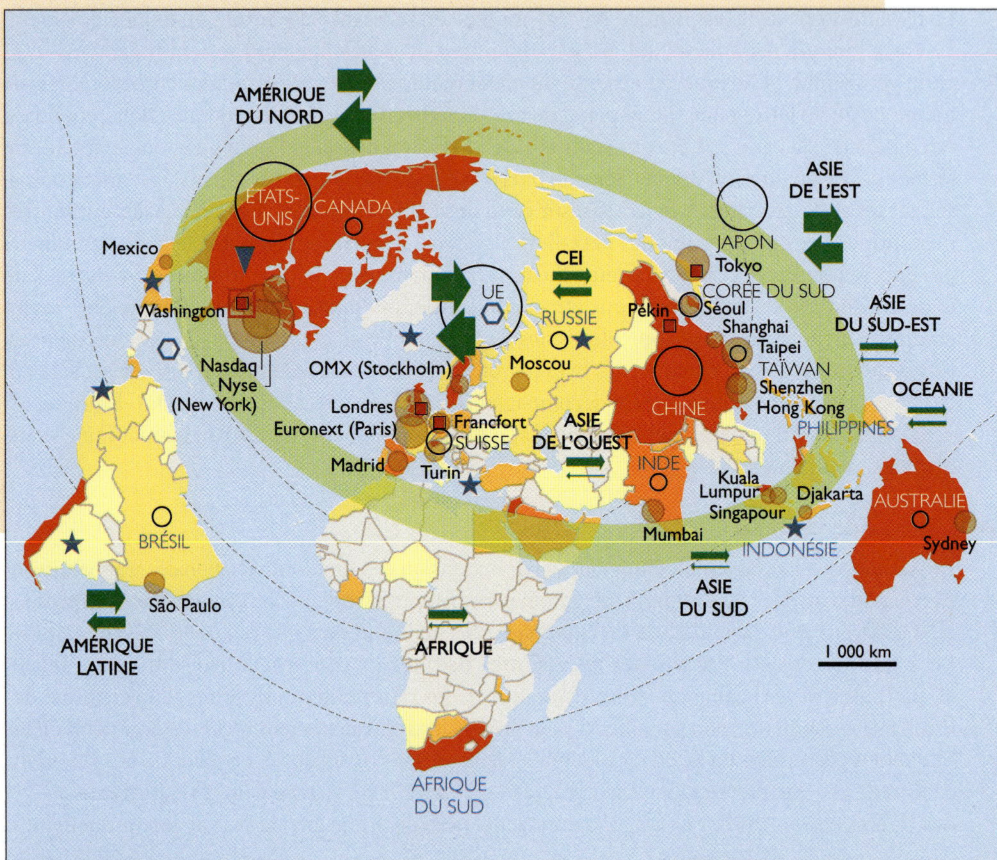

I. Polarisation

a. Concentration

Degré de financiarisation, en pourcentage

- Moins de 25
- De 25 à 50
- De 50 à 75
- De 75 à 100
- De 100 à 108,3

b. Instruments

Valeur marchande des FTN, en milliards de dollars, en 2011

- 8 233
- 4 000
- 1 000
- 250

Capitalisation boursière, en milliards de dollars

- 12 465
- 3 500
- 1 500
- 406

c. Décision

- Principales banques centrales
- Pôle décisionnel central, siège du FMI et de la Banque mondiale

II. Fluidité

a. Flux spéculatifs

- Flux boursiers

b. Dynamique à différentes échelles

- Réception d'IDE
- Émission d'IDE

III. Risques

a. Crises

- Principaux défauts souverains
- 2007, les États-Unis au cœur d'une crise systémique

b. Fragilité

- INDE Principaux pays menacés par la volatilité des capitaux

c. Opacité

- Principaux paradis fiscaux

COMMENTAIRE

Présentation

Sujet crucial, carte paradoxale : si la globalisation financière est bien la matrice du processus de mondialisation – le terme anglo-saxon pour en rendre compte, « *globalization* », est forgé en 1983 par Theodore Levitt pour décrire la convergence des marchés financiers –, elle repose essentiellement sur des flux immatériels. Le parti pris de la conception de la carte en prend acte, privilégiant les ordres de grandeur (par régions, pays) plutôt que les localisations précises, réduites à quelques centres de décision et à une liste très courte de paradis fiscaux. Une projection polaire privilégie la mise en réseau permanente du monde, notamment à travers l'anneau des Bourses mondiales qui représente fictivement, mais avec force, les transactions boursières entre les grands pôles que le jeu des fuseaux horaires a rendu permanentes.

Explications

1. La puissance de la finance

Elle apparaît dans le degré de financiarisation ici représenté, soit le rapport entre le stock de capitaux d'un pays et son PIB. À l'échelle mondiale, il est de 80 %, mais il dépasse la richesse produite par un pays dans beaucoup de pays du Nord et chez quelques émergents. Autre caractéristique de ces capitaux, après leur abondance : leur volatilité. Si leur concentration a permis le décollage, par exemple, de la Chine, leurs déplacements, dans un monde où les capitaux ne connaissent plus de frontières depuis les années 1980, peuvent affaiblir les économies devenues moins attractives. L'anticipation, en 2013, d'une meilleure rémunération des capitaux par les États-Unis a ainsi provoqué un départ massif des capitaux investis dans les pays émergents.

2. Les acteurs

Les institutions de Washington, les grandes banques centrales émettrices de devises, sont les principaux acteurs institutionnels. Les marchés financiers sont matériellement installés, pour partie, dans des Bourses, dont les plus puissantes restent localisées au Nord. Les firmes transnationales, par la puissance de leurs chiffres d'affaires, supérieurs à ceux de pays de taille moyenne, et l'importance de leur capitalisation, constituent **l'articulation entre économie réelle et économie financière**.

3. Les conséquences

La carte se focalise sur les risques inhérents à cette financiarisation du monde. Ceux-ci relèvent de **l'insuffisante régulation** d'un système dématérialisé, qui peut donc se dilater et se contracter sans aucune contrainte physique. Les conséquences positives ont été enregistrées par l'économie réelle tant que cette économie financière lui a servi de carburant, ce qui est sa justification théorique : la croissance des pays émergents, qui a tiré un milliard de personnes de la misère, s'est nourrie de cet afflux de capitaux. Les conséquences immédiates de la spéculation se lisent sur la carte : crise immobilière américaine des *subprimes* de 2007, crises monétaires à répétition depuis la fin du XXe siècle, crise de la dette souveraine. Les conséquences concrètes (chômage, remise en cause de l'État-providence) ne sont pas représentées.

Limites de la carte

Le traitement d'un sujet aussi fondamental ne saurait être exhaustif. On a simplifié, par exemple, le glissement des liquidités vers le sud, qui en accapare désormais davantage que le Nord : la hausse des prix du pétrole depuis 2004, le gonflement des excédents commerciaux de la Chine ou de Singapour ont favorisé le gonflement de leurs places boursières, mais surtout ont permis la constitution de **fonds souverains** qui agissent dans tous les secteurs de l'économie mondiale.

CARTE A5

La compétitivité des États dans le monde globalisé

I. La compétitivité selon les milieux d'affaires

Une typologie issue des classements internationaux (FEM, IMD...)

Zones compétitives
- Hypercentres
- Autres pays très compétitifs

Périphéries intégrées
- Compétitivité convergente
- Perception très variable selon les classements

Périphéries semi-intégrées
- Compétitivité incomplète
- Compétitivité défaillante

Marges
- Pays non compétitifs
- Zones totalement marginalisées

COMMENTAIRE P. 36

D'autres géographies de la compétitivité

. La compétitivité, reflet de la réussite commerciale

Indice des « exportations compétitives » rapportées à la population

■ Niveau élevé

□ Niveau faible

. L'attractivité, facteur de concurrence pour les capitaux

Indice du stock d'IDE par habitant

● Niveau élevé

○ Niveau faible

. La compétitivité selon les grandes organisations économiques mondiales

Indice croissant IDH et ouverture commerciale

Niveau élevé

Niveau faible

A. LES ENJEUX PLANÉTAIRES

COMMENTAIRE

⏭ Présentation

Trois remarques s'imposent d'entrée pour apprécier cette carte sur la compétitivité des États. La première souligne l'intérêt de réfléchir à un concept couramment utilisé dans les débats portant sur les mutations économiques liées à la mondialisation. La deuxième révèle la grande difficulté de cartographier un tel concept alors que ce domaine d'étude a été très peu investi par les géographes. Enfin, la troisième remarque entend rendre hommage au travail de Gilles Ardinat[1] sans lequel notre essai cartographique n'aurait pu être réalisé.
Contrairement à l'approche strictement économique du mot « compétitivité », **il s'agit ici de compétitivité territoriale**, avec l'objectif d'établir une géographie de la compétitivité des États-nations à l'échelle mondiale.

⏭ Explications

Avant toute chose, il est important de rappeler que la compétitivité territoriale est un concept d'essence politique, présenté comme un moyen de répondre à la concurrence croissante du monde globalisé. Selon G. Ardinat, la compétitivité nationale représente « une forme nouvelle, encore mal définie, pour une finalité ancienne : la préservation de la puissance économique ». **Véhiculant un discours néolibéral**, elle s'inscrit dans la continuité des représentations propres aux financiers en renvoyant aux attentes des FTN en matière de coûts de production, de marché du travail et d'équipement. Cela explique les nombreux rapports et classements internationaux qui donnent l'illusion de travaux scientifiques étayés par des statistiques solides. En réalité, **la complexité de la compétitivité nationale** est telle qu'elle **autorise plusieurs approches géographiques et donc cartographiques**, ce que souhaite démontrer le plan typologique de la légende de notre croquis.

1. L'illusion d'une mesure scientifique de la compétitivité

La première partie de la légende propose une vision hiérarchique et standardisée de l'espace économique mondial en s'appuyant principalement sur **deux rapports internationaux, véri-**

Le classement de la compétitivité mondiale selon le Forum économique mondial (FEM) de Davos[2]

Créé en 2004, l'indice global de la compétitivité est établi à partir d'une centaine d'indicateurs, tels que l'efficacité du marché du travail, la qualité des infrastructures ou encore l'accès aux soins et à l'éducation. Comme les années précédentes, les pays européens sont les plus nombreux dans les dix premiers rangs. La Suisse arrive en tête du classement pour la cinquième année consécutive grâce notamment à son marché du travail efficace et sa capacité à innover, mais aussi grâce à ses institutions « parmi les plus efficaces et les plus transparentes au monde ».
Ce sont « les pays à fort taux d'innovation et disposant d'un réseau d'institutions prépondérantes » qui dominent ce classement. Par ailleurs, le rapport indique que « les efforts déployés par les pays européens pour lutter contre l'endettement public et l'éclatement de l'euro ont détourné leur attention des problèmes structurels et plus fondamentaux de compétitivité. » De même, le FEM incite les grands pays émergents à « encourager leurs secteurs privés et publics ainsi que la société civile à mettre en œuvre des réformes indispensables ».

1. *Géographie de la compétitivité*, PUF, 2013.
2. D'après *Challenges*, 4 septembre 2013.

tables références mondiales au sein de la littérature sur la compétitivité : le « Rapport de la compétitivité mondiale » (GCR), publié en marge du Forum économique mondial (FEM) de Davos, et l'« Annuaire de la compétitivité mondiale » (WCY) de l'IMD de Lausanne. Une part très importante des données prises en compte dans ces rapports provient de simples sondages qui déterminent une représentation (donc subjective) bien plus qu'une mesure à proprement parler de la compétitivité. Très clairement, **quatre zones compétitives** apparaissent sur la carte : l'Amérique du Nord, l'Europe, l'Asie-Pacifique et l'ouest du Golfe persique.

2. Un concept complexe qui autorise plusieurs géographies de la compétitivité

Selon G. Ardinat, la compétitivité territoriale est un « empilement de trois approches assez différentes » qui débouchent sur « des évaluations et des représentations distinctes ». Ces **trois approches** « cohabitent au sein du discours sur la compétitivité nationale » ; il s'agit de la réussite commerciale de la nation, de l'attractivité territoriale et d'une conception hybride issue des grandes organisations économiques mondiales. Soit trois approches (néomercantiliste, attractiviste et institutionnelle) qui déterminent le plan de la seconde partie de la légende).

3. Des choix graphiques qui privilégient consciemment un discours discutable

Le concepteur de la carte a affecté des plages diversement colorées aux pays selon leur place dans la typologie issue des classements internationaux. Autrement dit, le mode de transcription cartographique le plus facilement lisible reflète le choix de privilégier la typologie de la compétitivité nationale la plus couramment exploitée par les milieux d'affaires et les décideurs politiques, et ce malgré les faiblesses conceptuelles et méthodologiques de cette classification.
Les autres figurés cartographiques, essentiellement de type ponctuel, tentent de montrer qu'il est nécessaire de construire une géographie différenciée de la compétitivité nationale.

⏭ Limites de la carte

Réaliser une carte de la compétitivité territoriale apparaît bien difficile, certains diront même impossible. Nous sommes là aux **limites d'un sujet dont la transposition cartographique semble faisable**. Pourtant, notre proposition de carte sur la compétitivité à l'échelle des États-nations souligne l'intérêt d'une sorte de panorama mondial de la performance économique selon son inscription dans l'espace. Pourquoi la réflexion géographique délaisserait-elle un concept qui est en lien étroit avec le « territoire », objet privilégié de la discipline géographique ?
Cela étant, lorsqu'on regarde attentivement les **quatre typologies de la compétitivité** qui **constituent l'essentiel de la carte**, force est de constater les ressemblances très grandes de leur composition avec un schéma centres/périphéries/marges très comparable. En réalité, tous ces classements utilisent globalement **les mêmes méthodes** (indices composites très proches dans leur construction) et reflètent **la même idéologie libérale** des organismes qui se trouvent à leur origine. De plus, n'oublions pas qu'une telle carte illustre (imparfaitement, certes) la situation à un moment précis alors que la mondialisation bouscule rapidement les hiérarchies établies. Remarquons aussi que les pays occidentaux, qui occupent pourtant les premiers rangs des divers classements de la compétitivité, souffrent malgré tout de réelles difficultés (telles que des déficits budgétaires et commerciaux). Ainsi, cette carte n'exprime que des observations sans aucune prospective.

CARTE A6

Les défis démographiques de la planète

I. Une forte croissance démographique au XXe siècle qui ralentit depuis les années 1970

a. Une croissance ralentie mais toujours très inégale

Croissance démographique par pays (taux moyen pour la période 2005-2010)

- Moins de 0,6 %
- De 0,6 à 1,2 %
- De 1,2 à 2 %
- Plus de 2 %

b. L'inertie des concentrations humaines

- Répartition de la population (un point pour 5 millions d'habitants)

COMMENTAIRE P. 40

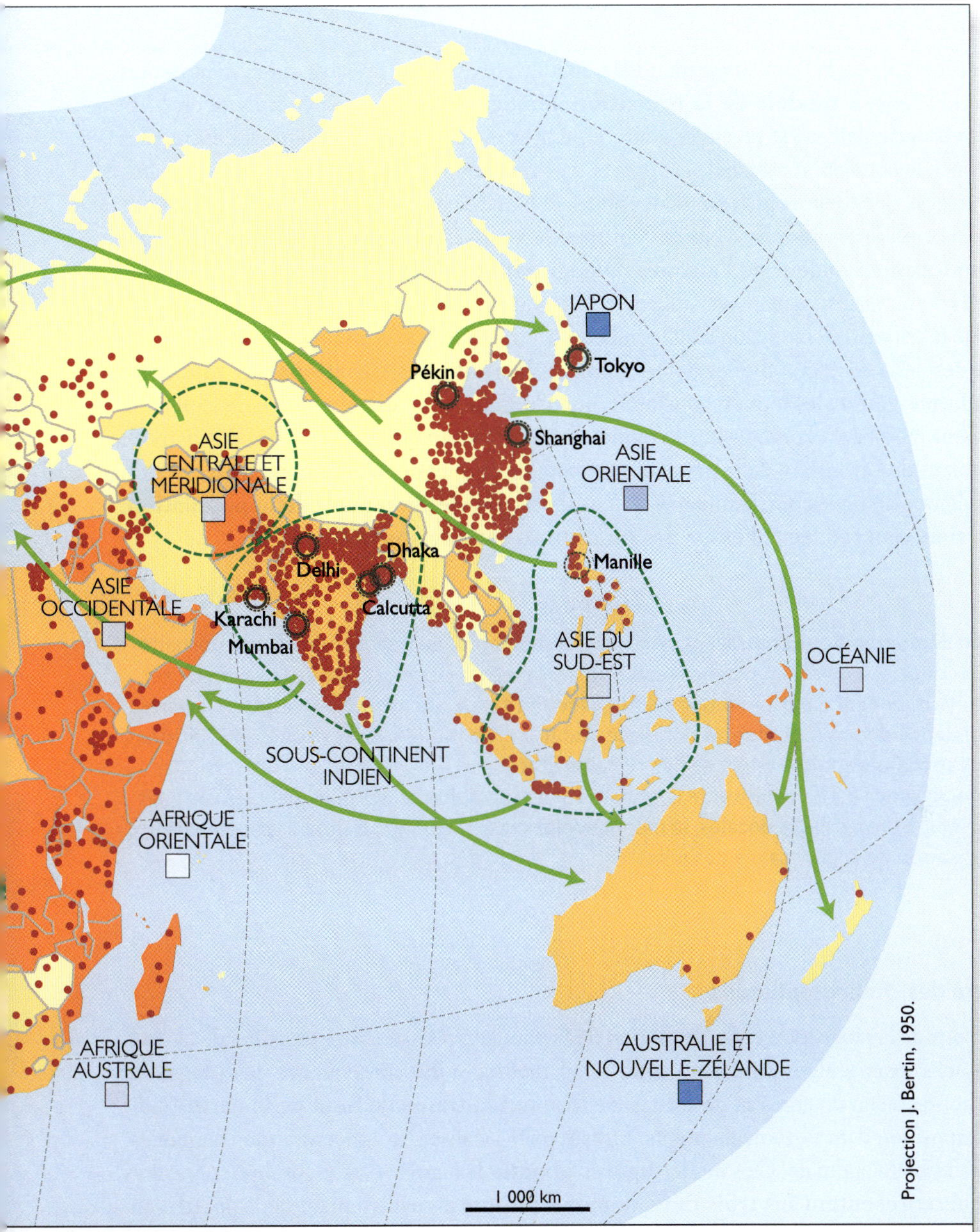

. Les défis liés à la fin des transitions démographique et urbaine

a. Le vieillissement de la population

Âge médian de la population (données 2010)

- Moins de 20 ans
- De 20 à 28 ans
- De 28 à 36 ans
- Plus de 36 ans

b. L'urbanisation généralisée de la planète

Villes les plus peuplées du monde

- En 2011
- En 2025

c. L'essor des migrations internationales

- Grandes zones d'émigration économique
- Principaux flux migratoires mondiaux

COMMENTAIRE

⏭ Présentation

L'essor considérable de la population mondiale depuis deux siècles, et particulièrement depuis 1945, s'est fait selon le **modèle de la transition démographique**, concept proposé en 1929 et qui, depuis cette date, s'est révélé opératoire pour expliquer l'évolution démographique des sociétés. Ainsi, la population mondiale est passée de 1 milliard d'habitants vers 1800 à 7 milliards aujourd'hui alors que, depuis plusieurs décennies, le monde connaît une interconnexion croissante des lieux qui le composent. Mais ces chiffres d'accroissement remarquable ne doivent pas masquer **un tournant majeur de l'histoire démographique planétaire, en cours depuis les années 1970** : un ralentissement sensible du rythme de croissance qui devrait aboutir à une stabilisation de la population mondiale d'ici le milieu du XXIe siècle, selon les projections de l'ONU. Une carte des défis démographiques doit montrer la **diversité des situations par rapport à cette tendance générale**, tout en constatant que l'inégale occupation humaine de la planète est seulement modifiée à la marge par la mondialisation contemporaine. Cet état des lieux de la répartition et de l'évolution de la population mondiale permet de mieux apprécier les principaux défis démographiques que l'humanité doit affronter : **le vieillissement de la population**, **l'urbanisation généralisée** et **l'essor des migrations internationales**.

Définitions

Transition démographique : passage d'un régime démographique traditionnel (forte mortalité et forte fécondité) à un régime démographique moderne (faible mortalité et faible natalité). La mortalité commence par diminuer avant la fécondité, ce qui entraîne une phase de très forte croissance démographique, avant de se stabiliser. Ce modèle peut évoluer du fait des politiques spécifiques mises en place par certains États.
Transition urbaine : modèle dérivé de la transition démographique, selon lequel tous les pays connaîtraient, à des rythmes décalés, la même évolution vers un taux d'urbanisation élevé et une stabilisation de la croissance des villes.

⏭ Explications

1. L'importance des choix graphiques

L'état des lieux de la répartition et de l'évolution de la population s'avère l'axe essentiel de la carte autour duquel s'organisent les principaux défis démographiques. En conséquence, **les plages de couleur** choisies selon un gradient de croissance **forment la trame de fond de la carte** tandis que la superposition d'un système de points, utilisés pour localiser les concentrations humaines, garantit une lisibilité optimale. Ce sont des **figurés ponctuels** (carrés, cercles, ovales) et linéaires (flèches) qui **représentent les trois défis démographiques** (vieillissement de la population, urbanisation généralisée, essor des migrations internationales). Si l'on prend l'exemple du défi de l'urbanisation croissante de la population mondiale, la représentation des différents taux d'urbanisation par pays à l'aide d'un système de hachures ou de contours renforcés aurait eu l'inconvénient de multiplier les figurés de surface en compromettant la lisibilité de la carte.
C'est pourquoi il a été jugé préférable de se limiter à la localisation des principales villes mondiales, aujourd'hui et en 2025.

2. Cartographier le vieillissement de la population

L'allongement rapide de la durée de vie constitue l'un des défis démographiques majeurs de la planète. Plusieurs indicateurs permettent d'évaluer le vieillissement de la population. L'**espé-**

rance de vie à la naissance est sans doute l'indicateur auquel on pense tout de suite : estimant le nombre d'années que pourrait vivre un nouveau-né, ce calcul prend en compte les différents risques de décès identifiés pour chaque âge dans la société où il naît.

Mais l'OMS a élaboré un autre indicateur en 2000 : l'**espérance de vie corrigée de l'incapacité (EVCI)**, qui soustrait à l'espérance de vie les années de maladies graves et d'invalidité majeure. L'EVCI a l'avantage d'identifier dans le monde les contrastes majeurs liés aux disparités de développement et de conditions de vie.

Mais finalement, c'est un troisième indicateur qui a été préféré pour mesurer le vieillissement démographique : l'**âge médian de la population**. Cette donnée statistique, appliquée à chacune des 17 grandes régions mondiales délimitées par l'ONU, a l'avantage de pouvoir être facilement cartographiée (carrés avec gradient de couleur bleue) et ainsi de permettre une bonne lisibilité de la carte.

3. L'essor des migrations internationales

Cet aspect fait l'objet d'une carte spécifique (carte A7) mais il devait aussi figurer, même de façon plus sommaire, dans cette carte sur les défis démographiques de la planète. Avec le vieillissement et l'urbanisation généralisée, les migrations représentent l'un des enjeux majeurs de l'évolution mondiale. **Les flux migratoires internationaux modifient la donne démographique des différents États** et provoquent ainsi de nouveaux équilibres entre le Nord et le Sud. Selon Gilles Pison[1], il est possible de distinguer quatre grands groupes de migrants internationaux : 62 millions issus du Sud et allant vers le nord, 53 millions se déplaçant au sein du Nord, 14 millions se dirigeant du nord vers le sud, et 61 millions migrant à l'intérieur du Sud. Il faut avoir à l'esprit ces données statistiques d'ensemble pour mieux apprécier les nombreuses flèches visibles sur la carte qui pourraient laisser penser que les flux Sud-Nord dominent outrageusement.

⏭ Limites de la carte

1. La synthèse pour mettre en valeur l'essentiel

Une carte de synthèse choisit et organise des informations en fonction d'une problématique tout en garantissant une bonne lisibilité de la construction graphique. La sélection des informations répond donc à une logique bien plus restrictive que celle qui préside au choix des connaissances nécessaires pour une dissertation. Ainsi, **cette carte des défis démographiques se contente de mettre en valeur les trois questions** du vieillissement de la population, de l'urbanisation généralisée et des migrations internationales. D'autres aspects intéressants ont été consciemment négligés, en particulier ceux qui concernent les rapports entre population et développement (famines et aide alimentaire, population et développement durable, etc.).

2. La complexité des migrations internationales

Les grandes zones d'émigration économique figurent sur la carte afin d'amorcer la réflexion sur les facteurs des migrations internationales. Mais en réalité, ces facteurs sont divers, complexes et parfois difficilement cartographiables : l'histoire migratoire entre pays, l'imaginaire migratoire, les réseaux sociaux et familiaux, les politiques migratoires, le marché de l'emploi, les crises et conflits, etc. Il est donc important de **ne pas se limiter aux liens entre l'émigration économique et les flux migratoires** comme une lecture superficielle de la carte pourrait le suggérer.

---

1. *Population & sociétés*, n° 472, INED, novembre 2010.

CARTE A7

Les enjeux planétaires des migrations internationales

I. Une géographie complexe des flux migratoires

a. Les grandes caractéristiques

- Pays d'immigration massive
- Pays d'immigration importante
- Autres pays
- Grandes zones d'émigration économique
- Principaux flux migratoires mondiaux

b. Des flux particuliers

- Flux de migrants très qualifiés
- Principaux pays d'accueil des réfugiés
- Zones de « déplacements environnementaux »

COMMENTAIRE P. 44

1. Politiques et enjeux de la mondialisation migratoire

a. Des politiques migratoires diverses

- Filtre migratoire de l'espace Schengen
- Principaux points d'entrée des migrants clandestins dans l'espace Schengen
- Pays d'immigration « pragmatiques » (permis à points)
- Exemple de pays de « transit migratoire »

b. Des enjeux migratoires politiques et économiques

- Principales *chinatowns* (exemple d'une diaspora)
- Remises des migrants vers leur pays d'origine
- Principaux pays d'accueil des migrants étudiants

COMMENTAIRE

⏭ Présentation

La mondialisation contemporaine est synonyme d'interconnexion croissante des individus, des systèmes économiques, sociaux et culturels ainsi que des différents espaces à l'échelle de la planète. Dans ce contexte de mobilités accrues, les migrations internationales sont devenues l'un des grands enjeux du XXIe siècle, particulièrement sur les plans économique et politique.

Le paysage migratoire se modifie avec **des circulations devenues plus complexes** tandis que **les transits à large rayon d'action se généralisent**. Les perspectives démographiques, le changement climatique, l'urbanisation accélérée et la part des moyens d'information constituent d'importants facteurs d'évolution de cette géographie. Mais cette recomposition sociale et spatiale se heurte à des barrières de plus en plus strictes, révélant ainsi l'une des contradictions majeures de la mondialisation.

La carte des migrations internationales tente de **surmonter la double difficulté de leur transposition cartographique**, liée à la grande complexité des flux migratoires et à l'enchevêtrement des facteurs et enjeux de cette question. Par souci de clarté, sans renoncer pour autant à une étude suffisamment nuancée, la légende de la carte est construite en deux temps :

1) un état des lieux d'une géographie des flux migratoires devenue complexe ;

2) un constat des principaux enjeux et politiques migratoires qui conditionnent l'évolution de cette géographie.

Comme pour la plupart des cartes de l'ouvrage, le choix fréquent d'une même couleur pour chaque sous-partie de la légende vise à faciliter la lecture de la réalisation cartographique.

⏭ Explications

1. La géographie des flux migratoires

Sur les 7 milliards d'habitants qui peuplent aujourd'hui la Terre, 1 milliard se trouve en situation de mobilité : 75 % pour les migrations internes, 25 % pour les migrations internationales. Celles-ci ont beaucoup augmenté durant les dernières décennies ; elles concernaient 77 millions de personnes il y a 40 ans, 220 millions aujourd'hui. **Sur le plan spatial, la problématique Sud-Nord s'est complexifiée**, dans la mesure où le Sud est devenu une région à la fois d'émigration, d'immigration et de transit. Il est donc excessif d'évoquer une ère de mobilité généralisée ; il est préférable de rappeler le caractère très sélectif des migrations, sur le plan social comme sur le plan spatial.

Les migrations internationales constituent un puissant révélateur des dynamiques et des déséquilibres géographiques à l'échelle de la planète. Il est important de distinguer trois catégories d'espaces migratoires :

– **Les espaces de départ :** ils sont **principalement situés dans les pays du Sud** (Asie, Afrique, Caraïbes). Le fort volume de l'émigration se recompose d'année en année en fonction d'une combinaison de facteurs : le marché local de l'emploi, les différentiels socioéconomiques avec les espaces historiques d'immigration, les politiques migratoires plus ou moins coercitives, le niveau d'insécurité, etc. Sur la carte, **les grandes zones d'émigration économique** (Amérique latine, Afrique septentrionale, Afrique occidentale et centrale, Asie centrale et méridionale, sous-continent indien, Asie du Sud-Est) forment les principaux foyers de départ. Deux remarques à ce sujet : 1) le nombre et l'emplacement des flèches représentant les flux migratoires cherchent à affiner la localisation de ces grands ensembles géographiques ; 2) le facteur économique contribue puissamment à l'émigration mais d'autres facteurs ont aussi leur importance, ce que suggèrent par exemple les pays d'accueil des réfugiés et les zones de « déplacements environnementaux » ;

– **Les espaces de transit :** ils apparaissent peu sur les cartes, qui tendent à présenter les destinations finales des flux migratoires. Or, ils revêtent une importance considérable comme étape, souvent contrainte, et d'une durée indéterminée, dans les parcours migratoires individuels. Pour des raisons de lisibilité, la carte de l'ouvrage a choisi **un seul exemple de pays de transit**, le Maroc, qui doit gérer un flux de migrants subsahariens bloqués dans leur parcours vers l'Europe ;
– **Les espaces d'accueil :** ils se situent pour l'essentiel en Amérique du Nord, dans l'Union européenne et les États du Golfe persique. Ce sont **surtout les très grandes villes** qui concentrent les flux grâce à leur potentiel d'emplois et à la présence de réseaux facilitant l'insertion des migrants nouvellement arrivés. Soulignons que ces pays d'accueil se différencient par un poids très inégal de la population immigrée au sein de la population totale (95 % d'immigrés à Dubaï, 35 % au Luxembourg, 13 % aux États-Unis).

2. La diversité des politiques migratoires

Depuis les années 1970 et la diminution considérable de l'immigration de travail dans la plupart des pays développés, **une tendance forte dans les politiques migratoires** consiste à **sélectionner les migrants selon leur niveau de qualification professionnelle**. Ainsi, l'exemple des États-Unis avec leur système de visas H-1B (permettant à un employeur de recruter temporairement un salarié étranger sur un poste spécifique) a été suivi par de nombreux pays industrialisés, dont la France qui a mis en place, en 2006, un visa « compétences et talents ». L'exemple du Canada illustre une politique d'immigration plus souple dans la mesure où celle-ci doit contribuer au peuplement d'un pays peu densément peuplé grâce au système des permis à points (prise en compte du niveau d'éducation, de la connaissance de la langue anglaise ou française, de l'expérience de travail, de l'âge et de la présence d'un partenaire qualifié).
Dans un contexte d'accroissement des migrations internationales, les États tendent à mettre en place **des politiques plus ou moins restrictives**. L'Union européenne représente un exemple emblématique de cette tendance. La convention de Schengen (1995) constitue l'une des bases de la politique migratoire européenne en établissant la liberté de circulation dans l'ensemble formé actuellement par 22 États sur les 28 pays membres de l'UE (400 millions d'habitants, plus de 4 millions de km^2). Mais ce dispositif se double d'un très fort contrôle de la frontière extérieure de l'espace Schengen avec la volonté d'isoler l'espace migratoire commun (création en 2004 de l'Agence européenne des frontières, véritable militarisation de la frontière, etc.). Cependant, les logiques économiques, démographiques et politiques différentes des États européens poussent à **l'adoption de politiques nationales aux objectifs divergents**, voire opposés.

⏭ Limites de la carte

L'objectif de présenter un tableau nuancé de la question migratoire a conduit le concepteur de la carte à évoquer de nombreux aspects tels que la notion de diaspora, les remises (transferts financiers des émigrés vers leur pays d'origine), les mobilités estudiantines, etc. Afin de **préserver une lisibilité optimale de la réalisation cartographique**, la représentation d'un seul exemple (celui de la Chine pour les diasporas) et les figurés ponctuels (pour les remises et les pays d'accueil des migrants étudiants) ont souvent été utilisés.

CARTE A8

Le commerce mondial et ses enjeux

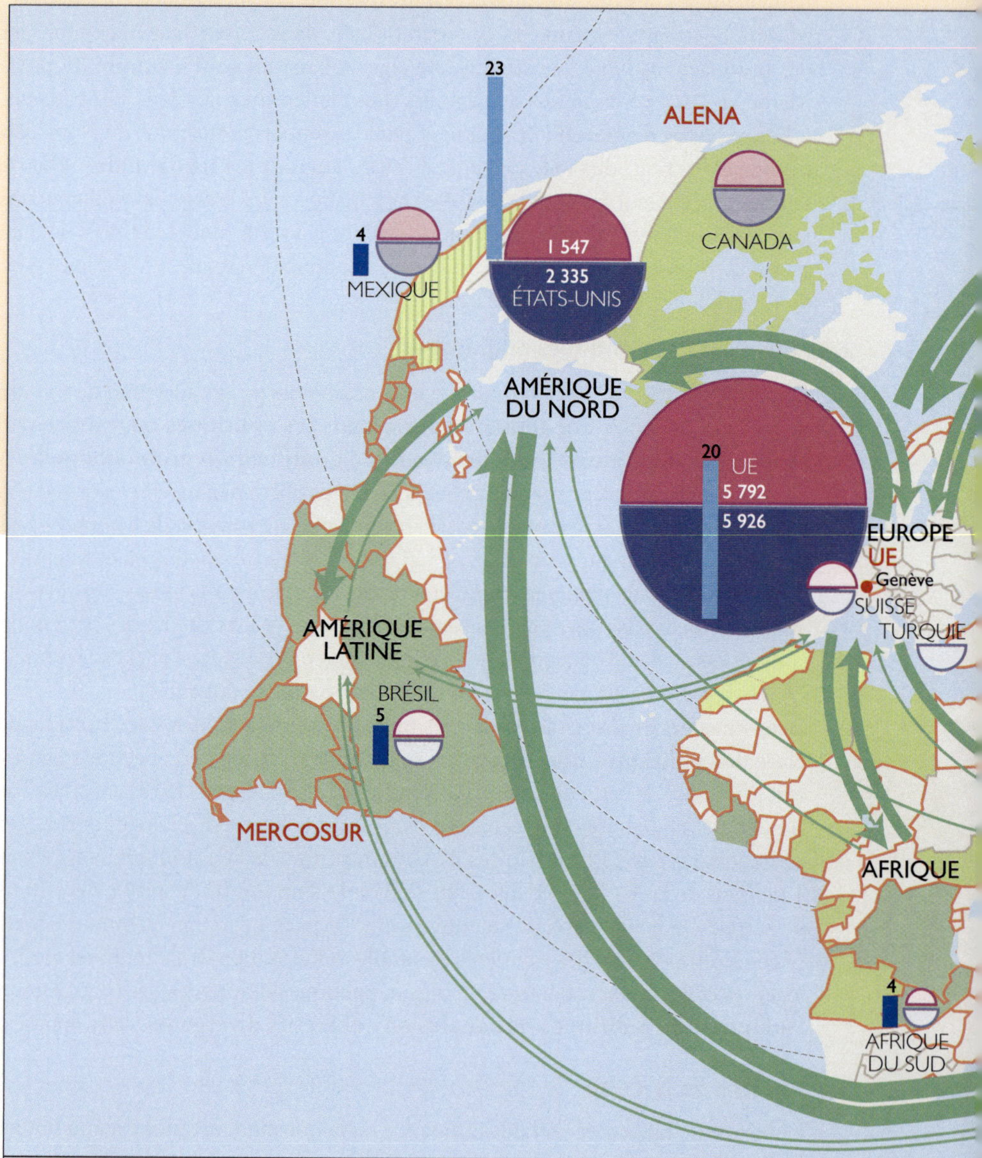

I. Les acteurs

a. Les États

Échanges de marchandises, en 2012

En milliards de dollars

500 400 300 200 100

Exportations

Importations

En pourcentage du total mondial

2 4 8

Exportations

Importations

b. Les entreprises, nombre de FTN

FTN des PDEM

FTN des émergents

COMMENTAIRE P. 48

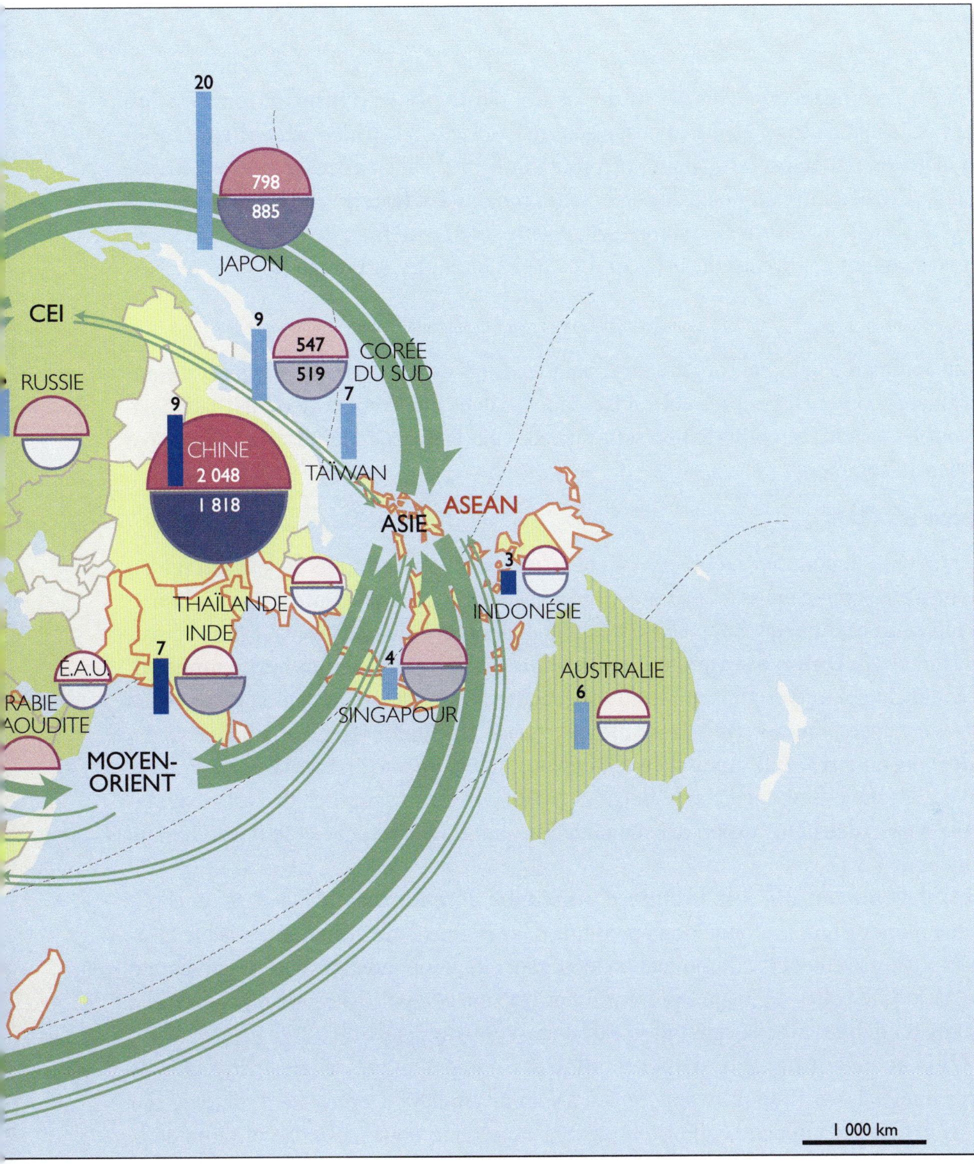

II. Les lieux du commerce

a. Routes

Flux d'exportations de marchandises, en milliards de dollars, en 2010

- Moins de 150
- De 150 à 400
- Plus de 400

b. Territoires

- Pays ateliers
- Exportateurs d'énergie
- Exportateurs de matières premières

III. Tensions et régulations

a. Protectionnisme

- Droits de douane moyens supérieurs à 20 %

b. Les instances de régulation

- Siège de l'OMC
- UE Grandes zones économiques régionales

COMMENTAIRE

Présentation

Manifestation spectaculaire des transformations de l'économie contemporaine, la croissance du commerce signe, pour beaucoup d'historiens, le passage d'**une phase d'internationalisation** des échanges, de l'immédiate après-guerre jusqu'aux années 1980, à la **phase actuelle de mondialisation**. Mise en œuvre par les logiques de profit des firmes transnationales, elle redistribue les espaces de la division internationale des processus productifs et favorise certains territoires et États, tout en en fragilisant d'autres. La projection polaire retenue permet de distinguer acteurs, flux et territoires, autant de niveaux où se lisent des enjeux multiples et croisés.

Explications

Les enjeux du commerce mondial sont cruciaux pour les États en quête de croissance et d'équilibre des paiements courants, pour les entreprises lancées dans une compétition internationale, mais aussi pour les salariés qui profitent ou sont menacés par la division du travail entraînée par les dynamiques du commerce.

1. Les enjeux pour les États

Le ratio exportations / importations témoigne des bénéfices que tirent les États de leur inscription dans un commerce en pleine croissance (document complémentaire). Trois géants apparaissent nettement : l'Union européenne, les États-Unis et la Chine, dont les situations sont à la fois liées et clairement distinctes. **L'Union européenne reste le pôle principal du commerce mondial**, que ce soit en tenant compte de l'ensemble de ses échanges, comme retenu dans la carte, ou en en excluant ses échanges internes. Sa balance est *grosso modo* équilibrée, légèrement déficitaire en 2012, excédentaire en 2013. Elle cumule des champions du commerce : l'Allemagne, la France, les Pays-Bas, le Royaume-Uni, l'Italie et la Belgique. Mais elle est surtout tirée dans ses exportations par l'Allemagne, deuxième exportatrice mondiale, tandis que la France et le Royaume-Uni sont lourdement déficitaires.

La Chine est devenue en 2013 la première puissance commerciale, largement excédentaire. Mais une réorientation profonde de sa politique dans la deuxième décennie du siècle favorise désormais progressivement la consommation intérieure : les importations progressent plus vite que les exportations et celles-ci, jusqu'à présent tirées par une compétitivité-prix incomparable, doivent désormais compter avec la concurrence des nouveaux pays ateliers.

Les États-Unis accusent un déficit spectaculaire, complémentaire des excédents chinois (le commerce mondial constituant, *in fine*, un jeu à sommes nulles). Depuis 1971, date de son apparition, ce déficit accompagne celui du budget et détermine pour partie la politique de la première puissance mondiale, notamment dans le domaine monétaire, avec des répercussions sur l'ensemble de l'économie mondiale.

Les autres États pèsent nettement moins, y compris le Japon, pénalisé depuis une vingtaine d'années par une stagnation de sa croissance.

2. Le jeu des entreprises

L'internationalisation croissante en fait des actrices de premier plan de l'augmentation du commerce, puisque **les échanges entre filiales des transnationales constituent un moteur décisif** des flux commerciaux (notamment aux États-Unis). La logique de la sous-traitance, retenue depuis une quarantaine d'années comme la réponse la plus pertinente à un contexte de compétition internationale, favorise aussi les échanges. Les firmes transnationales ont ainsi dessiné une chaîne de valeur globale qui les voit disperser, sur l'ensemble du globe, les sites de production et d'assemblage, et qui constitue la trajectoire d'élaboration du produit. Ce qui brouille considérablement les approches classiques du commerce : quelle est la nationalité d'un iPhone produit à Shenzhen, donc enregistré par les douanes comme fabriqué en Chine, alors que la valeur ajoutée chinoise ne dépasse pas 5 % de son coût de production ?

Ce jeu complexe des entreprises repose sur des facteurs extérieurs : les accords internationaux conclus entre les États, notamment dans le cadre du GATT devenu OMC, qui ont réduit les droits de douane à moins de 4 % en moyenne, mais aussi les améliorations du transport, qui ont réduit sa part dans le coût final d'un produit à un ordre de grandeur équivalent.

3. Les salariés

Ils sont représentés sur la carte par les différentes spécialisations entre territoires, découlant de leur inscription dans une division internationale du travail définie, en grande partie, par l'importance accrue du commerce.

Dans les **pays ateliers**, la main-d'œuvre est, dans un premier temps, favorisée par la production exportatrice, fortement créatrice d'emplois, qui participe à un déversement des actifs depuis le secteur primaire (c'est typiquement le cas chinois). Mais cette logique se heurte à celle du développement des territoires, qui exige une hausse des rémunérations, d'où des conflits dans ces territoires.

Pour les pays qui sont restés au stade d'exportation de matières premières, le commerce international est un accélérateur de croissance mais il ne suffit pas à créer suffisamment d'emplois. Les éventuels ralentissements de l'économie mondiale (en 2009, pour la première fois en un demi-siècle, le commerce s'est contracté) jouent alors très défavorablement. Les monarchies pétrolières du golfe Arabo-Persique sont, à l'inverse, insuffisamment peuplées, les excédents commerciaux gonflant ici les **bulles spéculatives** à défaut de pouvoir entraîner le secteur manufacturier.

⏭ Limites de la carte

Pour des impératifs de lisibilité, la carte ne distingue pas la nature des flux.

N'apparaissent pas non plus les services, comptabilisés aussi dans le commerce et désormais comptant pour un bon quart de celui-ci.

N'apparaissent pas non plus les **accords bilatéraux** qui tendent à s'imposer désormais au détriment des grandes négociations multilatérales, enlisées depuis le début du XXIe siècle. Les États-Unis ont notamment choisi cette stratégie qui leur est *a priori* plus favorable, négociant, dans la deuxième décennie du siècle, deux grands accords décisifs pour eux : le TTIP (*Transatlantic Trade and Investment Partnership*) avec l'Union européenne et le TPP (*Trans-Pacific Partnership*) avec douze pays d'Asie.

DOCUMENT COMPLÉMENTAIRE

Sur la longue durée, variation du commerce de marchandises (base 100 en 1950)

	1950	1960	1970	1980	1990	2000	2010
Produits manufacturés	100	231	625	1244	2132	4262	7265
Combustibles et produits des industries extractives	100	217	435	513	566	818	1061
Produits agricoles	100	162	238	336	389	575	866

Source : *Le Monde*.

CARTE A9

Nourrir le monde

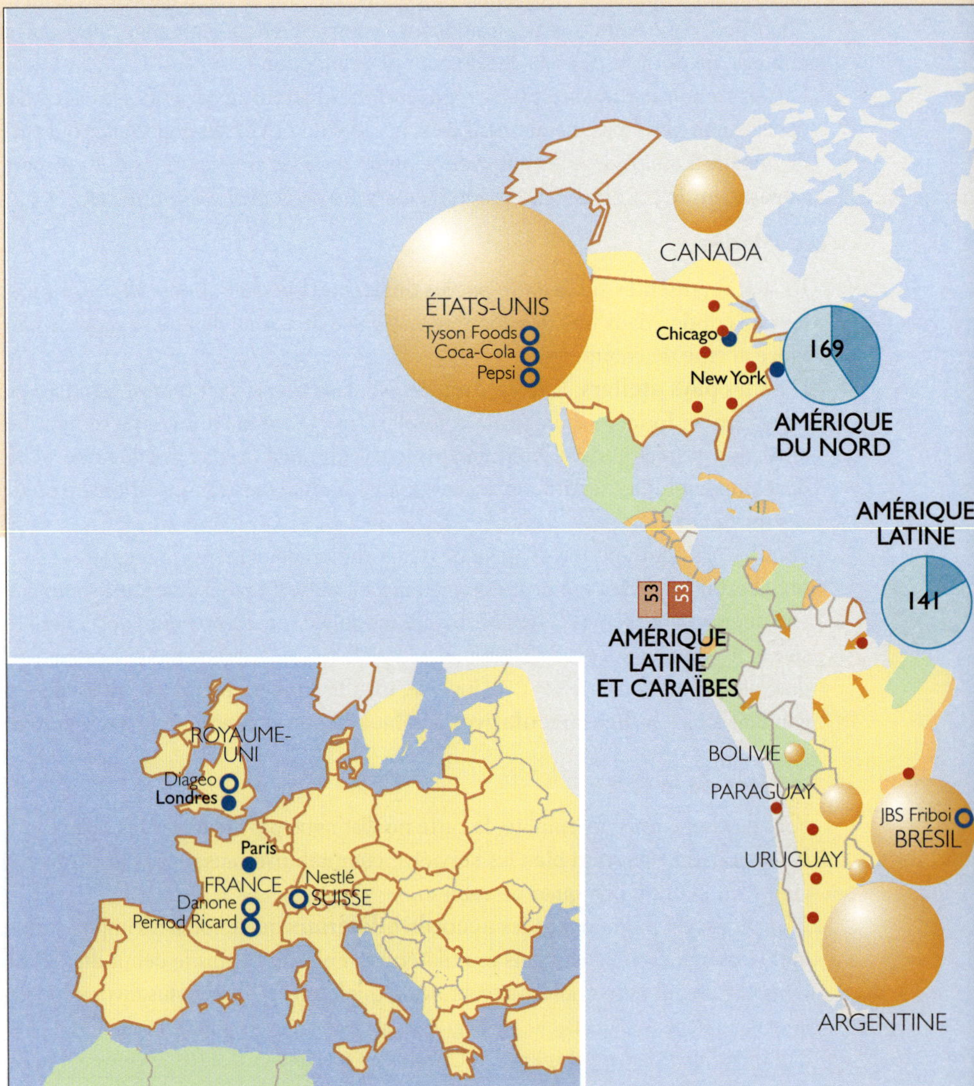

I. La diversité de la production agricole

a. Les grandes régions productrices

- Agriculture vivrière
- Riziculture intensive
- Agriculture tropicale exportatrice
- Agriculture productiviste intégrée aux marchés

b. Les sociétés paysannes

- Plus de 50 % des actifs dans l'agriculture

c. Les réponses à la demande croissante

Réponse intensive : les OGM, surface cultivée, en millions d'hectares

62,5 / 30 / 15 / 7 / 3 / 1

Réponse extensive : les principaux fronts pionniers

COMMENTAIRE P. 52

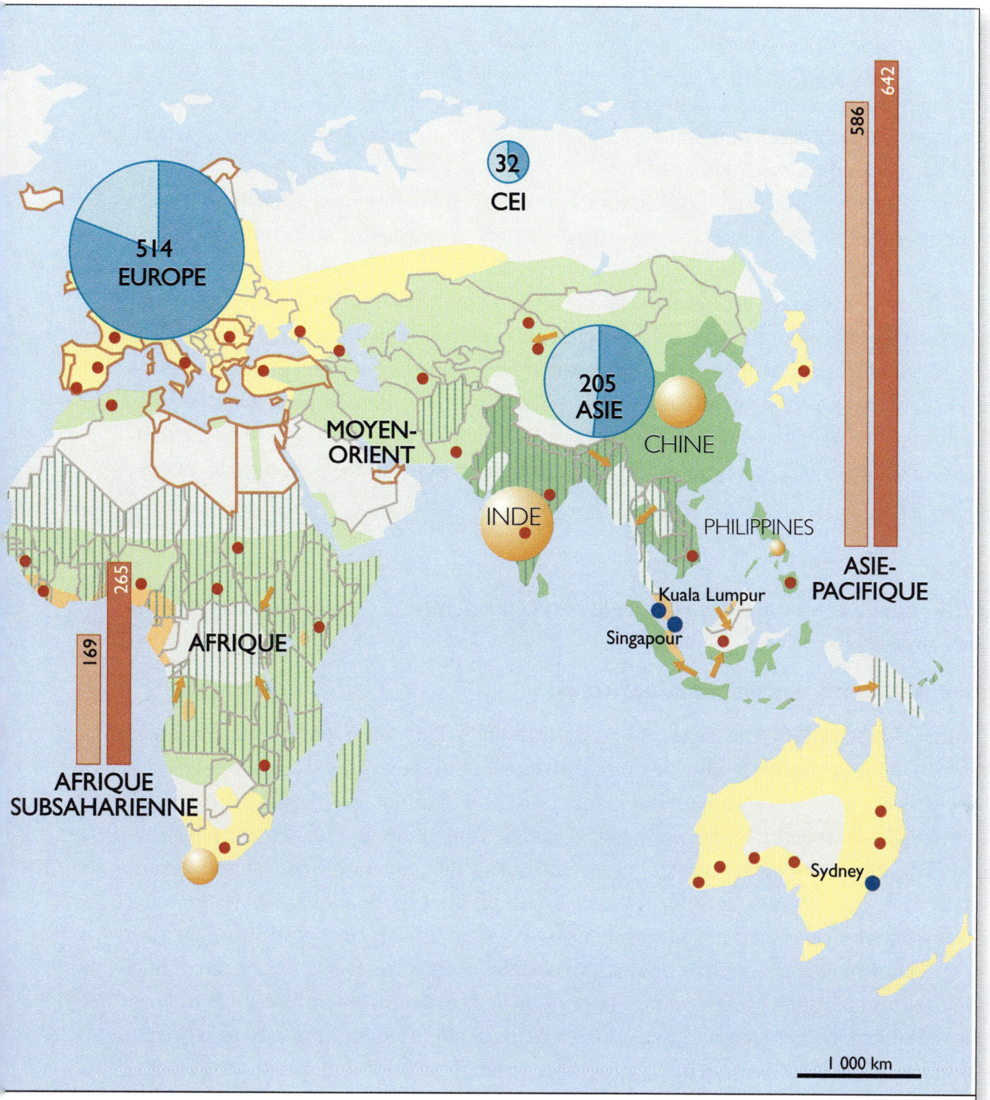

II. Les grands exportateurs

a. Les exportateurs

32 Principales régions exportatrices de produits alimentaires, en milliards de dollars

Part des échanges à l'intérieur de la zone

b. Les acteurs du marché

● Principales Bourses de fixation des prix agricoles

○ Principaux groupes agroalimentaires

III. Les menaces

a. La persistance de la faim

Personnes sous-alimentées, en millions

53 1990 53 2009

b. La transition alimentaire et ses risques sanitaires

Ration calorique moyenne trop élevée (plus de 3 200 kcal par jour)

c. Les menaces environnementales

● Dégradation des systèmes agricoles

COMMENTAIRE

Présentation

La formulation désormais classique de ce sujet rappelle à quel point il est décisif : loin d'être une synthèse des agricultures mondiales, il inscrit celles-ci dans une chaîne plus vaste, s'étirant en amont du domaine de la recherche fondamentale sur le vivant jusqu'aux enjeux sanitaires, en aval, déterminés par l'organisation des marchés.

Le point de vue est global, puisque les techniques agricoles se répandent sur l'ensemble de la planète et que les convergences alimentaires participent à une **intégration mondiale de l'agriculture**.

La projection Mercator retenue est neutre, elle correspond à un parti pris, celui de distinguer davantage les masses continentales que les échanges entre ces dernières. Le concepteur a intégré ici le paradoxe crucial de la mondialisation agricole : si les pratiques de production et de consommation évoluent profondément dans ce processus de globalisation, **la part des produits agricoles échangés** reste faible pour les plus importants d'entre eux, qui sont avant tout consommés dans leur environnement proche (pour le blé, principal marché agricole au monde, elle ne dépasse pas 15 %).

Explications

La carte articule des échelles variées, du niveau le plus concrètement local aux logiques commerciales les plus globales.

1. Persistances et mutations des systèmes agricoles

La carte distingue des systèmes de production très tranchés, dans une typologie évidemment simplificatrice. Dominent spatialement les **agricultures vivrières** qui sont aussi celles qui concernent le plus d'actifs : les deux données se superposent nettement en Afrique, par exemple. Les réalités évoquées ici recoupent des systèmes variés, de l'autoalimentation sans surplus agricoles commercialisables à des agricultures vivrières intégrées à des réseaux de distribution locaux. C'est par exemple le cas de l'Afrique intertropicale, où la production de tubercules (le manioc, notamment) alimente les villes dans des rayons assez courts. Pour autant, cette agriculture dont les prix ne sont qu'à la marge déterminés par des facteurs extrarégionaux n'est pas non plus en dehors de la mondialisation : le manioc, base alimentaire pour des centaines de millions d'Africains, exemple par excellence de consommation exclusivement locale, n'est pas une plante africaine mais a été importé sur le continent, depuis l'Amérique andine, par les colonisateurs européens. La coupure avec l'**agriculture tropicale exportatrice**, le cacao, les bananes ou le café, n'est donc qu'apparente, même si les produits de celle-ci sont, à l'inverse, les plus concernés par les échanges (plus de 80 % de la production est destinée à des marchés lointains).

2. Une organisation inégalement intégrée

Les **agricultures intensives** sont intégrées par l'amont puisqu'elles reposent sur une mécanisation poussée, un usage massif d'**intrants** et des liens avec la recherche. Elles peuvent pourtant être destinées à une consommation locale, comme c'est essentiellement le cas de la riziculture, qui a bénéficié des avancées des révolutions vertes pour mieux nourrir la croissance démographique asiatique.

Elles peuvent aussi être, inversement, destinées aux exportations, devenant ainsi l'un des instruments d'intégration dans le commerce international : l'agriculture est alors objet de politiques concurrentielles qui opposent par exemple les États-Unis et l'Union européenne depuis les années 1960, mais aussi désormais les puissances émergentes comme le Brésil. L'Union européenne, forte d'excellentes conditions naturelles et des succès de sa **politique agricole commune** (PAC) est de loin la première puissance commerciale agricole, même si les entreprises américaines du secteur sont les plus nombreuses, et les plus emblématiques de la mondialisation des goûts (Coca-Cola). La fixation des prix, en conséquence, se fait autour des Bourses de Chicago, Londres et Paris.

3. Des menaces renouvelées

La **persistance de la faim**, malgré un déclin tant en chiffres absolus que relatifs (document complémentaire), concerne d'abord l'Asie, dont l'émergence n'est pas une garantie de vaincre immédiatement la sous-alimentation. Les plus grandes concentrations de sous-nourris se trouvent en Inde et en Chine, malgré les politiques de développement initiées depuis longtemps dans ces pays. Le choix des organismes génétiquement modifiés constitue une des réponses les plus polémiques à ces défis, mais la carte montre clairement l'isolement de l'Europe dans son refus des OGM (l'Afrique ne les refuse pas *a priori*, le Burkina cultivant par exemple du coton OGM, mais se trouve ici en retard technologique).

⏭ Limites de la carte

Les effets d'échelle ne permettent pas de représenter des évolutions décisives. La **suralimentation** semble ainsi ne concerner que les pays riches, ce qui n'est plus vrai. L'obésité est devenue un fléau dans les villes chinoises et les Mexicains détiennent le record d'absorption de soda (167 litres par an et par individu), ce qui entraîne un taux de surcharge pondérale dans la population plus important qu'aux États-Unis. Mais comme une partie de la population rurale est encore sous-alimentée, dans les États les plus pauvres, comme le Chiapas, la moyenne nationale est trompeusement raisonnable.

Ne sont pas non plus représentés les différents systèmes nationaux ou régionaux de protection des agriculteurs, une des données importantes des négociations multilatérales (c'est un des points qui ont bloqué le cycle de négociations de Doha à l'OMC). Ce protectionnisme agricole ne recoupe pas forcément les classiques distinctions Nord / Sud puisque, parmi les champions de la dérégulation agricole, à côté d'émergents comme le Brésil, on trouve des pays développés comme l'Australie ou la Nouvelle-Zélande (où l'agriculture est la moins subventionnée au monde). À l'inverse, les pays subventionnant fortement leur agriculture sont le Japon et la Suisse, mais aussi l'Inde.

Une dernière donnée, essentielle, n'est représentée que partiellement, celle des transformations des conditions naturelles de production. On a représenté les principaux territoires menacés par une dégradation des systèmes agricoles, liée notamment à l'érosion des sols, mais de façon plus globale, le dérèglement climatique fait peser des menaces lourdes, déjà à l'œuvre, sur nombre de régions productrices. L'aridité accrue concerne particulièrement les agricultures méditerranéenne, andine et sahélienne.

DOCUMENT COMPLÉMENTAIRE

La sous-alimentation dans les pays en développement

	1990-1992	1999-2001	2004-2006	2007-2009	2010-2012
Nombre de sous-alimentés en millions	981	901	885	852	852
Pourcentage	23,2	18,3	16,8	15,5	14,9

Source : FAO.

CARTE A10

L'eau dans le monde, ressources et tensions

I. Les inégalités des ressources en eau

a. La ressource en eau par État (m^3/habitant/an)

- Moins de 1 000 (pénurie)
- De 1 000 à 1 700 (stress)
- De 1 700 à 4 000
- De 4 000 à 10 000
- Plus de 10 000
- Absence de données

b. L'importance des techniques hydrauliques

- Très grands barrages (selon le volume de retenue)
- Grande capacité de dessalement (par pays)

II. Des ressources sous pression

a. L'inégal poids des prélèvements

Prélèvements d'eau par État (m^3/habitant/an)

- Prélèvements très importants (plus de 1 000)
- Prélèvements très faibles
- Surexploitation des nappes souterraines

b. Une ressource disputée

- Irrigation agricole considérable (en surfaces irriguées par pays)
- États en dépendance hydrique (à l'égard d'autres États)

COMMENTAIRE P. 56

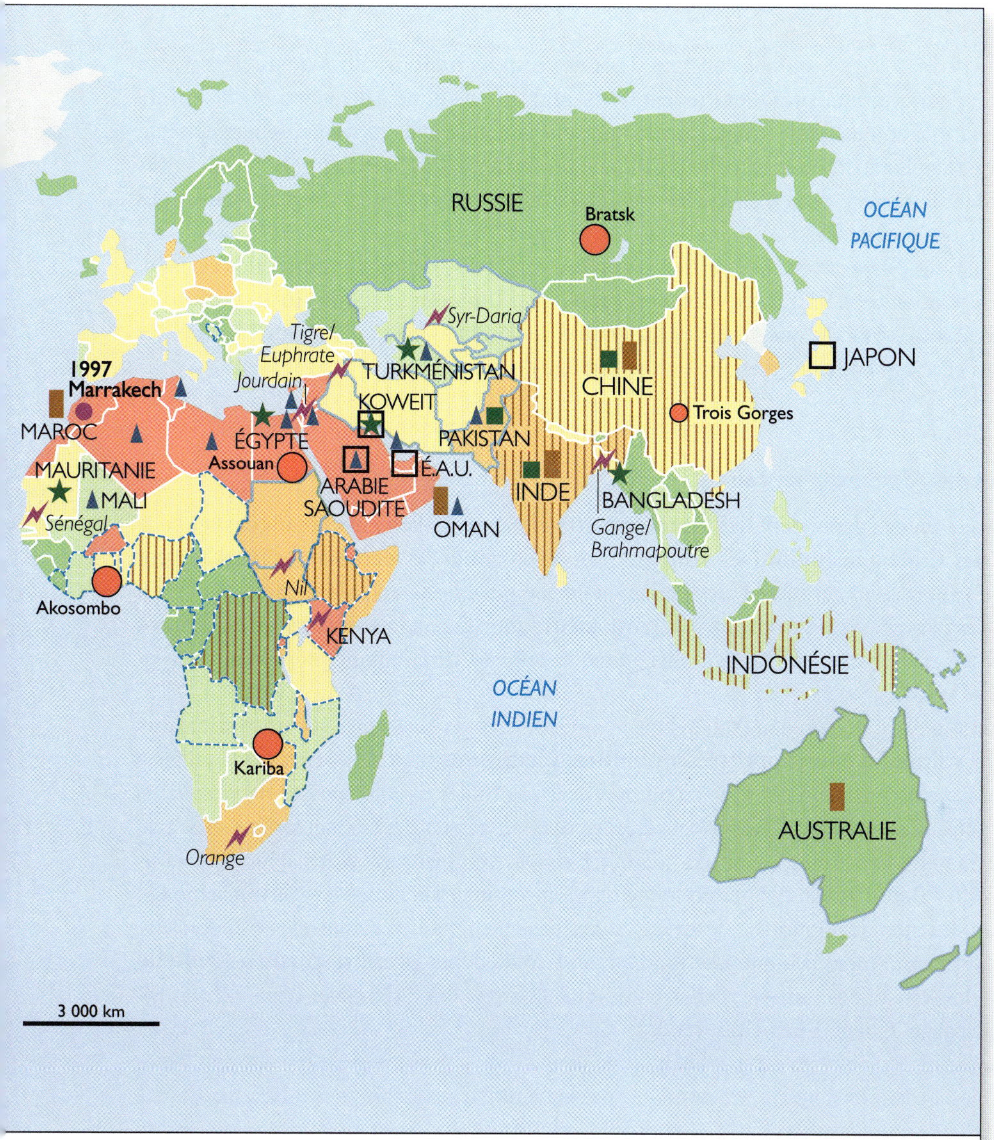

III. Les défis de demain

a. L'enjeu de l'accès à l'eau

- Importantes populations sans accès à l'eau potable (par pays)
- Forte implantation des FTN françaises de l'eau

b. La « diplomatie de l'eau »

- Principaux conflits « hydropolitiques »
- Conférences mondiales sur la gestion de l'eau (exemples)

COMMENTAIRE

Présentation

La question de l'eau dans le monde constitue **l'un des enjeux majeurs du XXIe siècle** avec **un triple défi : économique, social et environnemental**. Il s'agit principalement d'améliorer l'accès à l'eau potable et d'accroître l'irrigation agricole pour faire face à la croissance démographique et permettre l'amélioration du niveau de vie, tout en préservant les milieux naturels. Même si ces défis se posent à l'échelle de la planète, les pays en développement sont les premiers concernés par l'urgence des problèmes.

Le grand nombre d'aspects d'une question complexe rend particulièrement difficiles la sélection des informations et leur transposition cartographique. L'**accent** sera **mis sur la notion de ressource menacée** tandis que les choix graphiques veilleront à un équilibre entre les grandes familles de figurés afin de préserver une bonne lisibilité de la carte.

Explications

1. Le potentiel des ressources en eau

Les ressources en eau dépendent des **facteurs naturels** (essentiellement climatiques) et de la **capacité des États à les mobiliser**. Certains pays disposant de ressources restreintes arrivent néanmoins à approvisionner toute leur population en eau potable (Israël, Malte, Singapour). En revanche, des pays pourtant favorisés par la pluviométrie connaissent des situations très difficiles avec des ressources en eau par habitant plus ou moins faibles (Mozambique, République démocratique du Congo).

Pour mesurer la ressource en eau douce dans le monde, le choix s'est porté sur **un indicateur simple : le volume d'eau rapporté au nombre d'habitants**, cet indicateur étant utilisé à l'échelle nationale. Ainsi, l'on constate d'énormes écarts entre les États disposant de ressources très abondantes (Canada, Brésil, Russie) et ceux disposant de ressources très faibles (par exemple, du Maroc au golfe Persique). La carte a regroupé les pays en **cinq groupes** selon des seuils (1 000, 1 700, 4 000, 10 000) qui permettent d'opposer sommairement des pays insuffisamment pourvus (en situation de pénurie ou de stress) et des pays bien dotés. Le choix des couleurs vise à faire ressortir clairement ce contraste fondamental. Mais il faut **prendre garde à l'échelle nationale** des statistiques utilisées, celles-ci masquant parfois des différences régionales considérables (Espagne, Chine, États-Unis, etc.).

Les chiffres de disponibilité en eau par habitant ne donnent qu'une vision grossière des problèmes potentiels liés à l'eau. Ils doivent être pondérés par la faculté d'adaptation des différents États à leurs conditions naturelles. En effet, ce qui distingue les États n'est pas tant leur ressource brute calculée par habitant que leur capacité à mobiliser cette ressource. C'est pourquoi ont été ajoutés sur la carte **des exemples d'aménagements hydrauliques** (grands barrages, capacité de dessalement) pour rendre compte des facteurs de mobilisation (capacité technique et économique, volonté politique de produire de l'eau).

2. Des ressources sous pression

Un bon indicateur de la pression sur les ressources en eau existe avec le rapport entre prélèvements et ressource brute. Ainsi, les États où les prélèvements dépassent la moitié de la ressource rencontrent des problèmes graves lors de périodes de sécheresse prolongée. Rappelons à cet égard qu'**il ne faut pas confondre prélèvements et consommation**. Les prélèvements désignent le volume d'eau captée dans les cours d'eau ou les nappes phréatiques pour un usage domestique, agricole ou industriel. Seule l'eau non restituée est considérée comme consommée.

L'essentiel des prélèvements est destiné à l'agriculture (70 %), loin devant les usages industriels (20 %) et domestiques (10 %). Cette répartition explique que **la carte des prélèvements par habitant reflète principalement le poids de l'agriculture irriguée**, comme en témoigne l'importance des prélèvements en Asie centrale et en Australie. Pour les États-Unis et le Canada, la situation est plus complexe : forts prélèvements au Canada pour l'hydroélectricité, forts prélèvements aux États-Unis à la fois pour l'agriculture irriguée, l'utilisation industrielle et les usages domestiques.

Certains pays utilisent plus d'eau que la part naturellement renouvelable grâce à l'utilisation de leurs ressources fossiles (vastes aquifères plus ou moins profonds). La carte évoque cet aspect du rapport ressource/consommation par le biais de la **surexploitation des eaux souterraines**, celle-ci étant particulièrement sensible dans la zone allant de l'Algérie au Pakistan.

3. Le triple défi de la question de l'eau

La troisième partie de la légende (« Les défis de demain ») a pour objet d'évoquer le triple défi de la question de l'eau : **le défi social** avec l'accès à l'eau potable, **le défi économique** avec les mutations techniques, le coût de l'eau et le rôle des FTN, et **le défi géopolitique** avec le risque « hydropolitique » dans certaines régions de la planète et l'esquisse d'une gouvernance mondiale dans ce domaine.

Dans les « Objectifs du millénaire », définis en 2000 pour l'horizon 2015, figure la réduction de moitié du pourcentage de la population qui n'a pas accès de façon durable à un approvisionnement en eau potable. Malgré des progrès dans ce domaine, notamment en Chine, d'importantes populations dans les pays du Sud n'ont pas encore accès à l'eau potable (surtout en Afrique et en Asie).

Par ailleurs, la carte se contente de quelques exemples pour suggérer l'aspect économique de l'accès à l'eau (implantation des multinationales de l'eau françaises) et l'aspect géopolitique de la question de l'eau (principaux conflits « hydropolitiques », exemples de conférences mondiales sur la gestion de l'eau).

⏭ Limites de la carte

Si la carte réussit à évoquer les aspects principaux d'une question complexe, **elle omet** néanmoins **de représenter le volet qualitatif des menaces** qui pèsent sur la ressource en eau. Même lorsque les prélèvements sont faibles par rapport à des ressources qui paraissent abondantes, ils peuvent entraîner des changements importants de la qualité des eaux. Depuis les années 1980, il y a eu une véritable prise de conscience des désastres engendrés par la pollution des eaux (pollutions agricoles, industrielles et urbaines, manque d'assainissement). Quelques catastrophes d'ampleur régionale (mer d'Aral, mer Morte, lac Chapala au Mexique, etc.) ont révélé l'ampleur des dégradations environnementales.

En revanche, **la notion de « diplomatie de l'eau »** a été évoquée malgré la difficulté de sa transposition cartographique. Depuis les années 1970, diverses conférences internationales ont contribué à forger un modèle mondial de gestion de l'eau, basé sur la gestion intégrée des ressources en eau (GIRE) et le passage d'une gestion de l'offre à une gestion de la demande. La mise en place de la GIRE à l'échelle internationale s'est traduite par l'application de politiques tarifaires encourageant l'économie de la ressource, selon deux principes fondamentaux : « l'eau paie l'eau », « le pollueur est le payeur ». Quant à la gestion de la demande, elle entend limiter la construction de nouvelles infrastructures et privilégier une action sur les utilisations actuelles (notamment en favorisant les économies d'eau).

CARTE A11

Le pétrole, vecteur de la mondialisation

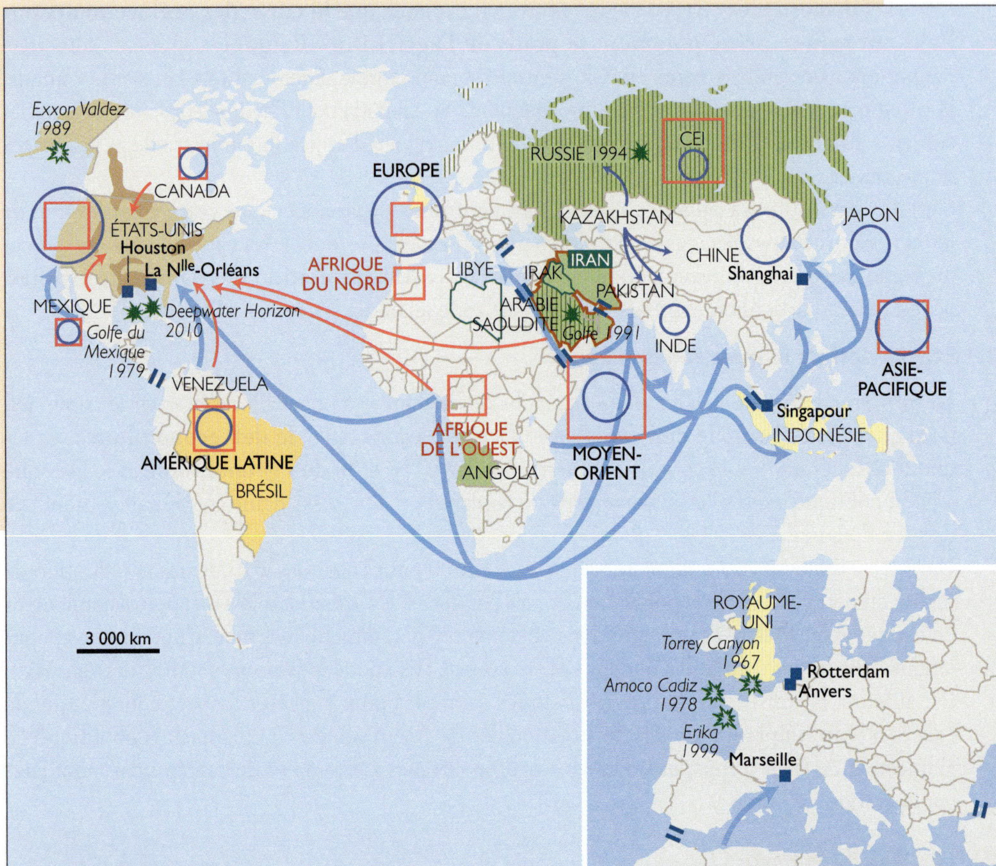

I. Les ressources

a. Les exportateurs traditionnels

- Ressources centrales du golfe Arabo-Persique
- AFRIQUE DU NORD — Essor de la production africaine
- Principaux fournisseurs des États-Unis
- Principaux espaces de production, en millions de tonnes : 1 200 ; 500 ; 250 ; 100

b. La révolution des ressources non conventionnelles

- Pétrole de schiste
- États-Unis vers l'autosuffisance

c. Les producteurs dépendants

- Nouvelles ressources permettant d'envisager l'autosuffisance
- Déclin des ressources domestiques

II. Les flux

a. Routes

- Principales routes maritimes
- Différentes possibilités de désenclavement de l'Asie centrale

b. Points

- Détroits stratégiques
- Principaux ports pétroliers

c. Consommation, en millions de tonnes

900 ; 500 ; 100

III. Des effets contrastés

a. Risques environnementaux

- Principales fuites sur les sites de production
- Principales marées noires au cours du transport

b. Ambiguïtés économiques

- Économie de rente
- Fonds souverains issus des excédents pétroliers

c. Risques géopolitiques

- Production perturbée par les conflits
- IRAN — Exportations limitées par les sanctions

COMMENTAIRE

Présentation

Cette carte de flux ne justifiait pas une projection polaire, ces flux reliant essentiellement le Sud au Nord dans un schéma classiquement établi depuis plus d'un siècle. Pour autant, elle enregistre bien des mutations dans ce secteur, depuis longtemps central, qu'est le pétrole. Il est appréhendé ici comme **vecteur de la mondialisation**, soit comme un support de la diffusion des logiques à l'œuvre dans ce processus de convergence mondialisée des marchés et des modes de vie.

Explications

La production, le commerce et les usages du pétrole reflètent des aspects variés de la mondialisation contemporaine.

1. La mise en contact d'espaces éloignés

La **diversification** des producteurs de pétrole, encouragée par la hausse structurelle des prix depuis le milieu des années 2000, et la multiplication des consommateurs, résultats de la croissance des pays émergents, n'ont pas changé une réalité ancienne : le marché du pétrole réunit des acteurs éparpillés à la surface du globe. D'où la constitution de routes maritimes rationalisées et sécurisées, autant que possible, et de complexes portuaires spécialisés qui polarisent un trafic rationalisé par l'usage de supertankers, dont les plus gros atteignent 350 000 tonnes.
La course aux économies d'échelle que permet le gigantisme des bateaux a atteint ses limites dans les années 1970, où on a construit des pétroliers de 550 000 tonnes, considérés depuis comme trop risqués : la carte évoque les catastrophiques marées noires, qui ne représentent pourtant que moins de 5 % du pétrole dégagé en mer.

2. Un miroir des enjeux d'un monde globalisé

Par l'importance des sommes engagées, le pétrole est un enjeu fondamental de la mondialisation. Les principales compagnies sont présentes en masse parmi les plus grandes entreprises du monde. Par les revenus engrangés, qui participent pour les pays pétroliers à leur inscription dans la hiérarchie des puissances. Les États-Unis bénéficient ainsi depuis 2005 d'une véritable révolution dans l'exploitation des ressources non conventionnelles, qui concerne aussi le pétrole : ils devraient, à terme, et provisoirement, devenir indépendants et même exportateurs. La Russie en tire l'essentiel de ses revenus et le Brésil est le seul parmi les émergents à ne pas avoir à se soucier de son approvisionnement énergétique.
Enfin, le pétrole et l'économie carbonée qu'il continue à nourrir sont au cœur des **enjeux environnementaux globalisés**, par les rejets de dioxyde de carbone qu'ils entraînent.

Limites de la carte

L'échelle ne permet pas de représenter les réseaux d'oléoducs, qui sont une pièce essentielle de la géopolitique du pétrole. Elle ne permet pas non plus d'évoquer un effet majeur des flux financiers qui inondent les pétromonarchies depuis les années 1970, leur inscription dans la mondialisation financière, mais aussi dans celle du transport avec l'essor des compagnies aériennes du Golfe, de leurs aéroports et des ports, dans une moindre mesure. Les évolutions récentes ne sont pas toutes indiquées explicitement : la diversification des fournisseurs des États-Unis, qui apparaît, est en rupture avec une dépendance longtemps forte vis-à-vis du golfe Arabo-Persique. La montée en puissance de la consommation asiatique, principal débouché du Golfe, constitue une autre nouveauté par rapport aux années 1980.

CARTE A12

Les enjeux sanitaires du monde actuel

I. La persistance d'inégalités sanitaires considérables

Espérance de vie en bonne santé (OMS, 2010, en années)

- 70 ans et plus
- 60 à 69 ans
- 50 à 59 ans
- 35 à 49 ans
- Absence de données

II. Une mondialisation inégale des problèmes sanitaires

a. Forme d'homogénéisation sanitaire (relative)

- Part d'adultes obèses élevée ou moyenne

b. Problèmes sanitaires circonscrits aux pays du Sud

- Mortalité élevée due au paludisme
- Mortalité élevée due à la tuberculose

c. Apparition de nouvelles pathologies

- Prévalence élevée du VIH/sida
- Foyer d'origine et diffusion du SRAS

COMMENTAIRE P. 62

III. La mondialisation des stratégies de riposte

a. Gouvernance de la santé : exemples d'acteurs

- OMS
- UNICEF
- Agence européenne des médicaments
- Médecins du Monde

b. Enjeux économiques des réponses sanitaires

Dépenses de santé par habitant (OMS, 2013, en dollars)

- Plus de 3 000
- Moins de 500
- Principales firmes pharmaceutiques mondiales (selon le CA en 2012)
- Principaux flux mondiaux de patients

Recul inégal du taux de mortalité des moins de cinq ans à l'échelle mondiale

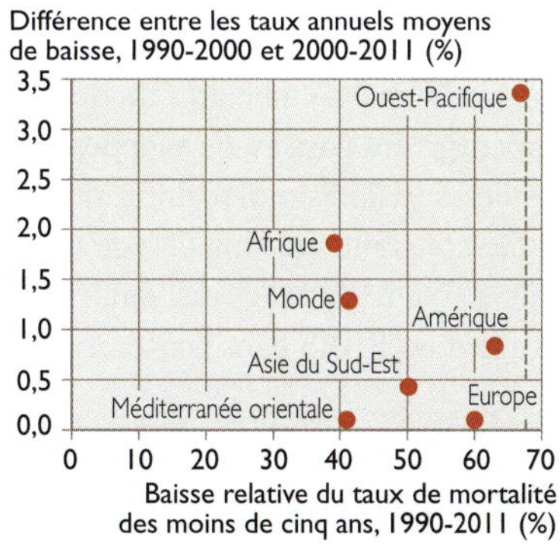

COMMENTAIRE

⏭ Présentation

L'essor remarquable de la population mondiale depuis deux siècles n'est pas sans conséquences sur les questions sanitaires. L'allongement de la durée de vie, qui participe à la croissance démographique, résulte de l'amélioration importante des conditions de vie, des progrès de la médecine et de leur diffusion. Pourtant, **les inégalités en matière de santé n'ont jamais été aussi fortes** et ont même tendance à se renforcer. Parmi les facteurs de cette hétérogénéité sanitaire, les effets de la mondialisation occupent toute leur place avec l'essor des flux de toute nature, l'urbanisation croissante et le creusement des écarts entre les pays les plus riches et les plus pauvres. **Cependant**, la mondialisation contribue aussi à diffuser d**es formes d'homogénéisation sanitaire** (obésité, cancers, affections chroniques), au Nord comme au Sud.

D'une façon très classique, la légende de la carte dresse d'abord un état des lieux des inégalités sanitaires à l'échelle mondiale, avant d'étudier les processus d'homogénéisation des questions de santé et leurs limites, pour finalement montrer que la mondialisation concerne également l'éventail des stratégies de riposte.

⏭ Explications

1. Mesure de l'état sanitaire d'une population

La mesure de l'état sanitaire d'une population n'est pas chose aisée. Les auteurs de l'*Atlas mondial de la santé* (éditions Autrement, 2008) soulignent l'importance de cinq grands déterminants de la santé : l'assainissement du milieu, l'accès à l'eau potable, la disponibilité alimentaire, l'alphabétisation, l'offre et l'accessibilité aux soins. De son côté, l'OMS a retenu en 2000 l'« **espérance de vie en bonne santé** » (ou « espérance de vie corrigée de l'incapacité ») pour mesurer le « niveau de santé général ».

Le concepteur de la carte a retenu cet indicateur de l'OMS (avec les derniers chiffres connus, ceux de 2010) pour repérer les grandes lignes de fracture sanitaire dans le monde. Sans surprise, les pays développés regroupent les espérances de vie les plus longues tandis que les populations les moins favorisées dans ce domaine se trouvent en Afrique.

2. Mondialisation des problèmes sanitaires

Elle se traduit notamment par **différentes formes d'homogénéisation** dues à la croissance démographique, à l'allongement de la durée de vie et à l'urbanisation. Ces phénomènes engendrent partout, dans les pays riches comme dans les pays pauvres, l'essor de maladies telles que le cancer ou l'obésité. Mais la mondialisation sanitaire reste contrastée avec **des différences de rythme, d'intensité et de modalités de diffusion** qui peuvent être considérables.

La carte a fait le choix de l'obésité pour souligner l'universalisation des maladies non transmissibles, qualifiées par certains de « maladies du développement ». À l'inverse, certains problèmes sanitaires restent l'apanage des pays en développement : maladies infectieuses recrudescentes (tuberculose) ou persistantes (paludisme), malnutrition, mort en couches, etc. Enfin, la **propagation des épidémies** – une constante de l'histoire de l'humanité – connaît d'importantes transformations du fait des aspects contemporains des modes de vie et de transport, ce qui explique le choix du VIH/sida et de l'agent du SRAS dans l'ensemble des virus émergents des dernières décennies.

La transition épidémiologique[1]

Le modèle de la transition épidémiologique définit trois âges démographiques que toute société devrait connaître au cours de sa modernisation. Dans un premier temps, « l'âge de la pestilence et de la famine » interdit une espérance de vie supérieure à 30 ans, principalement à cause des maladies infectieuses. Puis, « l'âge du recul des pandémies » permet une espérance de vie à plus de 50 ans grâce au recul de la mortalité infantile (progrès de l'hygiène, de l'alimentation et du système de santé). Enfin, « l'âge des maladies dégénératives, de société » n'autorise qu'une faible baisse de la mortalité, celle-ci étant due surtout aux maladies chroniques alors que les maladies infectieuses s'effondrent. Ce modèle est nuancé, voire corrigé, depuis un demi-siècle car des politiques de santé efficaces mises en œuvre dans les pays riches depuis les années 1960 ont enrayé l'essor des maladies chroniques et allongé encore la durée de la vie. Et « les évolutions de la morbidité et de la mortalité dans les pays en développement perturbent ce schéma d'un itinéraire type caractérisant une modernisation et invitent à mesurer l'impact d'une certaine mondialisation ».

3. Mondialisation des stratégies de riposte aux problèmes sanitaires

Pour traiter de la mondialisation des stratégies de riposte aux problèmes sanitaires, la carte a retenu deux aspects : **la gouvernance de la santé** (en privilégiant l'échelle mondiale) et **les réponses sanitaires** (dépenses de santé, offre de soins, déplacements de patients, etc.). Là encore, la sélection des informations à cartographier vise au compromis entre une réflexion suffisamment nuancée et l'objectif de lisibilité indispensable. Une nouvelle fois, l'harmonisation des éléments de chaque sous-partie de la légende par la couleur cherche à faciliter la lecture de la carte.

⏭ Limites de la carte

De nombreux auteurs, dont ceux de l'*Atlas mondial de la santé* (éditions Autrement, 2008), insistent sur la « **glocalisation sanitaire** », expression forgée pour souligner la combinaison entre des phénomènes globaux d'interdépendances entre territoires et sociétés (donc à l'échelle globale ou planétaire) et des traits spécifiques du milieu local. Il est évident que l'échelle de la carte (planisphère) empêche la prise en compte des aspects locaux des questions sanitaires.

Le « **tourisme thérapeutique** » est un phénomène d'élargissement de l'espace potentiel de l'accès aux soins qui répond aux dysfonctionnements des systèmes de soins de certains pays développés. Sa représentation enrichit incontestablement le contenu de la carte mais elle se heurte à la question des sources. Cependant, aussi aléatoires soient-elles, les flèches traduisant les principaux flux de patients mettent en évidence les pays d'accueil les plus importants (Inde, Asie du Sud-Est, Afrique du Sud, Europe centrale).

Pour mieux décrire l'état des lieux des inégalités sanitaires à l'échelle mondiale, l'aspect évolutif de la question semble utile pour dépasser le simple constat de la situation actuelle, d'où le choix d'évoquer le **recul inégal du taux de mortalité des moins de cinq ans** à l'échelle mondiale. Mais l'objectif d'une lisibilité optimale de la carte a conduit le concepteur à se contenter d'une réalisation graphique de cet aspect, qu'il a placée à côté de la légende.

1. D'après Zoé Vaillant et Gérard Salem, *Atlas mondial de la santé*, éditions Autrement, 2008.

CARTE A13

Les défis planétaires de l'environnement

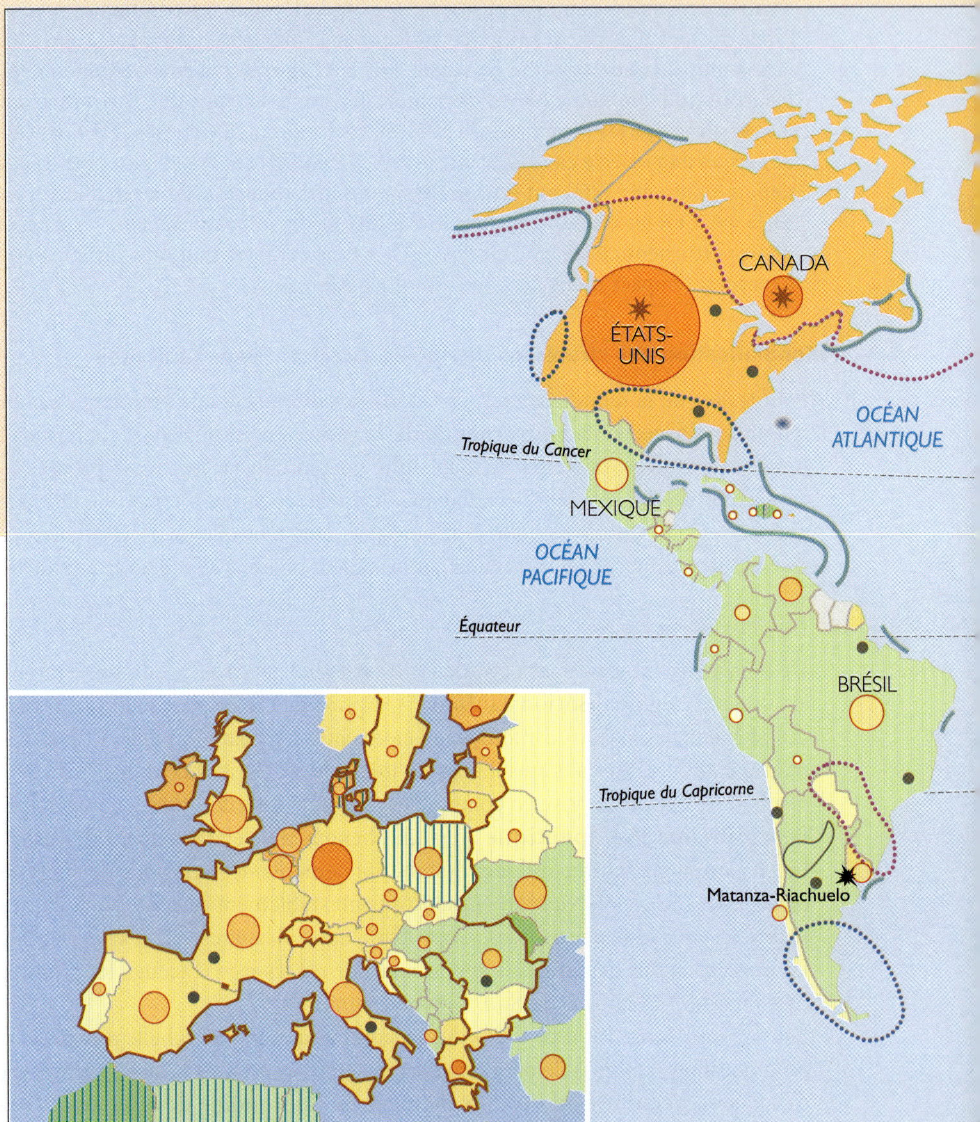

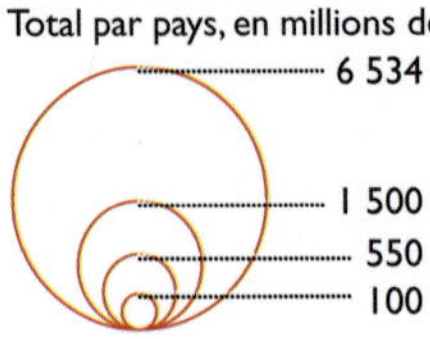

I. Le poids grandissant de l'action des hommes

a. Émissions de CO_2

Total par pays, en millions de tonnes

6 534

1 500

550

100

En tonnes par habitant

0 | 1,5 | 4,5 | 10 | 20 | 74,1

b. Pollutions industrielles

Les dix sites les plus pollués

c. Empreinte écologique par ha et par personne

0,4 | 1,5 | 3 | 4,5 | 6 | 10,7

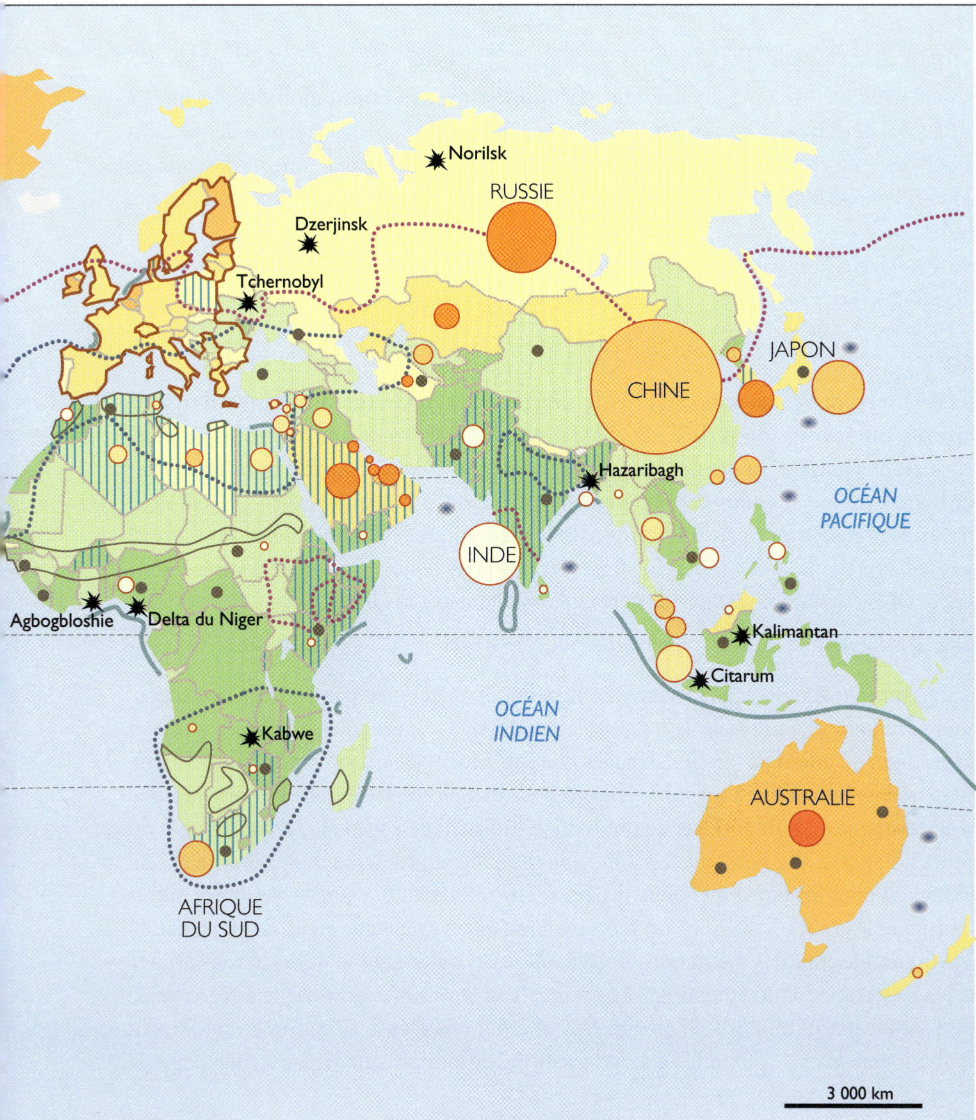

II. Risques et vulnérabilités

a. L'eau douce

Pays en situation de stress hydrique ou de pénurie (moins de 1 700 m^3 par personne et par an)

b. Le climat

Baisse des précipitations

Hausse des précipitations

Activité cyclonique accrue

Hausse du niveau des mers

c. Les sols

Désertification

Dégradation des sols

III. Adaptation et anticipation

Accords internationaux

Pays n'ayant pas ratifié ou s'étant retirés du protocole de Kyoto

UE, pionnière des engagements contraignants

COMMENTAIRE

⏭ Présentation

Les années 1980 ont été celles de la prise de conscience que les enjeux environnementaux ne se jouaient pas seulement au niveau local, mais que leurs **implications étaient globales**. La médiatisation en 1988 des travaux scientifiques sur le climat par James Hansen, directeur de l'institut Goddard de la NASA, en constitue un point de repère historique. Pour autant, une représentation cartographique relève de la gageure : aucun endroit du globe n'échappe à des phénomènes qui sont universels.

La représentation Mercator retenue permet d'aborder frontalement les enjeux de sociétés confrontées à une accélération des menaces.

⏭ Explications

La carte assume un point de vue simple : **le rôle central des activités humaines dans les transformations environnementales**. Ce constat est largement partagé par la communauté scientifique – certains parlant même de l'entrée dans une nouvelle ère, l'**anthropocène** et les opinions publiques, même si celles-ci sont souvent réceptives aux facilités d'un discours climato-négationniste, répercutées par des personnalités médiatiques (Claude Allègre en France) ou politiques (George W. Bush au début du siècle). La carte se concentre sur deux dimensions essentielles des défis environnementaux : les activités humaines et le climat.

1. Une croissance prédatrice

La carte s'appuie sur une approche quantitative de la pollution engendrée par la civilisation industrielle en indiquant, pour chaque pays, la quantité annuelle de CO_2 produite. La Chine a rejoint puis dépassé les pays occidentaux en flux dégagés chaque année, devenant le premier pollueur. Elle tente de se dédouaner en insistant sur le fait qu'en émissions cumulées, elle est loin des pays anciennement développés, dont 150 ans de production industrielle carbonée sont à l'origine du réchauffement climatique. On note que la Chine a bien ratifié le protocole de Kyoto, qui n'avait rien de contraignant pour les pays émergents. En revanche, elle rejoint jusqu'à présent les autres émergents, ainsi que les États-Unis, dans un refus de passer à une nouvelle étape de la régulation internationale qui imposerait des restrictions universelles. Un autre argument longtemps avancé par la Chine pour ne pas subir de limitations autoritaires à sa croissance industrielle a été le faible ratio de CO_2 produit par habitant. La carte montre clairement que la situation a rapidement changé : la pollution au CO_2 par Chinois est, par exemple, désormais supérieure à celle dégagée en moyenne par chaque Français.

Le fond de la carte représente, pour chaque pays, **l'empreinte écologique** par hectare et par habitant. Cette méthode, élaborée par l'ingénieur suisse Matthis Wackernagel, mesure la pression de l'humanité sur la biosphère en évaluant combien d'hectares sont en moyenne nécessaires pour fournir les ressources biologiques (bois, nourriture, viande, etc.) dont chaque humain a besoin, ainsi que pour assurer l'absorption des rejets de son activité, essentiellement le CO_2. Selon ces calculs, tout habitant de la planète exigeait 1,8 hectare en 2008, chiffre qui varie de 1 à 20 approximativement entre le Bangladesh et les États-Unis. Un thème important est ici introduit : celui de la dissymétrie entre les pays riches, principaux pollueurs, et les pays pauvres, les plus vulnérables aux menaces environnementales.

À titre d'exemples, enfin, ont été retenus les dix sites les plus pollués selon le Blacksmith Institute, une ONG qui publie cette liste chaque année. Le classement est argumenté mais contestable (Fukushima n'y figure pas). S'y retrouvent des sites miniers et pétroliers en Afrique (Zambie, Ghana, Nigeria) et des sites industriels en ex-URSS.

2. Les défis du changement climatique

Pour simplifier la carte, n'ont été retenues que les émissions de CO_2, ce qui insiste sur le rôle des transports et de l'industrie dans le processus incontestable de réchauffement (document complémentaire). Le méthane a pourtant un pouvoir 26 fois supérieur en termes de réchauffement, ce qui fait de l'agriculture (riziculture et élevage bovin) un des éléments importants du réchauffement climatique. N'ont pas été retenus non plus les autres polluants (le CO_2 n'en est pas un), particulièrement ceux participant au trou de la couche d'ozone de la haute atmosphère. Ce dernier a été identifié comme étant provoqué en partie par des gaz de synthèse, les CFC, que **le protocole de Montréal** a interdit avec succès depuis 1987.

Deux dimensions de la question climatique sont ici mises en avant : l'impact hydrique et l'augmentation des phénomènes climatiques extrêmes, que l'on peut corréler à l'action de l'homme sur le climat sans établir de certitudes. Les pays déjà affectés de **stress hydrique** devraient presque tous, à l'exception de ceux de la corne de l'Afrique, voir leur situation se dégrader par la baisse des précipitations. Ces pays étant essentiellement agricoles, l'impact socioéconomique sera très lourd. Enfin, la carte évoque une dimension encore peu cartographiable du sujet, à savoir les réactions, qui passent par un **processus politique multilatéral** pour l'instant en panne depuis l'expiration en 2013, du protocole de Kyoto. La carte souligne néanmoins la volonté de l'Union européenne de jouer un rôle moteur : l'Union est surtout exemplaire en termes de décarbonisation de son économie par la destruction, non voulue, des emplois industriels qui l'affectent. Elle tâche pourtant de lancer des initiatives pionnières. Ainsi d'**un marché des droits à polluer** qui en taxant l'émission de gaz carbonique, favorise les investissements dans des technologies vertueuses. Mais l'isolement de l'Union a fait chuter le prix de la tonne de carbone émise, qui est huit fois moins élevé que ce qu'il faudrait pour être dissuasif. Le projet de taxation des compagnies aériennes s'est aussi vu menacé de sanctions commerciales.

⏭ Limites de la carte

La démographie constitue une variable essentielle pour définir la vulnérabilité. Ainsi, la pression démographique au Sahel explique, avec les changements climatiques, la dégradation de la situation au sud du Sahara. Le niveau de vie des sociétés est aussi un élément décisif de la capacité d'adaptation : le littoral néerlandais, par sa configuration, est un des plus menacés par la hausse du niveau des mers entraîné par le réchauffement climatique. Pourtant, il est beaucoup moins vulnérable que celui du Bangladesh : dans un cas, des infrastructures ambitieuses et coûteuses sont déjà déployées, dans l'autre, les financements sont beaucoup plus difficiles à réunir. Représenter toutes ces données aurait rendu la carte illisible. On a aussi choisi, pour les mêmes raisons, de ne pas représenter les conséquences sanitaires, migratoires ou conflictuelles des transformations climatiques ; or, elles sont considérées comme un des enjeux majeurs du siècle par l'ONU.

DOCUMENT COMPLÉMENTAIRE

Évolution de la concentration en dioxyde de carbone (en millions par parties)

	1960	1975	1990	2005	2015
CO_2 en millions par parties	315	330	350	370	400

Sources : University of California, San Diego, PNUE.

CARTE A14

Le fait religieux mondialisé

I. Une géographie religieuse bousculée par la mondialisation

a. La répartition des grandes aires religieuses

- Christianisme catholique
- Christianisme protestant
- Christianisme orthodoxe
- Islam sunnite
- Islam chiite
- Bouddhisme
- Hindouisme
- Confucianisme et taoïsme
- Shintoïsme
- Judaïsme
- Animisme

b. Une carte qui change sous l'effet des migrations

Flux migratoires de populations

- Chrétiennes
- Musulmanes
- Hindoues
- Confucianistes ou taoïstes
- Juives

COMMENTAIRE P. 70

. La recomposition religieuse à l'origine de tensions et de conflits (exemples)

a. La diversité des rapports entre l'État et la religion

- FRANCE États laïques
- RUSSIE États séculiers
- MAROC États avec religion d'État
- IRAN États théocratiques

b. Des tensions et des conflits de différentes natures

- Existence de tensions religieuses dans les territoires marqués par la sécularisation
- Concurrence entre catholiques et néoprotestants
- Ligne de fracture islam/christianisme en Afrique de nature conflictuelle
- Importantes persécutions religieuses
- Conflits à caractère religieux

III. La persistance de la dimension pacifique du fait religieux

a. Plusieurs formes de dialogue interreligieux

- Conférences interreligieuses
- Institutions de dialogues interreligieux

b. Une action humanitaire d'inspiration religieuse

- Principaux programmes internationaux du Secours catholique (organisation française du réseau catholique Caritas)

c. L'importance du tourisme religieux

- Pays accueillant les principaux sites de pèlerinage

COMMENTAIRE

⏭ Présentation

« [...] Il serait illusoire de croire en l'émergence d'une société-monde, régie par les mêmes soucis globalisés, porteuse d'une opinion publique mondiale. Au contraire, plus la mondialisation est perçue comme un écrasement des cultures locales, une négation des particularismes, plus elle réactive en retour les affirmations identitaires et réveille les marqueurs civilisationnels. Elle est donc à la fois porteuse d'homogénéisation et de distinction, d'uniformisation culturelle et de singularisation des sociétés. Le renouveau de l'islamisme ou les tensions religieuses en Asie du Sud-Est, par exemple, sont aussi, au-delà des contextes locaux, des contrecoups de l'immixtion des logiques globalisées dans des sociétés qui se sentent agressées[1]. »

Ainsi, **la mondialisation contemporaine a son volet culturel** que la dimension économique du processus a parfois tendance à masquer, un volet culturel qui pose la question de l'uniformisation et de ses résistances. En fait, les métissages, les échanges, les interactions et les réseaux sont autant de lignes de force qui redessinent la géographie des faits culturels, notamment du fait religieux. Mais autant une approche cartographique apparaît utile pour **comprendre les multiples facettes des religions**, autant celles-ci se prêtent fort mal à la quantification, et par conséquent, à une transposition cartographique.

À partir d'un tableau géographique de la diversité religieuse mondiale, la carte s'attache principalement à montrer comment les mutations en cours sont **sources de tensions et de conflits**, sans tomber pour autant dans un schématisme pernicieux. C'est pourquoi elle cherche à **dévoiler également la dimension pacifique du fait religieux**, qui fait beaucoup moins parler d'elle, dans les médias en particulier.

⏭ Explications

1. La localisation des grandes aires religieuses

La carte s'appuie principalement sur celle parue dans le numéro hors-série de l'*Atlas des civilisations* (coédition *La Vie-Le Monde*, 2009). Un souci de simplification relative permet une représentation lisible d'une **géographie très complexe**. Ainsi, la carte distingue les grandes familles de religions suivantes : le christianisme avec ses trois composantes (catholique, protestante, orthodoxe), l'islam avec ses deux composantes (sunnisme, chiisme), le bouddhisme (sans différencier ses trois variantes : mahayana, theravada, vajrayana), l'hindouisme, le confucianisme et le taoïsme, le shintoïsme, le judaïsme et l'animisme.

2. Les rapports entre l'État et la religion

Au-delà des convictions individuelles, la religion revêt une dimension institutionnelle, ce qui pose la **question des relations entre la religion et l'État**. L'exercice des libertés religieuses est profondément inégalitaire à l'échelle de la planète. Discriminations, répressions, arrestations sont des situations fréquentes qui bafouent le droit de l'homme à pratiquer la religion de son choix.

La séparation de l'Église et de l'État, telle qu'elle existe en France, demeure une exception. Même dans les pays où les textes officiels garantissent la liberté religieuse, celle-ci est loin d'être respectée. Au Nigeria, la Constitution garantit la liberté de croyance, ce qui n'empêche pas les affrontements souvent sanglants entre musulmans et chrétiens.

---

1. *La mondialisation contemporaine*, éditions Nathan, coll. « Nouveaux continents », 2013.

Trois situations différentes :
– **théocratie :** pays où le pouvoir est considéré comme émanant directement d'un dieu ou de Dieu et est exercé par ceux qui sont investis de l'autorité religieuse ;
– **pays laïque :** pays qui mentionne dans sa Constitution le principe de laïcité et la séparation des pouvoirs entre l'Église et l'État. L'enseignement étatique ne permet pas la formation religieuse, sauf sous un aspect civilisationnel ;
– **religion d'État :** religion qui, dans un pays, est déclarée dominante par la Constitution et jouit d'un statut privilégié sans pour autant constituer une théocratie. Le droit des minorités peut être total ou limité.

⏭ Limites de la carte

La **difficulté de représenter la répartition des phénomènes religieux** réside dans leur définition même et la fiabilité des sources à utiliser. Quel niveau d'appartenance religieuse doit-on cartographier ? Il faut alors réfléchir à des éléments comme la croyance, la pratique (occasionnelle ou régulière), le rattachement revendiqué, voire l'appartenance culturelle. À ces questions s'ajoutent des difficultés d'ordre plus spécifiquement cartographique liées à l'échelle utilisée. Comment représenter des réalités religieuses qui peuvent concerner une aire de grande taille ou un territoire restreint ? À partir de quels critères peut-on qualifier tel espace de « multiconfessionnel » ? Etc.
En tout cas, il est certain que **la perception de ces réalités religieuses varie selon l'échelle**. Prenons l'exemple des religions présentes sur le continent africain. À l'échelle mondiale, l'essentiel visera à mettre en valeur le clivage entre une Afrique musulmane et une Afrique chrétienne, sans oublier de localiser les vastes territoires où les religions coutumières restent très présentes. À l'échelle nationale, le tableau religieux sera forcément plus nuancé avec, notamment, des imbrications spatiales visibles, par exemple dans les grandes villes.
L'aspect dynamique des localisations religieuses, lui aussi difficile à cartographier, n'en est pas moins réel et plus ou moins accentué selon les régions concernées. **Les religions évoluent, s'étendent ou se rétractent.** Le concepteur de la carte a pris le parti de seulement suggérer ces dynamiques à l'aide de la représentation des grands flux migratoires qui jouent un rôle important dans la redistribution géographique des religions.
Une autre difficulté de cette carte concerne la question des tensions et conflits liés à la recomposition religieuse. Le titre de la deuxième partie de la légende souligne en toutes lettres que **seuls des exemples permettent d'évoquer cet aspect du sujet**, particulièrement ceux qui concernent la diversité des rapports entre l'État et la religion. En effet, le grand nombre d'informations dans ce domaine, le problème de leur transposition cartographique et la nécessité de préserver une bonne lisibilité de la carte ont conduit à cette démarche restrictive.
Enfin, un aspect important du sujet n'a pu être cartographié, celui du **rôle de la croissance démographique** qui, pourtant, contribue à bouleverser l'équilibre entre les religions. Si l'on prend l'exemple de la chrétienté, celle-ci représentait 35 % de l'humanité vers 1900, avec environ 1,65 milliard d'individus. Depuis cette date, le poids démographique des chrétiens diminue. Un déclin relatif, certes, et imputable pour partie au développement économique responsable de comportements malthusiens. De leur côté, les musulmans, estimés à 200 millions vers 1900 (12 % de la population mondiale), dépassent aujourd'hui le milliard et représentent 23 % de la population mondiale.

CARTE A15

Sport et culture, une économie mondialisée

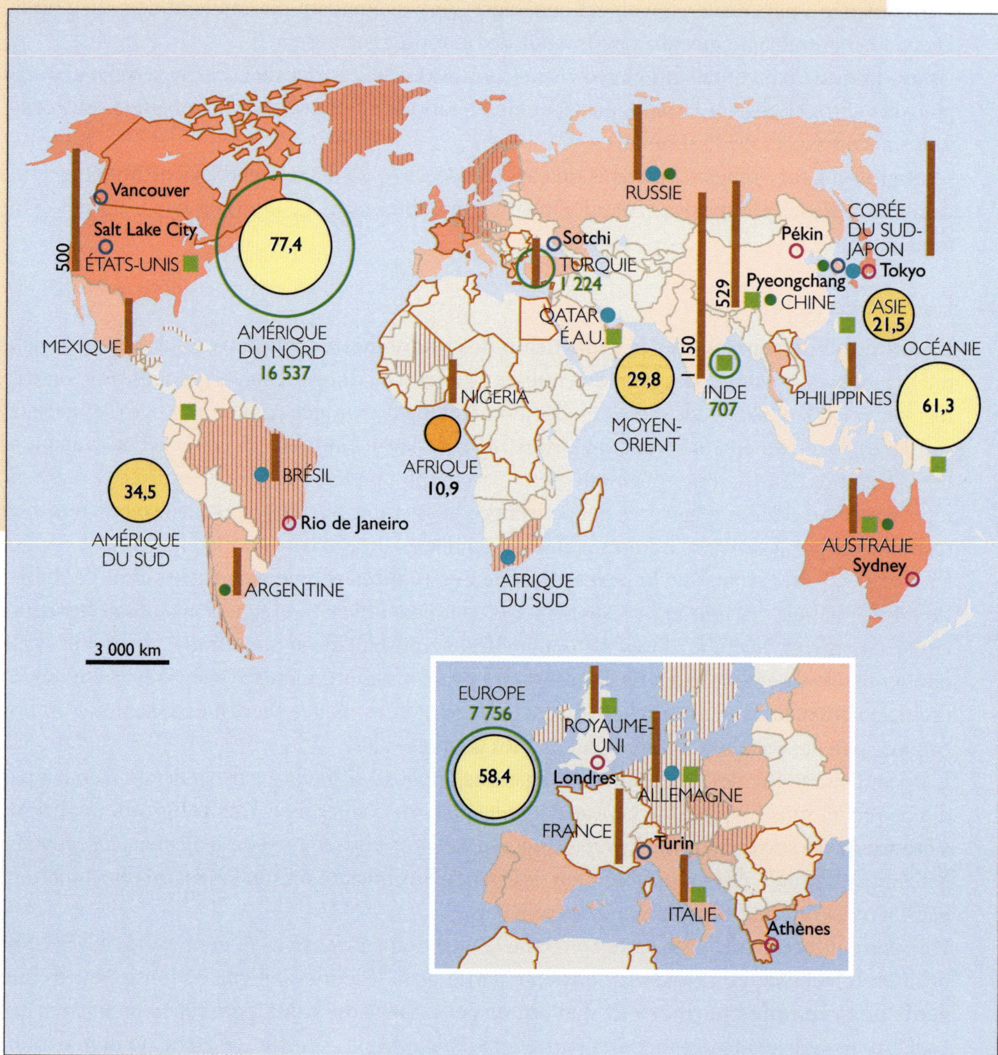

I. La mondialisation des pratiques

a. La diffusion du sport loisir

- Adoption du football : plus de 10 % de la population de pratiquants

b. La percée des nouveaux médias

- Taux d'utilisation d'Internet, en pourcentage de la population totale, en 2010
- Progression, en pourcentage, entre 2000 et 2010 : 100 – 400 – 2 000
- Ventes de musique enregistrée, en dollars par habitant, en 2010 : 2 – 20

II. Des enjeux financiers croissants

a. La lutte pour les grands événements sportifs (au XXIe siècle)

- JO d'été
- JO d'hiver
- Coupe du monde de football

b. Des marchés internationalisés

- Pays où le groupe Murdoch possède au moins un journal ou une télévision
- Principaux exportateurs de services culturels, en millions de dollars, en 2008

III. Des particularismes tenaces

a. Les cinématographies du monde

- Nombre de films produits chaque année, moyenne 2005-2010 : 448 – 200 – 70

b. Un exemple de coopération culturelle

- La francophonie

COMMENTAIRE

Présentation

La coexistence du sport et de la culture dans un même sujet peut sembler paradoxale, elle ne l'est qu'en apparence. Le sport est en effet présenté ici à travers ses pratiques, qui relèvent de comportements culturels, mais aussi à travers sa dimension marchande, autre convergence avec la culture qui, à rebours de sa définition théorique (la culture relèverait, dans la sphère privée, du contingent, donc de la gratuité), a depuis longtemps généré une industrie culturelle, l'économie de l'*entertainment* américaine en étant le cœur.

Explications

La légende et la carte sont construites sur la confrontation entre la mondialisation des mœurs et de la consommation culturelle portée par les technologies contemporaines numérisées et la persistance, voire le renforcement, des particularismes locaux. Le sujet est donc au cœur d'une problématique cruciale de la mondialisation, celle de **l'articulation entre le local et le global**.

1. Diffusion

Signe de la diffusion des classes moyennes et de leur mode de vie, la pratique sportive s'internationalise, à l'image de celle du football, retenue par la carte.
Les produits culturels se diffusent universellement et immédiatement grâce à la numérisation : les ruptures sont quantitatives mais remettent aussi en cause le mode de production économique, dans le cas, par exemple, des téléchargements de fichiers. Le cartographe a choisi de représenter les téléchargements musicaux payants, mais ils sont bien moins nombreux que les gratuits.

2. Organisation

On a représenté ici un exemple d'organisation culturelle, celle de la **francophonie**, qui est sans réel équivalent. L'adhésion de pays où le français est peu pratiqué s'explique par le contrepoids qu'elle peut représenter face à un environnement jugé menaçant : le Vietnam, par exemple, y a adhéré pour se défendre de l'influence chinoise. Des productions culturelles abondantes n'ont pas l'efficacité d'autres moins nombreuses, mais sont mieux diffusées grâce à une organisation économique performante : c'est le cas de **Bollywood**, qui n'a ni l'influence ni les retombées financières de Hollywood.

3. Captation

Cette extension de la consommation culturelle renforce son poids dans la définition du *soft power*. D'où une compétition entre villes et pays pour accueillir les grands événements culturels et sportifs, même si ces derniers sont finalement plus coûteux à organiser que rémunérateurs.
Les sommes dépensées par la Russie pour organiser les jeux de Sotchi, Jeux olympiques d'hiver au retentissement moindre que ceux d'été, ont dépassé celles des Jeux de Pékin (50 milliards de dollars contre 42). La création de stades à Manaus en Amazonie, et plus encore au minuscule Qatar, n'obéit à aucune logique économique : les enjeux de communication priment ici.

Limites de la carte

La **dématérialisation des supports culturels**, un défi pour l'économie du film, du livre ou de la musique, est appréhendée par la carte. Mais les flux matériels existent aussi dans le domaine sportif ; on aurait pu, par exemple, représenter la circulation des footballeurs professionnels qui dessine un quadrilatère entre les émissions d'Amérique latine et d'Afrique, et les marchés récepteurs d'Europe, mais aussi du Proche-Orient et de l'Asie-Pacifique.

CARTE A16

La mer, miroir de la mondialisation

I. La diffusion planétaire des enjeux maritimes

a. Les flux commerciaux

- Principales routes maritimes

b. La littoralisation

- Principales façades maritimes
- Principaux littoraux touristiques

c. Les « nouvelles frontières » maritimes

- Grandes zones d'exploitation *off shore* d'hydrocarbures
- Routes maritimes en cours d'ouverture

II. La polarisation de la maritimisation du monde

a. Les passages stratégiques

- Détroits majeurs
- Isthmes percés (canaux interocéaniques)

b. Les hubs

- Principaux ports maritimes (ports d'éclatement et ports d'arrière-pays)

c. Une organisation sélective

- Grands armateurs
- Principaux pavillons de complaisance

COMMENTAIRE P. 76

III. Des enjeux sources de tensions et de convoitises

a. Un espace géostratégique majeur

- Pays accueillant d'importantes bases navales
- Principales flottes de guerre des États-Unis

b. Un espace convoité

- Tensions liées aux frontières maritimes
- Principales zones de piraterie maritime

c. Un milieu fragile

- Importantes zones de pêche (toutes marquées par la surpêche)
- Grandes marées noires

COMMENTAIRE

⏭ Présentation

La maritimisation du monde actuel constitue **l'un des aspects majeurs de la mondialisation contemporaine**. L'importance des transports maritimes, symbolisée par la révolution du conteneur, révèle l'interconnexion croissante de la planète. Mais les mers et les océans apparaissent aussi comme la « dernière frontière » du monde contemporain avec les immenses ressources, prouvées ou espérées, qui aiguisent les appétits des États et des entreprises. Il en résulte **une territorialisation grandissante du domaine océanique**, qui explique l'importance de ses conséquences géopolitiques et environnementales.

Plutôt que de choisir un plan thématique assez convenu, la légende préfère insister sur deux processus géographiques de la maritimisation (la diffusion et la polarisation) avant d'étudier les tensions et convoitises liées à cette dernière. La réalisation cartographique, visant en particulier à souligner **l'importance de la circumnavigation et de nouvelles routes maritimes potentielles** (dans l'océan Arctique et le Pacifique Nord), explique le choix d'une projection dite « Bertin 1953 », qualifiée de projection polaire à compensation régionale, et particulièrement bien adaptée à rendre compte des nouveaux enjeux maritimes.

⏭ Explications

1. Le processus de diffusion des enjeux maritimes

Ce processus de diffusion concerne autant le domaine océanique que ses bordures (les littoraux) avec **des itinéraires** pour les flux, **des zones d'exploitation** et **des façades maritimes** le long de certains littoraux. Les routes maritimes sont différenciées selon leur importance actuelle et leur ouverture en cours. Les principales façades maritimes regroupant les grandes concentrations portuaires apparaissent clairement en Asie orientale, en Europe du Nord-Ouest, à l'est et au sud des États-Unis. Quant aux zones d'exploitation *off-shore* d'hydrocarbures, elles se trouvent dispersées dans tous les océans de la planète.

2. Le processus de polarisation des enjeux maritimes

Ce processus de polarisation existe **sur le plan géographique** (passages stratégiques, hubs portuaires) **mais aussi sur le plan économique** (grands armateurs, pavillons de complaisance). Les passages stratégiques (canaux transisthmiques, détroits) guident les principales routes maritimes et doivent s'adapter à l'évolution des flottes commerciales (exemple des travaux d'agrandissement et de modernisation du canal de Panamá). Une réflexion géographique fine constate le maintien de l'hégémonie des pays européens pour l'armement maritime alors que la géographie des flux maritimes et des hubs portuaires traduit une recomposition au bénéfice des pays émergents.

3. Les aspects géopolitiques de la maritimisation

Contentieux frontaliers, zones de piraterie maritime et déploiement des flottes de guerre constituent les principaux choix de la carte dans le domaine géopolitique. Les **contentieux frontaliers** sont particulièrement importants pour appréhender les enjeux maritimes du monde globalisé dans la mesure où ils sont liés à la territorialisation croissante des mers.

Entre la traditionnelle liberté des mers qui prévaut jusqu'alors et la volonté plus récente d'appropriation des fonds marins, **des tensions** apparaissent, qui expliquent les négociations internationales sur les **frontières maritimes**. Le nouveau droit de la mer, défini en 1982 à Montego Bay, a abouti à **un véritable compartimentage juridique du domaine océanique** qui n'a pas tari, bien au contraire, les contestations entre États sur la répartition des espaces maritimes.

Dans les mers de Chine en particulier, d'importantes frictions opposent la Chine aux États voisins (Japon, Vietnam, Philippines, etc.) au sujet des îlots contestés des îles Spratly et Paracels. La **délimitation de leurs zones économiques exclusives** (ZEE) conditionne les perspectives d'exploitation des ressources marines (pêche, hydrocarbures) et l'intérêt stratégique de surveillance des trafics commerciaux et militaires.

Extraits d'un rapport du Sénat sur l'importance des enjeux maritimes pour la France (17 juillet 2012)

L'importance économique, diplomatique, écologique croissante des espaces maritimes dans la mondialisation fait plus que jamais de la mer un enjeu politique grâce auquel un État peut rayonner et affirmer sa puissance sur la scène internationale.
Chacun s'accorde ainsi pour dire qu'un domaine maritime de onze millions de km^2, vingt fois la superficie de la France, c'est une chance, une opportunité, un atout stratégique, économique et politique. Sans doute, encore faut-il savoir quelle est la proportion de ce territoire dont nous avons une véritable connaissance, une délimitation juridiquement incontestée, voire une simple maîtrise. Quel pourcentage de ce territoire constitue réellement un atout stratégique ? Où sont précisément situées les ressources en hydrocarbures et en minerais susceptibles d'être exploitées à l'horizon d'une vingtaine d'années ?
L'espace maritime français est [...] constitué pour 97 % de nos territoires d'outre-mer sans qu'une stratégie politique pour créer autour de ces ressources à long terme une communauté d'intérêt entre ces territoires et la métropole ne soit clairement perceptible. La valorisation des ZEE, si elle peut demain apporter une partie des réponses aux problèmes d'emploi de ces territoires, ne ravivera-t-elle pas sur le plan politique une volonté d'autonomie, voire d'indépendance, bien au-delà de la problématique économique des espaces maritimes de l'outre-mer ?

⏭ Limites de la carte

L'une des difficultés de la transposition cartographique réside dans les **faibles possibilités d'utilisation des figurés de surface** (seulement quelques plages colorées pour les zones de pêche), compte tenu de la nature des informations et des phénomènes à représenter. La panoplie des choix graphiques s'est donc limitée pour l'essentiel aux figurés ponctuels et linéaires, ce qui explique l'attention particulière portée à la couleur, à la forme et à la taille de ces figurés afin de garantir une lisibilité optimale de la carte.
La dimension environnementale du sujet a été seulement suggérée par la localisation de quelques marées noires importantes et par l'évocation (dans la légende) de la surpêche, problèmes liés tous deux à une intense utilisation du domaine océanique, pour sa capacité de transport (d'où les marées noires) et ses ressources (d'où la surpêche et aussi… les marées noires). Un autre aspect environnemental, le réchauffement climatique de la planète, n'a pas été retenu sauf de manière indirecte. En effet, la fonte actuelle de la banquise arctique laisse entrevoir de nouveaux itinéraires, plus courts, pour les navires de commerce. Deux voies circumpolaires sont envisageables : le « passage du Nord-Ouest » au nord du Canada et le « passage du Nord-Est » le long du littoral arctique russe. Cette dernière voie, encore appelée « Route maritime du Nord », semble la plus prometteuse, en particulier pour les liaisons entre l'Asie orientale et l'Europe du Nord-Ouest considérablement raccourcies par cette voie empruntant le détroit de Béring.
Au bout du compte, le développement durable n'est pas sans rapport avec la maritimisation du monde actuel, qui contribue largement à éloigner les lieux de production (en Asie notamment) des lieux de consommation (surtout en Europe et aux États-Unis). Aussi, ne représente-t-il pas une hypothèque sur le transport maritime et le modèle de développement corrélé à la mondialisation ?

CARTE A17

Les pays émergents et le nouvel ordre mondial

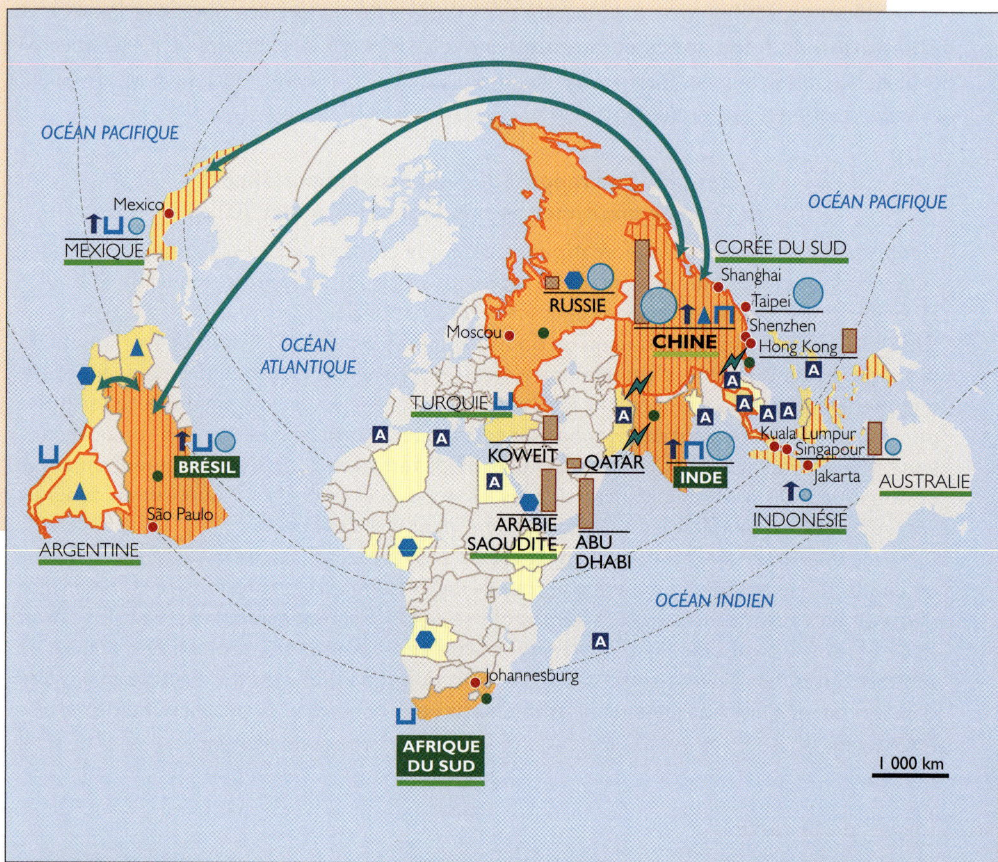

I. Des convergences de circonstance

a. Des opportunités économiques au début du XXIe siècle

- BRICS
- Seconde génération
- Futurs émergents

b. Le poids des hommes

- Marchés de consommation majeurs
- Ralentissement de la croissance démographique et vieillissement accéléré de la population

c. Des acteurs majeurs des échanges financiers

- Principales Bourses des pays émergents
- Les fonds souverains

II. Des différences structurelles

a. Les nouveaux territoires de l'industrie

- A Pays ateliers pour une industrie à faible valeur ajoutée
- Montée en gamme

b. Des modèles économiques différents

- Économie de rente
- Primauté des exportations
- Économie ouverte
- Ouverture inachevée

c. Une inégale présence des entreprises

Nombre d'entreprises dans les 1 000 plus grandes

40 30 20 10

III. Un rôle mondial encore flou

a. L'insuffisance institutionnelle

- Sommets des BRICS
- INDE IBAS

b. Un accès limité à la gouvernance mondiale

- TURQUIE Membres émergents du G20
- CHINE Seul émergent membre permanent du Conseil de sécurité de l'ONU

c. Des rivalités fortes

- Tensions géopolitiques
- Conflits commerciaux et financiers

COMMENTAIRE

Présentation

L'affirmation d'une classe de pays émergeant du sous-développement pour se rapprocher des modes et niveaux de vie des pays développés est un des effets majeurs de la mondialisation.
La carte proposée ici ne tente pas seulement de les définir mais essaie de mesurer leur impact sur le nouvel ordre mondial.

Explications

L'émergence serait l'accès à la puissance, à l'échelle, non plus régionale, mais globale.

1. Les facteurs économiques

La croissance plus élevée de ces pays que celle du reste du monde, couplée pour certains à une puissance démographique remarquable, les a distingués, depuis une trentaine d'années, des autres pays du Sud. Elle peut reposer sur l'exportation de matières premières (comme au Brésil et en Amérique du Sud), d'énergie primaire ou de produits manufacturés (la Chine est devenue l'atelier du monde, tout comme le Mexique).
Ce dernier processus se déplace en fonction des avantages comparatifs et profite désormais à des pays pauvres (Bangladesh, Laos).

2. Les transformations des sociétés

La constitution d'une **classe moyenne** suffisamment étoffée est un point de passage obligatoire, indiquée ici par son aptitude à consommer. Celle-ci est indispensable pour favoriser le passage d'une économie d'exportations, dépendante donc de la conjoncture extérieure, à une économie plus mûre, répondant notamment à la demande de services des populations urbaines éduquées. La croissance doit alors gagner en intensivité, mais cette **rupture qualitative** constitue l'étape la plus délicate du processus de développement. Si la Corée du Sud l'a franchie dans les années 1990, beaucoup d'observateurs estiment qu'elle constitue un blocage pour les émergents au milieu des années 2010.

3. La capacité à peser dans le monde

Les différenciations sont ici considérables. La Russie doit être étudiée à part : elle constitue un ré-émergent plutôt qu'un émergent à proprement parler (c'était plutôt sa situation à la fin du XIXe siècle). Mais si la Chine s'est dotée, avant d'émerger, des attributs politiques de la puissance (arme atomique depuis 1964, membre permanent du Conseil de sécurité de l'ONU depuis 1971), cette **panoplie est largement incomplète** pour les autres pays. Par ailleurs, leurs rivalités, notamment en Asie, l'emportent largement sur leurs capacités à coopérer : les forums des BRICS ou de l'IBAS n'ont jusqu'à présent jamais pris de décisions d'importance.

Limites de la carte

Les aléas conjoncturels ne peuvent être pris en compte par une carte de synthèse et pourtant, ils illustrent clairement la fragilité des émergents. Ainsi, l'annonce, au printemps 2013, d'un changement dans la politique monétaire accommodante des États-Unis a-t-elle provoqué un reflux massif des capitaux investis dans les pays émergents. Le Brésil, qui se plaignait ces dernières années des pressions haussières sur sa monnaie générées par ces capitaux spéculatifs, s'est retrouvé dans la position inverse, devant, tout comme l'Inde, la Turquie ou l'Argentine, soutenir sa monnaie désormais dépréciée. Le ralentissement de la croissance qui s'en est suivi souligne à quel point elle reste encore déséquilibrée.

CARTE A18

L'hégémonie mondiale des États-Unis remise en cause ?

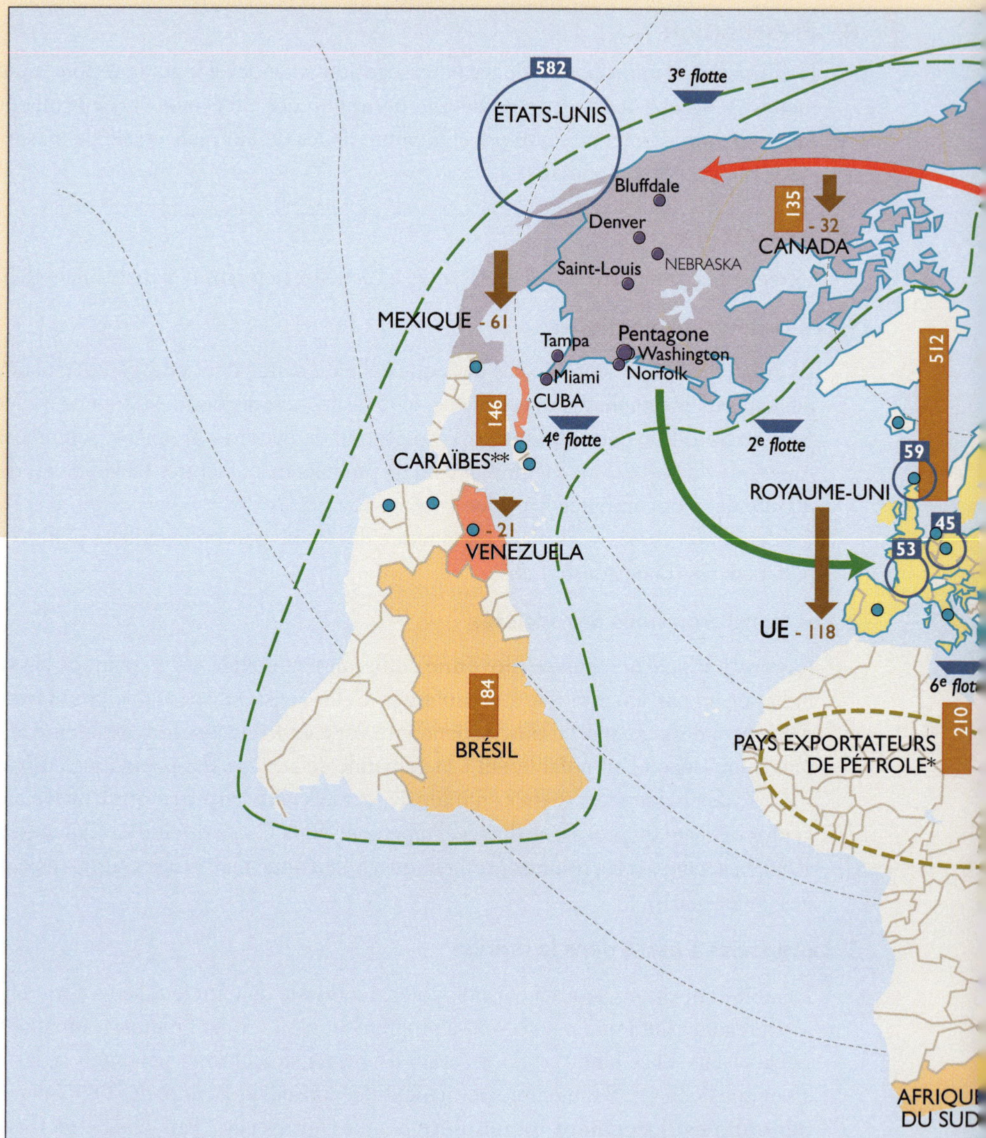

I. Un *hard power* sans équivalent

a. Alliances

- OTAN
- Pays accueillant des bases et facilités militaires des États-Unis

b. Une capacité de projection sans pareille

- Flottes
- Opérations majeures récentes
- Budgets militaires, en milliards de dollars, 2013

c. La profondeur stratégique

- Intégration économique de l'Amérique du Nord, ALENA
- Centres de commandement et de décisions stratégiques

II. Un redéploiement contraint

a. Le pivot asiatique

- Glissement des priorités
- Nouveaux partenaires en Asie

b. L'émergence de nouveaux liens économiques

- TTIP
- TPP
- Un échec : la ZLEA

c. L'espace des menaces

- Crises régionales majeures qui pourraient échapper aux États-Unis
- Foyers de terrorisme

COMMENTAIRE P. 82

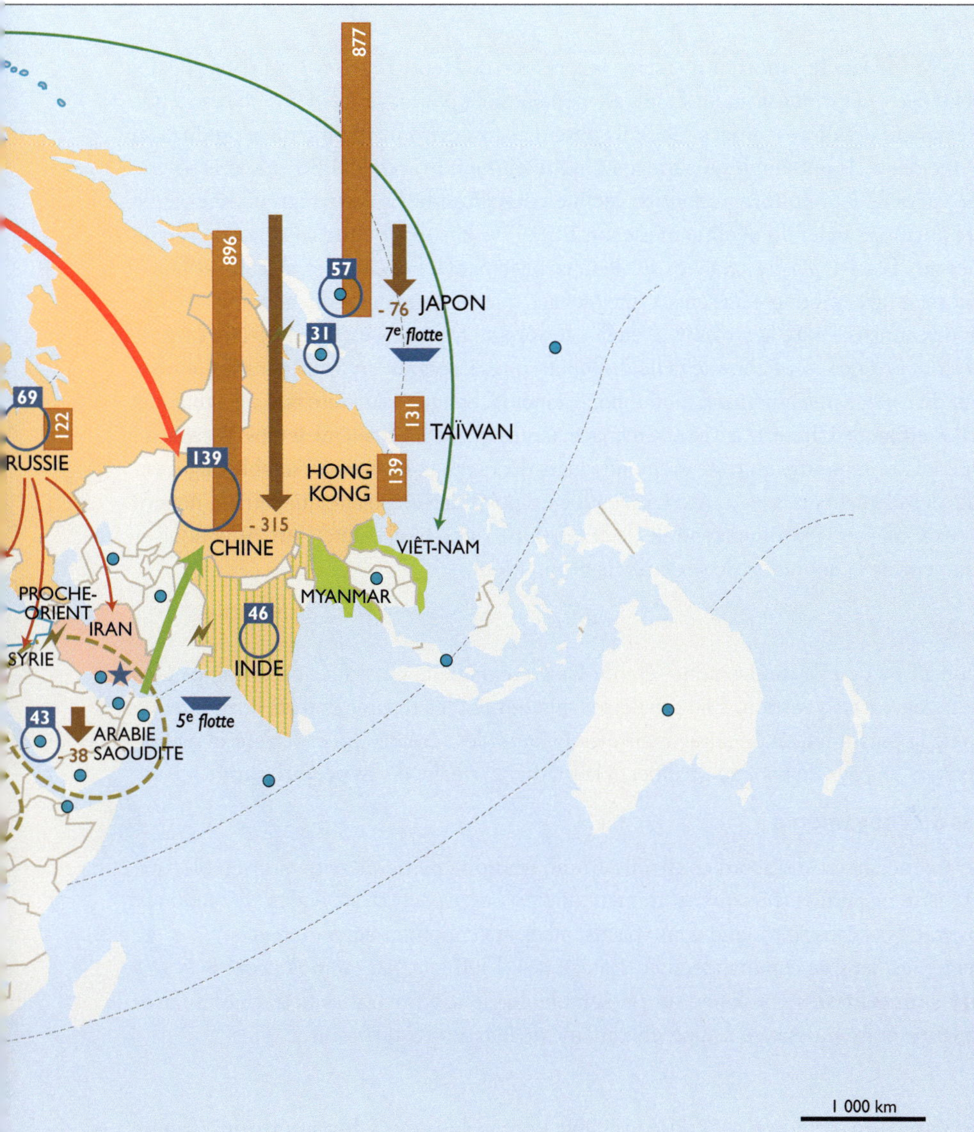

III. Les contestations

a. Les rivaux traditionnels
- Contestations russes
- Chinamérique
- Énigme iranienne
- Champions américains de l'antiaméricanisme

b. Les rivaux économiques
- UE
- BRICS

c. Les dettes
- Principaux détenteurs de bons du Trésor, en milliards de dollars
- Principaux déficits commerciaux américains, en milliards de dollars, en 2012

* Équateur, Venezuela, Indonésie, Bahreïn, Iran, Irak, Koweït, Oman, Qatar, Arabie saoudite, Émirats arabes unis, Algérie, Gabon, Libye et Nigeria

** Bahamas, Bermudes, îles Caïmans, Antilles néerlandaises et Panama

COMMENTAIRE

⏭ Présentation

Le XXe siècle a été « **le siècle américain** », selon l'expression de Henry Luce en 1941 dans *Life*. Le terme « hégémonie », souvent galvaudé, s'applique parfaitement pour les États-Unis de la seconde moitié du siècle : au début des années 1950, ils pèsent pour environ la moitié de la production industrielle mondiale, ils ont établi un partage militaire du monde avec l'URSS et le prestige de leur mode de vie et de leur culture ne souffre aucune comparaison. La carte reprend une vieille et récurrente angoisse, celle du déclin américain. En 1959, lors de la visite très médiatisée de Khrouchtchev aux États-Unis, les analyses sur le rattrapage par l'URSS, un des objectifs affichés par le Premier secrétaire, prennent au sérieux une menace que l'histoire discréditera trente ans plus tard. À la fin des années 1960, la croissance de la « forteresse Europe » est aussi perçue comme une sérieuse concurrence, tout comme celle du Japon, qui s'implante en force dans les années 1980 au cœur du capitalisme américain (automobile, cinéma, banque). Aujourd'hui, c'est toujours d'Asie, mais désormais de Chine, que vient la menace, tandis que, dans le même temps, la capacité des États-Unis à faire supporter au reste du monde leurs dépenses et leurs excès semble fragilisée.
La complexité des éléments mis en œuvre ici a justifié un point de vue polaire qui permet, notamment, de mieux souligner la position centrale des États-Unis : une bi-océanité entre Atlantique et Pacifique, au cœur de la définition de ses intérêts géopolitiques.

⏭ Explications

La carte répond à un double mouvement : établir les facteurs de la puissance américaine et les éléments de sa remise en question. Elle privilégie logiquement les territoires d'affirmation et de contestation de la puissance américaine, mais évoque aussi les réseaux qui enserrent le monde dans les intérêts d'un pays qu'on a pu qualifier, à la fin du XXe siècle, d'« **hyperpuissance** ».

1. Les territoires de l'hégémonie

L'hégémonie américaine s'est d'abord construite sur un territoire particulièrement favorable, que l'échelle de la carte ne permet d'évoquer autrement que par ses aspects stratégiques : défendu par les deux plus grands océans, il n'a que deux voisins, alliés et économiquement intégrés.
Sont représentés les lieux de commandement stratégiques (Bluffdale, par exemple, pour la NSA). Ce **territoire sanctuarisé** se prolonge sur l'ensemble du globe à travers les flottes et les bases militaires : aucune autre puissance n'approche, même de loin, un tel dispositif.

2. Les liens

L'historien écossais Niall Ferguson a théorisé le couple improbable de la **Chinamérique** (*Chimerica* dans la version d'origine) : la concurrence chinoise tire vers le bas les salaires américains ; pour relancer la consommation, cœur de la croissance américaine, la Fed abaisse ses taux, les États-Unis exportent alors leur dette et ces *Treasury Bonds* sont achetés par la Chine, qui recycle ainsi ses excédents.
En somme, la position des États-Unis vis-à-vis du reste du monde n'a pas fondamentalement changé depuis les années 1960 : sa dette est toujours prisée et comme elle est achetée en dollars, elle revient d'une façon ou d'une autre aux États-Unis. L'interdépendance des deux premières économies du monde limite certes les marges de manœuvre des États-Unis mais elle atténue aussi les frictions entre les deux puissances. Pour autant, le **G2**, évoqué en janvier 2009 par Zbigniew Brzezinski dans le *Financial Times*, n'est pas évident. Le XXIe siècle ne verra pas forcément le rattrapage chinois dépasser la puissance américaine : le ratio démographique qui est aujourd'hui de 4,5 à 1 en faveur de la Chine ne serait plus que de 50 % supérieur à la fin du siècle.

Pour rééquilibrer plus rapidement ce face-à-face, les États-Unis opèrent un « **pivot** » **stratégique** vers l'Asie, rendu possible par le désengagement des fronts moyen-orientaux (Irak et Afghanistan). La carte évoque aussi les deux tenailles commerciales entre lesquelles les États-Unis tentent de contenir la puissance chinoise : les traités bilatéraux d'échanges négociés avec l'Union européenne (TTIP) et onze pays d'Asie, à l'exception de la Chine (TPP). Le rapprochement historique avec l'Inde (coopération nucléaire civile depuis 2001, en contradiction avec le traité de non-prolifération de 1968) vise autant à consolider les positions américaines qu'à se prémunir contre un éventuel défaut de l'allié pakistanais.

3. Rivalités et menaces

La Chine étant jusqu'à présent davantage un partenaire qu'un adversaire, cette dernière catégorie se cherche un champion crédible depuis la fin de la guerre froide. Le Venezuela, la Corée du Nord, Cuba endossent, comme l'Iran, les habits de l'antiaméricanisme. Mais les sanctions pèsent suffisamment sur ce dernier pour qu'il cherche désormais à privilégier la voie de la négociation.
La Corée du Nord, puissance nucléaire récente, est moins dans une posture d'affrontement des États-Unis que de consolidation de sa position régionale. Mais elle s'inscrit dans un **arc de crises** potentiellement majeures sur lesquelles les États-Unis ne pèsent finalement que peu : c'est là que réside probablement leur plus grande faiblesse, davantage que dans l'affirmation de concurrents.
Les deux dernières guerres menées par le pays (Afghanistan depuis 2001, Irak deux ans après) ont montré par ailleurs que la première puissance militaire mondiale (la moitié des dépenses d'armement) n'avait plus les moyens d'entretenir deux conflits à la fois.

⏭ Limites de la carte

La persistance de la domination américaine sur l'économie mondiale n'apparaît guère qu'à travers la question de l'exportation de la dette. La force des firmes américaines, de loin les plus nombreuses parmi les plus grandes mondiales, occupent la première place dans bien des secteurs qui ne sont pas représentés.
Le document complémentaire rappelle que, sur la longue durée, la position américaine en termes de production de richesse est relativement stable depuis trente ans. Et ses rivaux sont loin de l'avoir rattrapée.
Les éléments de la résistance du *soft power* américain, dans l'économie de la connaissance, dans l'économie de l'Internet, dans l'industrie culturelle ne sont pas non plus cartographiés.

DOCUMENT COMPLÉMENTAIRE

Comparaison sur la longue durée des PIB chinois, américain, européen, japonais et indien (part en % du PIB mondial)

	1820	1860	1880	1900	1920	1945	1960	1980	2000
Chine	32	20	15	11	10	6	5	6	12
États-Unis	3	6	10	15	20	35	23	20	20
Europe	26	35	35	40	30	25	30	25	20
Japon	4	4	3	4	5	3	5	9	8
Inde	16	14	10	8	6	4	4	4	7

Source : OCDE / Angus Maddisson.

CARTE B1

L'Union européenne face à la mondialisation

COMMENTAIRE P. 86

I. Un ensemble hétérogène mais globalement attractif

a. Les disparités spatiales de l'UE à 28

- Centre européen multipolaire
- Mégalopole européenne : le cœur du centre européen
- Périphéries développées et intégrées au centre
- Périphéries intégrées mais en difficulté
- Périphéries en cours d'intégration
- LUX. Pays membres de la zone euro

b. L'attractivité de l'UE sur ses voisins

- États candidats ou potentiellement candidats à l'UE
- États bénéficiant de la PEV (politique européenne de voisinage)
- États associés à l'UE dans le cadre du partenariat oriental
- États associés à l'UE dans le cadre de l'Union pour la Méditerranée

II. Un espace structuré de manière sélective

a. Le maillage inégal des réseaux de transport

- Axe rhénan : grand corridor de circulation multimodale

b. Le polycentrisme européen

- Métropoles de rang mondial
- Autres métropoles majeures
- Villes-capitales dynamisées par l'UE
- Sièges des institutions de l'UE

III. Un espace pleinement engagé dans la mondialisation

a. Une puissance économique sur la défensive

- Principaux pays exportateurs agroalimentaires
- Principaux sites de production d'Airbus
- Grandes villes du tourisme international

b. Entre ouverture et fermeture

- Grand port polyfonctionnel
- Hubs aéroportuaires majeurs
- Exportations de l'UE, en milliards d'euros, en 2011
- Importations de l'UE, en milliards d'euros, en 2011
- 18 Importants flux sortants d'IDE, en milliards d'euros, moyenne 2010-2011
- Espace Schengen
- Pression migratoire
- Dispositif Frontex de surveillance maritime de l'UE

COMMENTAIRE

⏭ Présentation

Même si le sujet porte sur l'**Union européenne**, la carte représente **également les espaces limitrophes de celle-ci** (Afrique du Nord, régions occidentales de l'ex-URSS) afin de poser la question des limites possibles de l'UE et d'examiner la nature de la « politique européenne de voisinage » (la PEV est un sigle officiel de l'UE utilisé depuis 2004 pour désigner les relations de l'UE avec ses voisins n'entrant pas dans le projet d'adhésion). Ainsi, le choix d'un format de carte incluant une partie de la Russie a l'avantage de souligner la situation géopolitique inconfortable de pays tels que l'Ukraine, la Géorgie, la Moldavie et la Biélorussie, sans même parler de la Pologne et des pays Baltes.

Si la carte place l'accent sur l'impact de la mondialisation d'un territoire hétérogène sur plusieurs plans (économique, politique, etc.), elle ne peut faire l'économie de la nature de la construction européenne réalisée, parfois très rapidement, par des élargissements successifs.

Par conséquent, **les deux dynamiques de la mondialisation et de l'intégration européenne se déploient parallèlement** et se répondent par des interrelations qui contribuent à transformer le territoire de l'Europe des 28. À partir du tableau spatial d'un ensemble hétérogène mais globalement attractif, la carte vise à faire ressortir les principaux éléments structurants du territoire européen (métropoles, axes de transport) puis à montrer de quelle façon celui-ci s'insère dans la mondialisation, ce qui se traduit par des manifestations d'ouverture mais aussi de fermeture. Dans un monde qui change très vite, l'UE s'interroge pour savoir comment « réussir le défi de la mondialisation » (titre d'un document de 2007 de la Commission européenne).

⏭ Explications

1. L'organisation du territoire européen

La carte propose une lecture spatiale très classique avec **un centre européen multipolaire** dont les limites excèdent celles de la mégalopole européenne (la fameuse « banane bleue » de Roger Brunet) et **autour duquel s'organisent en auréoles diverses périphéries** (la plus proche bien intégrée, l'intermédiaire intégrée mais en difficulté, la plus éloignée en cours d'intégration). Si les processus d'intégration européenne sont vigoureux et ont vocation à unifier les territoires, les fragmentations s'additionnent au fil des élargissements.

Quoi qu'il en soit, cet ensemble hétérogène exerce **une attractivité incontestable sur les États voisins**, que l'on peut classer en trois catégories : les États qui ont entamé un processus d'adhésion à l'UE (Balkans, Turquie), les États avec lesquels l'UE s'est associée dans le cadre d'un « partenariat oriental » inauguré en 2009 (Ukraine, Moldavie, Géorgie, Biélorussie, Azerbaïdjan, Arménie) et enfin, les États avec lesquels l'UE a conclu un accord d'association dans le cadre de l'Union pour la Méditerranée (amorcé par le processus de Barcelone défini en 1995 et relancé en 2005, cet accord associe 15 États aux 28 de l'UE).

2. Une puissance économique sur la défensive

L'impact de la mondialisation sur le système productif européen est un aspect essentiel du sujet mais sa cartographie n'est pas chose aisée. Une sélection réfléchie de quelques exemples tente malgré tout de représenter les évolutions contrastées dans ce domaine : pays exportateurs agro-alimentaires, sites de production d'Airbus, grandes villes touristiques. Si l'on prend l'exemple de l'industrie européenne, cette activité connaît, depuis la fin du XIXe siècle, une grave crise qui s'explique par la concurrence des pays émergents dans le cadre de la mondialisation mais aussi par les mutations structurelles de l'économie continentale (essor des services, en particulier).

De plus, contrairement à l'agriculture, il n'y a pas de véritable politique industrielle à l'échelle communautaire. Le succès de l'Européen Airbus (groupe EADS) résulte seulement de la volonté de quelques pays européens d'accélérer le développement de leurs entreprises aéronautiques (création d'Airbus Industrie en 1970).

3. L'UE face aux contraintes de la mondialisation

En 2000, l'UE a lancé la « stratégie de Lisbonne » visant à faire de l'Europe « l'économie de la connaissance la plus compétitive et la plus dynamique du monde » dès l'horizon 2010. Malgré **le renforcement d'une coordination européenne** dans les domaines de l'enseignement supérieur, de la recherche et de l'emploi, la crise de 2008 engendre de graves difficultés économiques accroissant le chômage et aggravant la question des dettes souveraines pour plusieurs États. Il s'agit maintenant, avec « Lisbonne plus », de recentrer les efforts sur les critères de compétitivité et d'innovation, et d'approfondir les initiatives européennes pour répondre à l'accélération des mutations du monde. Définie en 2010, la nouvelle stratégie cherche à développer une croissance « intelligente, durable et inclusive », et propose **trois priorités majeures pour renforcer l'économie européenne** : développer une économie basée sur la connaissance et l'innovation ; promouvoir une économie renouvelable, plus verte et plus compétitive, et une croissance inclusive ; soutenir une économie créatrice d'emplois, de cohésion sociale et territoriale.
Ces différentes stratégies et ces nobles objectifs se heurtent à des réalités économiques têtues que révèlent, par exemple, les négociations commerciales du cycle de Doha, où les pays membres de l'OMC ont manifesté leurs intérêts divergents en fonction de la nature et de l'origine de leurs importations et exportations. L'accord minimal, signé en décembre 2013 après douze ans de longues discussions, laisse penser que les règles commerciales communes tendent à émerger plus facilement au niveau régional.

⏭ Limites de la carte

Le compromis toujours recherché entre l'ambition (raisonnable) du contenu et la lisibilité (indispensable) de la carte s'avère ici particulièrement difficile à réaliser, compte tenu du nombre élevé d'informations sélectionnées et de la délicate transposition graphique de celles-ci. Les plages colorées ont été affectées aux différentes composantes territoriales de l'UE, ce qui a contraint à utiliser de très nombreux figurés ponctuels et linéaires pour tous les éléments structurants et les moyens d'articulation au reste du monde. Un choix restreint et rigoureux de quelques couleurs pour chaque sous-partie de la légende a permis néanmoins de préserver une bonne lisibilité de la carte.
L'essentiel de l'objectif cartographique a été atteint : on voit nettement **un dispositif spatial européen hétérogène mais clairement organisé** autour d'un « cœur économique et décisionnel » et qui reste attractif pour ses voisins et bien au-delà (forte pression migratoire contenue par le système Frontex). Par ailleurs, ce territoire apparaît bien comme **l'un des pôles majeurs de la mondialisation**, relié au reste de la planète par des liens multiples et intenses (flux commerciaux, flux financiers, flux humains de toute nature, etc.).

CARTE B2

L'énergie en Europe, réalités et contradictions

I. Des ressources médiocres et inégalement réparties

a. Des ressources traditionnelles qui s'épuisent

Production primaire de charbon et lignite, en milliers de tonnes équivalent pétrole (tep), en 2012

57 507
40 000
20 000
10 000
3 296

Principaux gisements d'hydrocarbures

b. Les alternatives

Pays désireux d'exploiter des hydrocarbures de schiste

Pourcentage d'énergies renouvelables dans le bilan final

Inférieur à 5 %

c. Le nucléaire, une question qui divise

Pourcentage dans le bilan électrique

Pays qui ont choisi de sortir du nucléaire

II. Une addition de politiques

a. La nouvelle jeunesse du charbon

Part du charbon dans la production d'électricité

Nouvelles centrales en construction

b. Le coût variable de l'énergie : l'exemple de l'électricité

Coût jusqu'à présent faible

Coût déjà élevé

La France au cœur des échanges : importations et exportations d'électricité en 2012

III. Les dépendances

a. La politique du gaz

Mainmise de Gazprom sur les tubes

Mainmise de Gazprom sur les tubes en projet

b. Le pétrole importé

Ports d'importation

Oléoducs

Oléoducs en projet

c. Un continent globalement dépendant

GRÈCE Pays ayant une dépendance énergétique de plus de 50 %

⏭ COMMENTAIRE P. 90

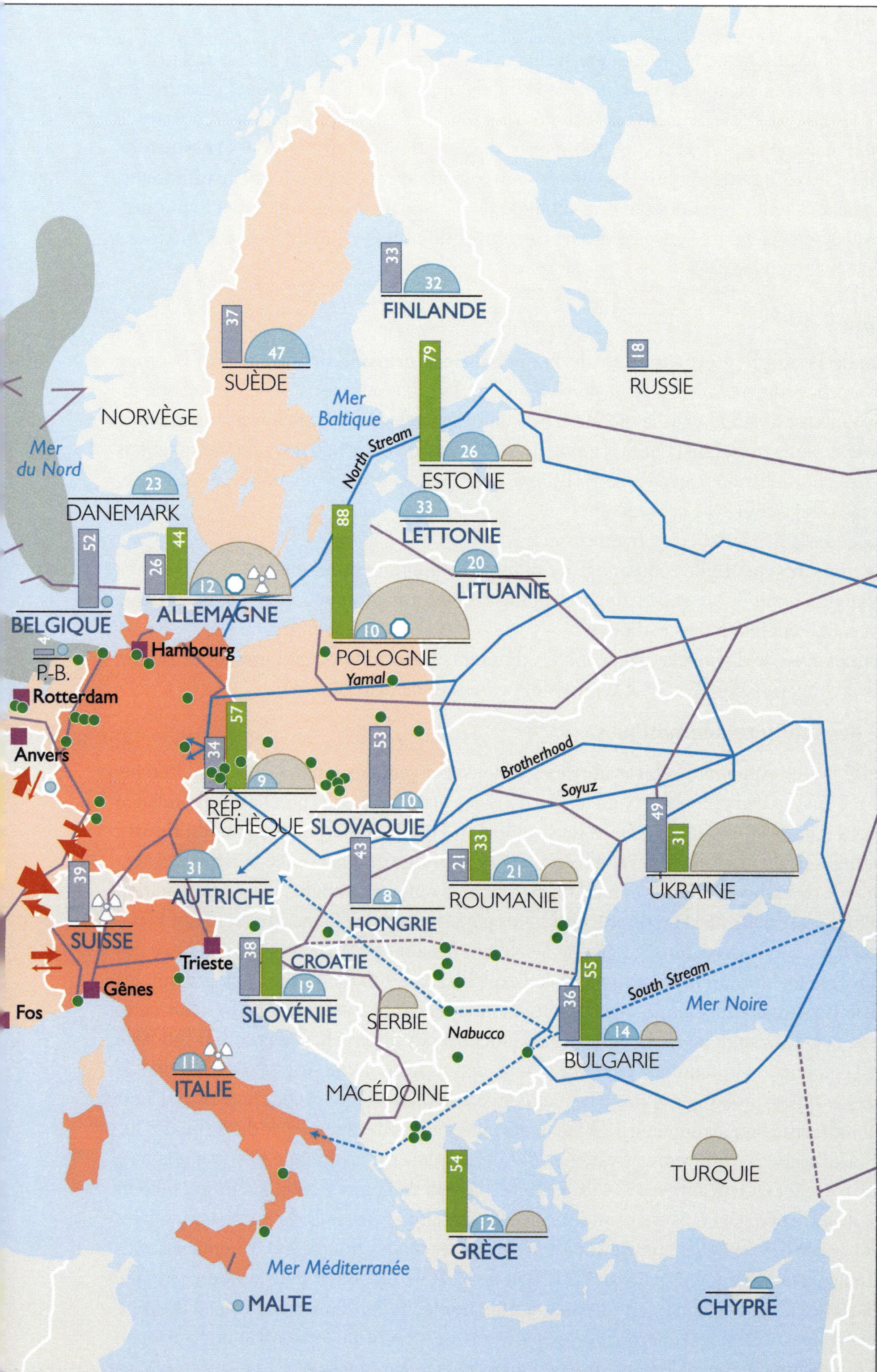

COMMENTAIRE

⏭ Présentation

Les questions énergétiques en Europe dépassent les frontières institutionnelles, ce qui justifie le choix d'une carte qui excède les frontières de l'Union européenne. Pour clarifier la lecture, les liens avec l'Afrique du Nord ne sont représentés que par les ports d'importations. La légende divise les implications spatiales du sujet selon trois angles fortement articulés : les **ressources mobilisables**, les différentes politiques suivies pour les valoriser et pallier leurs insuffisances, les défis et tensions enfin entraînés par une situation de dépendance particulièrement marquée. La problématisation ainsi posée suggère des convergences nombreuses, mais aussi des situations très différenciées selon les pays.

⏭ Explications

La **maîtrise de l'énergie a été au cœur de la civilisation industrielle** inventée par l'Europe occidentale au cours du XIXe siècle ; elle a alors imposé les localisations industrielles et façonné un mode de vie qui s'est répandu dans le monde. Les réalités ont profondément changé aujourd'hui : les ressources se sont épuisées à l'Ouest, l'industrie s'est en partie détachée de ces déterminations anciennes. Les contradictions qui assaillent l'Europe dans ce domaine recouvrent la géopolitique, l'économie mais aussi les choix de société :

– Comment gérer la dépendance en hydrocarbure ?
– L'Union européenne peut-elle coordonner les différentes politiques nationales ?
– Le maintien du niveau de vie et d'un appareil productif performant peut-il s'accommoder d'une transition vers une énergie moins carbonée ?

La carte permet ainsi de distinguer, d'un côté, les différents bouquets énergétiques, et de l'autre, la complexe architecture des réseaux d'approvisionnement et de distribution.

1. La disparité des solutions énergétiques

Les choix historiques expliquent la bigarrure des solutions énergétiques retenues par les différents pays, alors que l'usage de l'énergie ne varie guère dans ces économies très proches. L'abondance des ressources minérales explique le poids du charbon en Pologne ou en Allemagne (du **lignite** pour l'essentiel, soit un charbon à plus faible pouvoir calorifique que la houille et à fort dégagement de dioxyde de carbone). Le Royaume-Uni et la France ont, en revanche, cessé l'exploitation non rentable de leurs mines à la fin du XXe siècle. Les pays riverains de la mer du Nord ont bénéficié des ressources en hydrocarbures exploitables depuis les années 1970, lorsque la hausse des prix et les progrès techniques ont rendu possible l'exploitation *off-shore*. Encore aujourd'hui, les Pays-Bas et le Royaume-Uni sont pour les deux tiers indépendants énergétiquement, mais cette couverture se dégrade rapidement. Le pétrole de la mer du Nord a en effet déjà connu son *peak oil*, puisque la production britannique cumulée s'élève, depuis le début de l'exploitation, au double des réserves possibles, probables et prouvées non encore exploitées. La production en 2013 est trois fois moindre qu'à son sommet en 1999, elle devrait encore être divisée par deux d'ici 2030. Face à ces insuffisances, différentes stratégies ont été déployées. La France s'est singularisée face au choc pétrolier en lançant en 1974 un plan d'extension de la production nucléaire, secteur qu'elle avait déjà encouragé, en partie pour des raisons stratégiques (le choix du nucléaire militaire dès la fin des années 1950 s'était appuyé sur les premières centrales françaises). L'héritage soviétique se retrouve dans les anciens pays du CAEM et de l'URSS, où cette filière avait été poussée en avant, là aussi en accompagnement du programme nucléaire militaire soviétique. L'Europe de l'énergie est aussi celle de Tchernobyl – le plus grave accident de l'industrie nucléaire, en 1986 –, même si l'intégration à l'Union européenne est passée par la fermeture des réacteurs les moins sûrs (en Bulgarie, notamment). Une autre solution s'est présentée plus récemment, celle de l'exploitation des ressources non-conventionnelles en hydrocarbures. Les perspectives sont pourtant moins alléchantes qu'aux Etats-Unis, où elle a conduit à une véritable révolution dans les prix : les ressources polonaises, par exemple, sont probablement dix fois moins abondantes qu'estimées dans un premier temps. L'exploitation au Royaume-Uni, le principal autre pays concerné, risque de se heurter aux fortes densités de population. La France, qui aurait potentiellement les plus fortes réserves, a pour l'instant interdit leur exploitation. L'impact environnemental de la **fracturation hydraulique** est en effet redouté par la population.

2. Géopolitique des tubes

La **géopolitique des tubes** qui associe l'Europe à la Russie apparaît nettement dans cette représentation. La Russie, héritière de l'URSS, a conservé la mainmise d'un réseau, géré par Gazprom, qui lui permet d'exporter son gaz et celui des Républiques de l'Asie centrale vers l'ouest. Jusqu'à présent, la plus grande partie transitait par des gazoducs traversant l'Ukraine, ce qui liait la livraison aux riches clients occidentaux (l'Allemagne dépend de la Russie pour les deux tiers de son gaz) à celle de l'Ukraine. La construction d'un gazoduc passant plus au nord, le projet d'un autre plus au sud (North Stream et South Stream) doivent, dans la perspective russe, dissocier les clients occidentaux d'un pays de l'étranger proche que l'administration Poutine rêve de ramener dans le giron russe. Si la Russie est en passe de gagner cette première manche, elle peut en revanche s'inquiéter des projets alternatifs plus au sud, Tap ou Nabucco, qui pourraient permettre, *via* la Turquie, d'importer directement le gaz de l'Asie centrale en passant par la Caspienne et en s'affranchissant du monopole de fait de Gazprom.

⏭ Limites de la carte

Les réseaux de tubes ne peuvent être qu'esquissés ici, leur représentation complète rendrait illisible la carte, tout comme celle du réseau des lignes à haute tension, pourtant révélatrice.
La concentration des activités autour des ports d'importations a aussi été allégée, pour les mêmes raisons. Les conséquences environnementales des différents usages de l'énergie ont aussi été évacuées. Les **pollutions** aux microparticules ou à l'ozone affectent toutes les concentrations urbaines, mais aussi, portées par les vents, des zones bien plus larges. La dangerosité des centrales nucléaires, en fonction de leur âge ou de leur localisation, est aussi cartographiable, tout comme les sites d'hydroélectricité, toutes mentions écartées ici pour ne pas surcharger la carte. Les potentiels non encore exploités en énergie renouvelable, solaire, éolienne, hydrolienne ont été synthétisés pour la même raison dans le chiffrage relatif des énergies renouvelables dans le bilan total.

DOCUMENT COMPLÉMENTAIRE

Mix de la production énergétique dans l'Union européenne (2010), en %

Hydraulique	11
Nucléaire	28
Charbon	26
Gaz	23
Pétrole	3
Renouvelable	11

Source : Commission européenne.

CARTE B3

L'Afrique face aux défis du développement

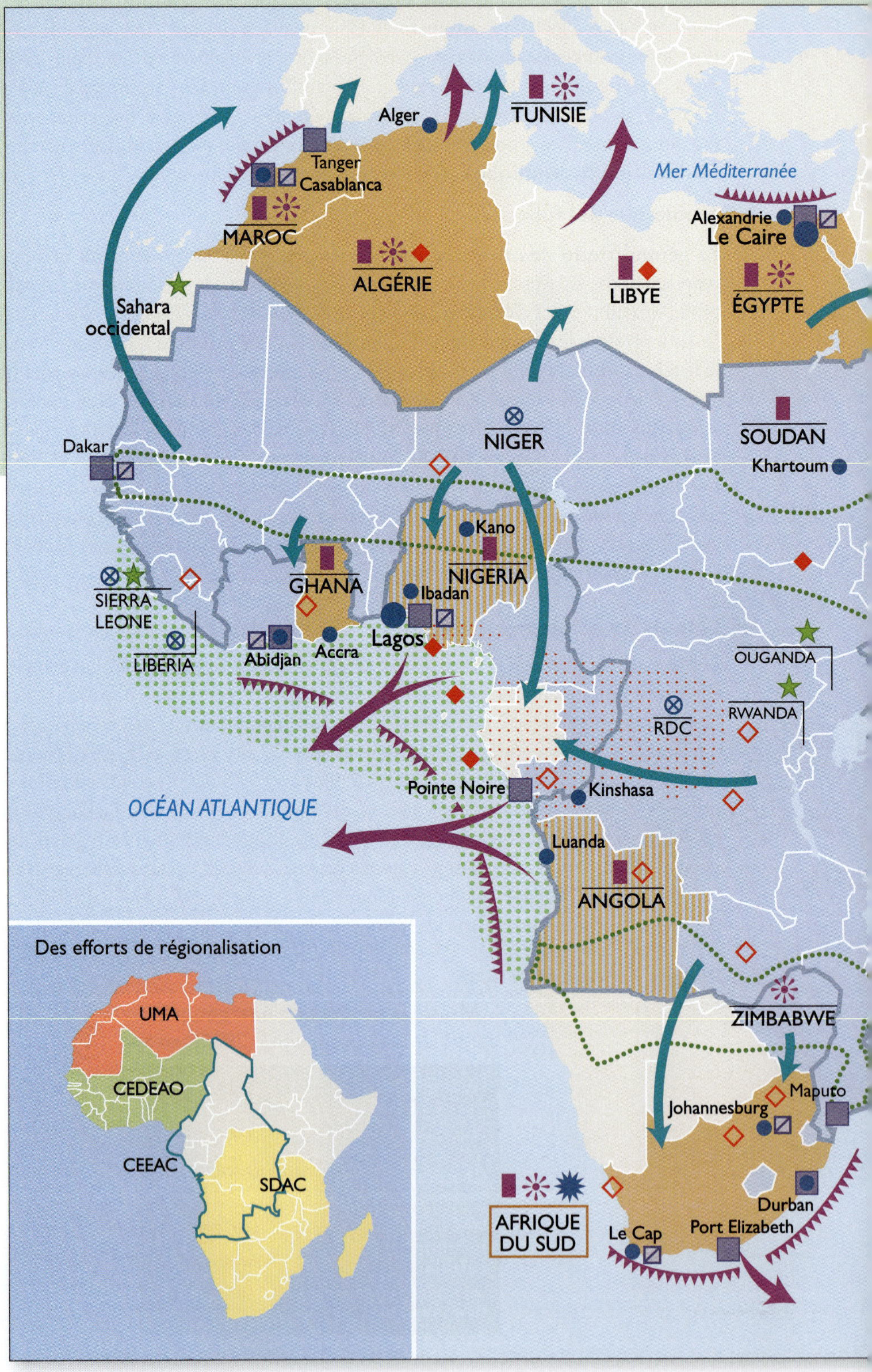

COMMENTAIRE P. 94

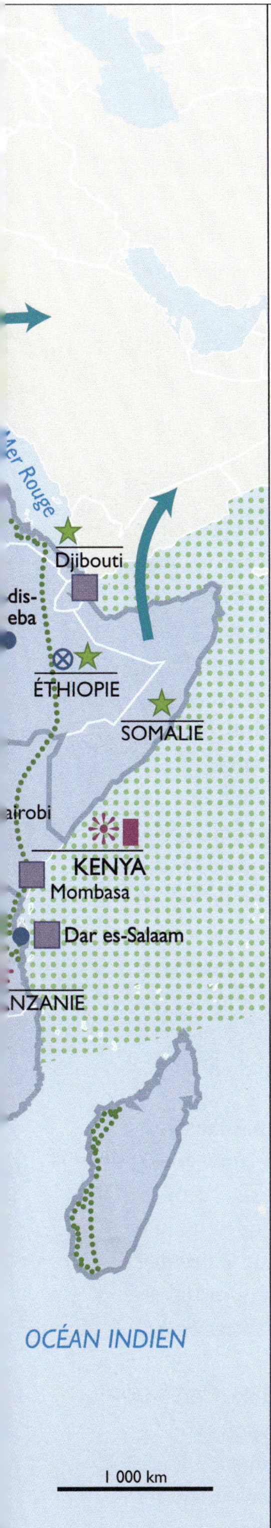

I. Un continent en retard de développement

a. Une transition démographique peu avancée

- Principaux flux migratoires (internes et externes)

b. Des conditions de vie difficiles

- Métropoles en forte croissance démographique, importance considérable des bidonvilles
- Très grande insécurité alimentaire
- Pays le plus affecté par le VIH/sida

c. Un faible développement pour de nombreux pays

- PMA
- IDH faible et très faible (inférieur à 0,6)

II. Les nouvelles perspectives du développement

a. Des ressources convoitées

- Principaux gisements d'hydrocarbures
- Principaux gisements miniers
- Principale zone d'exploitation forestière

b. Une meilleure insertion dans la mondialisation

- Interfaces maritimes majeures
- Grands flux d'exportations
- Principaux pays bénéficiaires des IDE
- Grands pays touristiques

c. La modernisation des infrastructures

- Grands ports maritimes
- Hubs aéroportuaires internationaux

III. Les progrès du développement toujours menacés

a. Un développement sélectif sur le plan territorial

- Pays moteurs du développement (les « lions africains »)
- Pays émergent avec la seule véritable industrie du continent

Des efforts de régionalisation (exemples d'organisations régionales) :

- UMA (Union du Maghreb arabe)
- CEDEAO (Communauté économique des États d'Afrique de l'Ouest)
- SDAC (Communauté de développement de l'Afrique australe)
- CEEAC (Communauté économique des États d'Afrique centrale)

b. Des menaces persistantes

- Des menaces environnementales : l'exemple de la désertification

Une situation géopolitique toujours marquée par la violence et l'instabilité :

- Conflits armés majeurs depuis les années 1990
- Zones de piraterie maritime

COMMENTAIRE

⏭ Présentation

Cette carte de synthèse sur l'Afrique confrontée aux défis du développement se propose d'étudier la question majeure du développement d'un continent toujours marqué par **la pauvreté et l'instabilité politique**, même si l'attractivité récente, liée en particulier aux exportations de matières premières, permet d'évoquer, depuis les années 2000, un décollage économique dont les « lions africains » apparaissent comme les principaux pays bénéficiaires.

Le plan de légende suit **une démarche classique** : après un tableau d'ensemble du retard de développement qui affecte l'ensemble des pays africains, de nombreux signes permettent de préciser le décollage d'un continent en voie d'insertion dans la mondialisation, même si d'énormes défis restent à relever, notamment sur les plans de l'environnement, de la géopolitique et des structures économiques.

⏭ Explications

1. Un retard de développement manifeste

Les caractéristiques du faible développement africain sont légion. La difficulté réside dans le choix des plus pertinentes et dans leur transposition cartographique. Par exemple, la forte croissance démographique de pays encore engagés dans le processus de transition démographique reflète une situation de retard de développement, mais comment la représenter ? Quels indicateurs choisir ? La forte fécondité ou l'espérance de vie encore faible ? Le taux d'accroissement démographique ou la part élevée de la population jeune ? Après réflexion, pour éviter les superpositions de trop nombreux indicateurs, **le choix s'est porté sur les seules migrations de population**, internes et internationales, dont l'essor s'est beaucoup accru depuis les années 1980. L'avantage de ce choix est de garantir une lisibilité satisfaisante tout en suggérant la pression démographique qui les explique. Aux déplacements forcés s'ajoutent les migrations économiques qui se sont accélérées, notamment entre le Sud et le Nord du Sahara, et d'Afrique centrale vers l'Afrique du Sud.

Plusieurs figurés ponctuels permettent également d'évoquer **les difficiles conditions de vie en Afrique** (insécurité alimentaire, maladies chroniques, logements insalubres) sans trop encombrer la carte. Enfin, la notion de PMA (pays les moins avancés) et l'indicateur de l'IDH ont permis de localiser les territoires confrontés au développement le plus problématique, c'est-à-dire la plus grande partie de l'Afrique subsaharienne.

2. Un décollage économique récent

L'Afrique est convoitée pour ses nouveaux consommateurs et surtout pour **ses immenses ressources naturelles** (ressources énergétiques et minières, « terres rares » et terres cultivables). Ces ressources attirent les États-Unis et les grands émergents (Chine, Inde, Brésil, Turquie) tandis que l'emprise des anciennes puissances coloniales décroît. Une « Chinafrique » et une « Indafrique » se construisent grâce aux relations commerciales (la Chine est devenue le premier partenaire commercial du continent depuis 2010), aux grands chantiers (nouveaux ports, lignes de TGV, corridors de circulation, liaisons câblées à haut débit) et aux grands projets (ports en eau profonde, vastes transferts d'eau internationaux).

Pourtant, le poids de l'Afrique dans la production et les échanges mondiaux reste faible. Certains auteurs n'hésitent pas à parler d'une « périphérie africaine » dans la mondialisation marchande. Le continent reste essentiellement **un fournisseur de matières premières**, contrairement à l'Asie et à l'Amérique latine. Dans les deux tiers des pays africains, un ou deux produits constituent les trois quarts de la valeur des exportations. En ce qui concerne les IDE en Afrique, leur part très

faible dans l'ensemble des IDE mondiaux a tout de même tendance à augmenter ces dernières années, passant de 3,2 % en 2007 à 5,6 % en 2012. Ce sont les géants sous-régionaux qui s'avèrent les plus attractifs (Afrique du Sud, Nigeria, Maroc, Égypte et Kenya).
Comme il était question des « dragons » et des « tigres » en Asie, ce sont aujourd'hui les « **lions africains** » qui portent une bonne part du dynamisme de l'économie africaine. La carte représente sept « lions africains » : l'Afrique du Sud, le Nigeria, le Maroc, l'Algérie, l'Égypte, le Ghana et l'Angola. Mais leur nombre varie selon les auteurs en fonction des critères retenus avec des pays s'ajoutant à la liste précédente (la Côte d'Ivoire, l'Éthiopie, la République du Congo ou même le Tchad et le Mozambique).
D'après le rapport McKinsey publié en 2010, l'Afrique connaît **une accélération forte depuis l'an 2000**. Ainsi, le PIB du continent est passé de 1 000 à 1 600 milliards entre 2000 et 2008, grâce au boom des matières premières et, fait nouveau, au développement du secteur tertiaire. D'ailleurs, quatre pays (Afrique du Sud, Égypte, Maroc et Tunisie) ont été identifiés dans le rapport comme étant les « lions d'Afrique », par analogie aux « dragons ». Ces quatre économies, « les plus avancées » d'après le rapport, possèdent une industrie manufacturière et un secteur des services bien développés. Au cours des dix dernières années, le secteur tertiaire a généré plus de 70 % de la croissance de leur PIB national. En outre, le rapport indique que 90 % des ménages de ce groupe disposent, peu ou prou, d'un revenu discrétionnaire. Ces économies affichent les taux de croissance les plus stables d'Afrique et devraient bénéficier du renforcement de leurs liens avec l'économie mondiale. Seuls hics aux yeux des analystes de McKinsey : des coûts unitaires de la main-d'œuvre supérieurs à ceux de la Chine ou de l'Inde. Et comme les « dragons » il y a trente ans, les « lions » devraient investir dans l'éducation et développer les infrastructures.

3. Des menaces persistantes

Pour éviter un contenu trop ambitieux et préserver une bonne lisibilité, **la carte a limité le nombre des menaces persistantes** à représenter en donnant quelques exemples dans deux domaines seulement : environnemental et géopolitique. Sur le plan environnemental, l'agriculture exportatrice et l'utilisation d'OGM provoquent des dégradations des sols, l'urbanisation rapide s'accompagne d'habitats insalubres et de pollutions de toute sorte, les conséquences du réchauffement climatique semblent avoir des effets sensibles dans les aires semi-arides et littorales. Mais la carte a préféré s'en tenir à l'exemple de la désertification qui sévit au Sahel.
Pour les menaces géopolitiques, la carte a localisé **les principaux conflits depuis les années 1990** et les zones de piraterie maritime. La question du contrôle des ressources et des populations est redevenue un enjeu majeur qui a pour conséquences de nombreux conflits armés qui occasionnent d'importants déplacements de population, des interventions de maintien de la paix sous la conduite de l'ONU, etc.

⏭ Limites de la carte

Une nouvelle fois, un élément important du sujet a été traité dans le cadre d'**un cartouche placé à côté de la carte**. Les efforts de régionalisation, encore très limités, n'en traduisent pas moins la nécessité d'insérer des espaces complémentaires dans le jeu de la mondialisation des échanges pour favoriser le développement. Mais ces **constructions transfrontalières** ont également la mission politique de faire participer l'Afrique aux grands mouvements du monde.

CARTE B4

Les conflits en Afrique depuis la « décennie du chaos »

I. La diagonale des crises des années 1990

a. Les « États faillis »

b. Les guerres pour les matières premières

c. Tensions ethniques et crises identitaires

d. Le Maghreb désuni
- La décennie terrible en Algérie
- Le Sahara occidental
- Dictatures

II. Les interventions de pacification de 1990 à nos jours

a. Le gendarme français
- Les bases en 1990
- Les bases en 2013
- Les opérations

b. Les interventions de l'ONU
- MINUL

c. Les forces africaines
- MISCA Les opérations de l'UA
- Les interventions unilatérales

III. Les nouvelles logiques conflictuelles

a. Fragilisation des ressources naturelles (eau, bois, terre) par la pression démographique

b. Le terrorisme internationalisé
- Attentats
- LRA Groupes

c. La crise sahélienne
- Les Touaregs, peuple sans État
- La diffusion des armes depuis la Libye
- Les routes de la drogue

COMMENTAIRE

⏭ Présentation

Le sujet proposé relève de la gageure pour un exercice cartographique : représenter sur une seule carte l'histoire agitée de **vingt-cinq années cruciales** dans le développement d'un continent. Les choix du concepteur sont tranchés : la légende est structurée autour de **trois phases successives**, plutôt qu'un plan par ensembles régionaux, qui pourrait se justifier par les gradients de conflictualité très nettement dessinés sur la carte (l'Afrique australe, notamment, a bénéficié de la fin de l'apartheid en Afrique du Sud). La carte, très simplifiée, est déjà chargée, d'où le choix de représenter à part l'une des conséquences les plus profondes des conflits : les déplacements de populations.

⏭ Explications

Trois échelles de conflits peuvent se lire à travers les trois périodes évoquées par la carte.

1. Les conflits interétatiques

Comme partout dans le monde, ils sont bien moins nombreux depuis la fin de la guerre froide. Ils concernent d'ailleurs des États qui n'ont été séparés que récemment : l'Éthiopie et l'Érythrée pour la définition des frontières. La naissance en 2011 du **Sud-Soudan**, après une longue guerre civile, a laissé de multiples pommes de discorde entre Juba et Khartoum. Les interventions militaires, sans déclaration de guerre, manifestent l'affirmation de puissances militaires régionales (Angola, Éthiopie et même Tchad).

2. Les guerres civiles

Elles ont justifié cette expression de « **décennie du chaos** » pour un continent que la guerre froide avait en partie épargné, et que le désintérêt stratégique dont il pâtit dans les années 1990 livre à ses démons. La carte montre les différentes catégories auxquelles ils appartiennent : les rivalités ethniques d'abord, entretenues souvent par le colonisateur, rejaillissent lorsque les États, faibles, jouent sur la fibre nationaliste. C'est le cas en Côte d'Ivoire, c'est aussi celui du génocide des Tutsis du Rwanda en 1994. Cette tragédie majeure s'inscrit dans un contexte plus large, celui de la faillite du Zaïre de Mobutu, qui entraîne l'ensemble de la région des Grands Lacs dans une guerre civile régionale pour l'appropriation des ressources du sous-sol, autre cause majeure de conflit.
L'immixtion des tensions du monde musulman est répercutée en Afrique par les insatisfactions sociales (décennie terrible des années 1990 pour l'Algérie), les carences de l'État (Somalie) ou les interventions étrangères (Libye). Le terrorisme islamiste, importé ou local, frappe aussi bien l'Afrique orientale que le Maghreb.

3. Les conflits de basse intensité

Ils opposent traditionnellement les cultivateurs aux éleveurs, dans une logique universelle de conflits d'usage, autour de la terre, de l'eau. L'accroissement démographique accélère l'épuisement des ressources, fragilisées par le réchauffement climatique. Au Kenya, ces tensions sociales, instrumentalisées par les politiciens, dégénèrent à l'occasion de l'élection présidentielle de 2007 et sont habillées des oripeaux de l'ethnicité.

⏭ Limites de la carte

Les échelles les plus fines de la conflictualité ne peuvent pas apparaître. Ce sont elles qui voient s'affronter les différents quartiers des villes qui ont regroupé par affinités ethniques ou tribales les populations issues de l'exode rural (à Bangui en 2014, par exemple).

CARTE B5

Les Amériques, entre intégrations et fragmentations

I. Un inégal développement

a. IDH
- Supérieur
- Intermédiaire
- Faible

b. Inégalités
- Fort indice de Gini (plus de 0,55)
- Inégalités en réduction

c. Hiérarchies
- Nord
- Puissances émergentes
- Périphérie intégrée
- HAÏTI PMA

II. La persistance des divisions

a. Le poids des États-Unis
- Bases américaines
- ALBA : une posture anti américaine

b. Des institutions régionales insuffisantes
- ALENA
- Mercosur

c. Des frontières très présentes
- Litiges
- Frontières très actives

III. L'intégration par les flux

a. Les hommes
- Migrations
- Tourisme

b. Les finances
- IDE et rétrotransfert

c. Le commerce
- Marchandises
- Hydrocarbures
- Produits agricoles

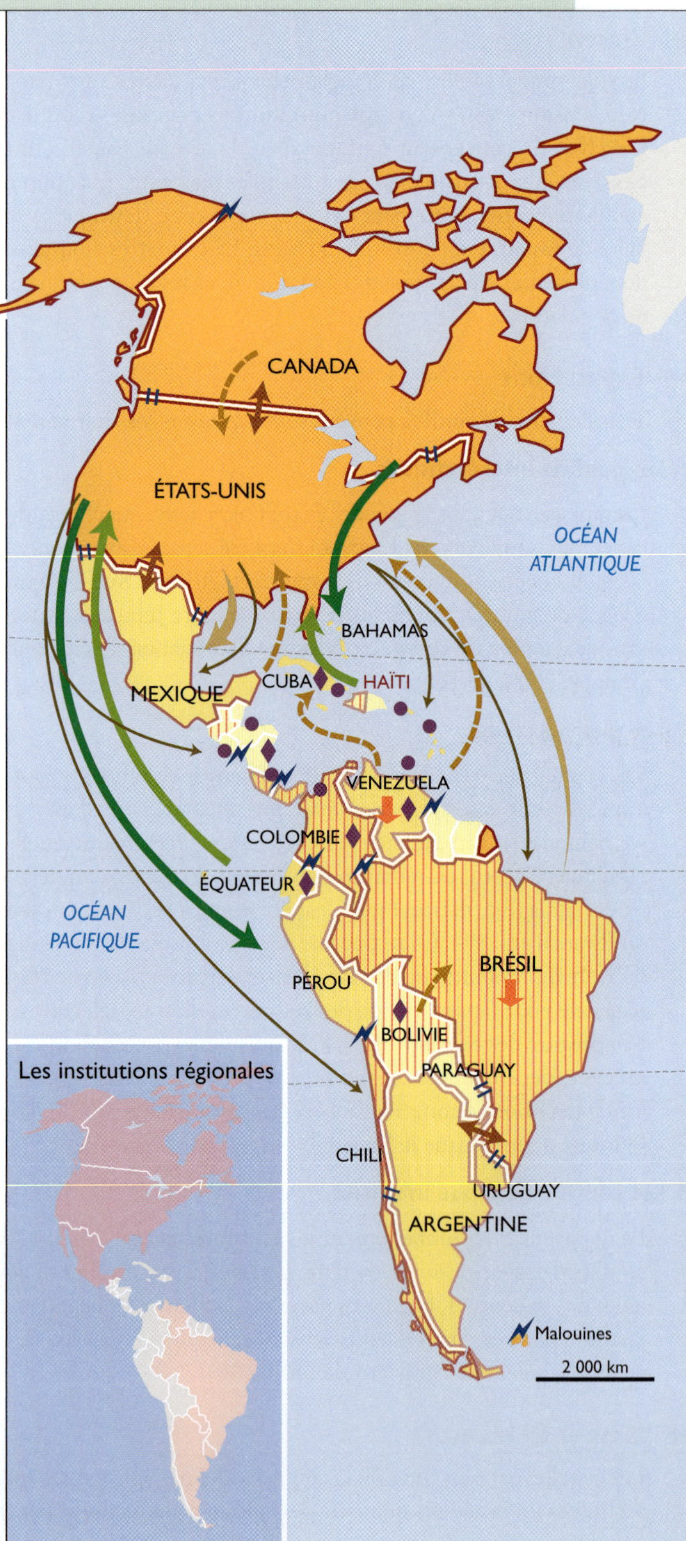

COMMENTAIRE

⏭ Présentation

Le sujet cartographié correspond à une problématique très classique, qui oppose les **facteurs historiques de différenciation**, domaine anglo-saxon et domaine ibérique, aux **convergences géopolitiques de l'hémisphère occidental**, comme les États-Unis ont l'habitude de nommer les Amériques. Le concepteur a néanmoins conçu un plan en trois parties, moins manichéen, distinguant les questions de développement, premier marqueur de fragmentation, de celles de l'organisation du continent puis des réalités des échanges.

⏭ Explications

1. Les limites politiques à l'intégration

Les associations régionales américaines ne sont que des zones de libre-échange, que ce soit l'ALENA ou le Mercosur.

Si le continent n'est menacé d'aucun conflit, ce qui est désormais un privilège, les **tensions frontalières n'ont pas toutes été réglées**. La plus importante oppose l'Argentine au Royaume-Uni à propos de Falklands, pour lesquels la dictature militaire avait provoqué en 1982 une guerre qui lui fut fatale. Mais le point persistant de fragmentation politique concerne la présence des États-Unis, dont la carte rappelle qu'ils considèrent le continent comme leur arrière-cour (depuis la doctrine Monroe de 1823). Le Venezuela a repris des mains cubaines le flambeau de l'antiaméricanisme, qu'il fédère autour de son ALBA, l'association bolivarienne latino-américaine.

2. Le facteur économique

L'intégration, à défaut de se faire dans un cadre institutionnel, se fait par les échanges économiques croissants. Ils relient le Nord et le Sud du continent, de façon encore asymétrique : les États-Unis importent du pétrole et des matières premières du reste du continent, le Mexique et ses *maquiladoras* étant l'exception. C'est cette **exportation de matières premières** qui porte la croissance forte de l'Amérique latine, au risque de détourner les investissements du secteur industriel.

3. L'atténuation des clivages sociaux

Le document complémentaire insiste sur un phénomène diffus, difficile à représenter puisque presque partout à l'œuvre : la montée en puissance des classes moyennes.

La réduction spectaculaire du nombre de pauvres se traduit par un **déversement vers les classes moyennes**, en passant par la catégorie intermédiaire vulnérable (définie comme celle où les revenus restent trop fragiles pour assurer définitivement l'accès aux revenus moyens). La dynamique ici à l'œuvre est celle dont on craint, aux États-Unis, qu'elle ne fasse désormais défaut (les travaux des économistes E. Saez et Th. Piketty sur le capital y sont très commentés).

La **pauvreté la plus manifeste se retrouve à Haïti**, seul PMA de la zone, de façon moindre en Amérique centrale, et de façon limitée en Amérique du Sud (Guyana, Surinam, Paraguay et Bolivie, les deux seuls pays enclavés). Autre marqueur important, traditionnellement mauvais ici, les inégalités. L'indice de Gini, qui enregistre la distribution des richesses au sein de la population, s'améliore presque partout, même s'il reste fort au Brésil.

⏭ Limites de la carte

Les ratés de l'intégration institutionnelle ne peuvent que difficilement être représentés. Trop jeune encore pour avoir fait ses preuves, l'**Alliance du Pacifique**, qui regroupe, à l'initiative du Mexique, les pays latino-américains de la façade pacifique, n'a pas non plus été cartographiée.

CARTE B6

Violences et politique en Amérique latine

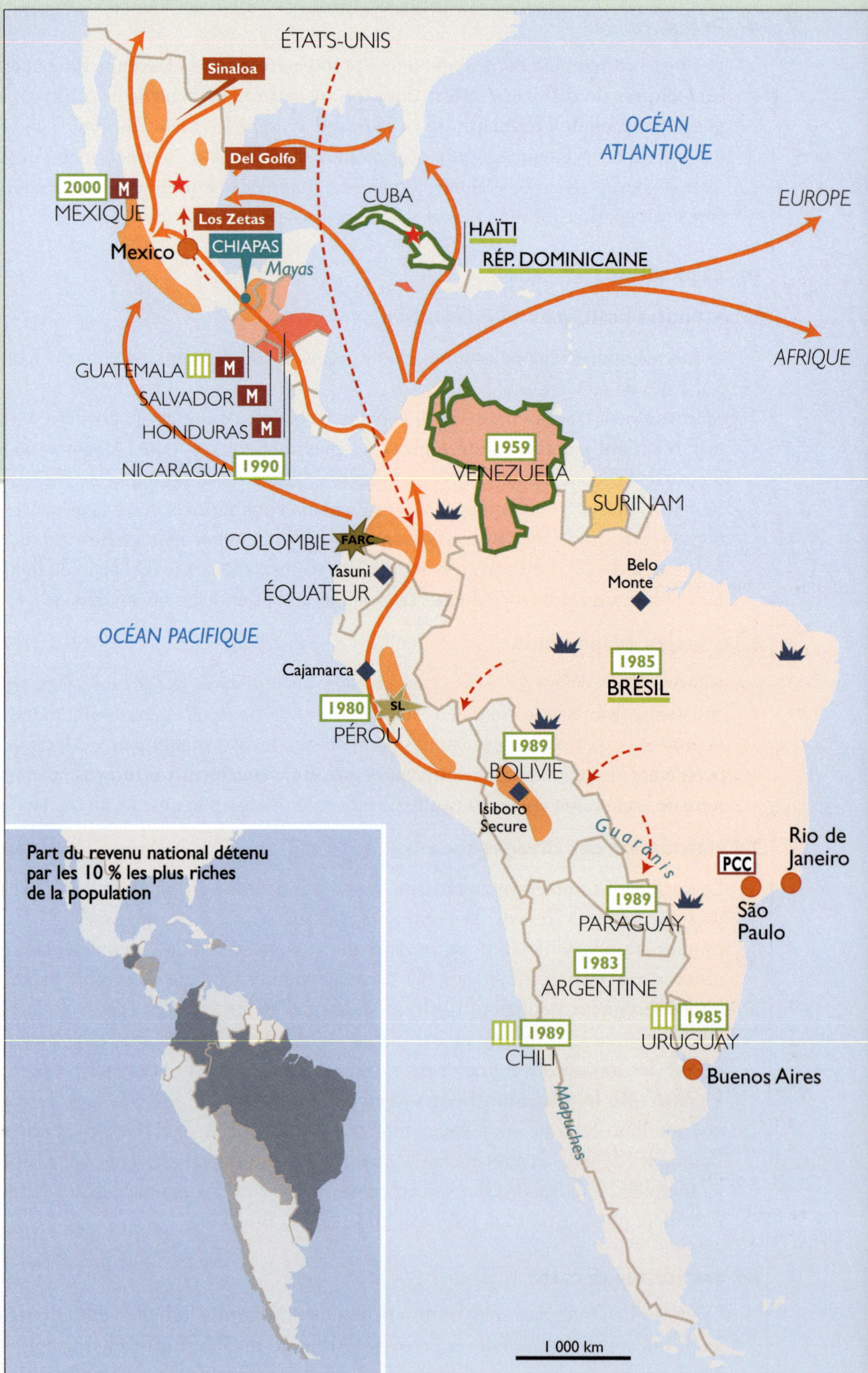

COMMENTAIRE P. 102

I. Les criminalités et les mafias

a. La drogue

- Production
- Flux
- Nouveaux marchés
- Interventions militaires
- Narco-État

b. Les criminalités

Taux d'homicide pour 10 000 habitants

- De 20 à 40
- De 40 à 50
- De 52 à 82

- Répression étatique contestée

c. Les groupes criminels organisés

- Sinaloa — Cartels
- M — *Maras* de plus de 10 000 membres
- PCC — Autre groupe criminel

II. Les conflits sociaux

a. L'appropriation des ressources

- Appropriation violente des terres
- Projets miniers et industriels contestés

b. La question indienne

- *Mayas* — Peuples menacés
- CHIAPAS — Insurrection exemplaire : les indiens du Chiapas

c. Des inégalités qui se creusent et aggravent les tensions

Part du revenu national détenu par les 10 % les plus riches de la population

- De 20 à 40
- De 40 à 50
- De 52 à 82

III. Les progrès de la démocratie

a. Le recul des guérillas

- FARC — Négociations avec les FARC
- SL — Extinction du Sentier Lumineux

b. L'enracinement démocratique

- 1989 — Date du rétablissement de la démocratie
- Libertés publiques menacées ou limitées

c. Le poids du passé

- HAÏTI — Sociétés marquées par l'esclavage
- Principaux procès contre les tortionnaires de la période des dictatures

COMMENTAIRE

⏭ Présentation

Deux thématiques *a priori* peu connectées sont réunies dans ce sujet. La violence est traditionnellement très présente en Amérique latine, héritage notamment de sa formation coloniale. La vie politique a longtemps été dominée par l'instabilité et la confiscation oligarchique (**caudillisme** de la fin du XIXe siècle, **dictatures militaires** des années 1960), avant que la fin du XXe siècle ne voit s'imposer la démocratie. Celle-ci fait-elle reculer la violence de la vie publique ? Quelles sont les formes nouvelles et la persistance des anciennes que prend la violence au XXIe siècle ?
Le plan retenu par le concepteur de la carte souligne clairement que, si ses causes sont multiples, la violence ne relève pas en Amérique latine d'une fatalité, mais que les progrès de la démocratie devraient limiter ses ravages.

⏭ Explications

1. Une violence enracinée dans de multiples causes

La pauvreté constitue le terreau le plus fertile pour la violence. Au Mexique, à l'inverse de la tendance continentale, elle s'est accrue, entre 2008 et 2010, de 3,2 millions de personnes, pour atteindre 52 millions sur 114 millions de Mexicains. 7,3 millions de mineurs analphabètes n'ont pas terminé l'école primaire et 7,8 millions de jeunes sont des *ni-ni* (ni emploi ni études) : le réservoir des cartels de la drogue semble inépuisable.
L'hyperviolence des villes d'Amérique centrale, au Salvador et encore plus au Honduras, témoigne de la pauvreté urbaine, mais aussi de mouvements complexes, les *maras*, ces gangs de jeunes nés en Californie avant de s'implanter dans la partie la plus pauvre du continent.
Les trafics engendrés par la pauvreté, et au premier chef celui de la drogue, entretiennent donc en profondeur une **culture de la violence**, en Colombie, zone de production, et au Mexique, zone de transit essentiellement. Certains pays peuvent même être qualifiés de « **narco-États** » ; ce fut le cas du Panama à la fin du XXe siècle, c'est celui du Surinam aujourd'hui.
Les **inégalités agraires**, dans des pays où coexistent *latifundia* et micro-propriétés, continuent de jouer un rôle important dans les violences rurales, au Brésil notamment, même si les tensions entre les paysans sans terre et les grands propriétaires ont diminué depuis les années 1980. Les communautés indiennes sont encore victimes de ces luttes pour le sol et il faut rappeler ici leur extermination au XVIe siècle, lors de l'appropriation des terres par les colons, massacres dénoncés notamment par Las Casas. Les Guaranis connaissent ainsi l'un des taux de suicide les plus élevés au monde : plus de 1 % de la population guarani a volontairement mis fin à ses jours.
L'essor actuel du continent, tiré par les ressources du sol et du sous-sol, entraîne des protestations vigoureuses des populations locales qui craignent de n'en voir que les inconvénients sans en toucher les dividendes. Le barrage géant de Belo Monte, sur un affluent de l'Amazone, a mobilisé une partie des populations indiennes contre sa réalisation. En Bolivie, le tracé d'une route dans le parc d'Isiboro Secure a provoqué des manifestations réprimées dans le sang. Les grands projets miniers, comme celui de Cajamarca au Pérou, restent marqués par des rapports de force violents.

2. Les effets déstabilisants

Dans la quasi-guerre civile provoquée par les FARC en Colombie, 40 % des 600 000 assassinats sont imputables aux guérillas et 25 % aux milices paramilitaires d'extrême droite. Mais l'armée a elle aussi assassiné des innocents (un millier) pour gonfler les statistiques. Au Guatemala, plus de 83 % des 200 000 personnes assassinées ou disparues appartenaient aux différentes ethnies mayas, victimes de milices paramilitaires et de l'armée, en lutte contre la guérilla marxiste.

La **répression des guérillas a été à la hauteur de leur violence**, et c'est aussi le cas de celle menée au Mexique face à la guerre des gangs : 80 000 morts sous le président Calderón, qui avait choisi une stratégie frontale contre les trafiquants de drogue qui tiennent en coupe réglée la frontière du Nord. Son successeur, Enrique Peña Nieto, a été élu en s'engageant à retirer les 50 000 militaires déployés et à créer une gendarmerie nationale pour suppléer une police locale largement corrompue. La **militarisation de la lutte contre la drogue en Colombie**, appuyée par les États-Unis, a elle aussi été perçue comme contre-productive.

3. Les évolutions

Les progrès de la démocratie sont rappelés par les dates données par la carte. Elle est clairement liée à la fin de la guerre froide, les dictatures ayant donc correspondu à une violence entretenue de l'extérieur, par les États-Unis, comme assurance-vie contre le risque communiste, à partir du coup d'État militaire au Brésil (1964) et surtout au Chili (1973). L'Argentine est sortie plus tôt de la dictature militaire à la suite de la défaite de la junte aux Malouines (1982). Mais la démocratie ne s'est pas développée immédiatement partout : la pauvreté rurale a freiné souvent son émergence, la violence d'État se maintenant face à la menace de déstabilisation (au Salvador, 70 000 personnes périssent dans la guerre civile des années 1980).

La réduction de la pauvreté et celle des inégalités devraient logiquement permettre de venir à bout de ce fléau social du continent que constitue la violence. Mais le cas du Venezuela est inquiétant, comme le montre le document complémentaire. Alors que, sous les mandats du président populiste Chavez, le recul des inégalités et de la misère est spectaculaire, la violence a connu un bond en avant qui se prolonge sous son successeur Maduro. Il est vrai que sous le régime du **socialisme bolivarien**, la démocratie recule elle aussi de façon manifeste.

⏭ Limites de la carte

Des contestations sociales virulentes n'ont pas été retenues comme des manifestations de violence, même si elles ont pu connaître des débordements : par exemple, les protestations depuis l'été 2013 contre la hausse des tarifs des transports publics au Brésil. Le cône Sud, plus épargné, a connu un mouvement étudiant contre le relèvement des droits d'inscription à l'université au Chili. Plus graves, des pillages de magasins ont eu lieu en 2013 en Argentine à la suite, notamment, d'une inflation grandissante.

DOCUMENT COMPLÉMENTAIRE

Le cas atypique du Venezuela bolivarien : réduction de la pauvreté et des inégalités, mais hausse spectaculaire de la violence

	1998	2005	2011
Taux de pauvreté en %	49	42,4	27,4
Coefficient de Gini	0,49	0,47	0,39
Taux de mortalité infantile pour 1 000 naissances	20,3	15,9	12,9
Évolution du taux d'homicide pour 100 000 habitants	20	28	67

Sources : CEPAL, *Le Monde*.

CARTE B7

L'Asie du Sud et de l'Est face aux défis de la croissance

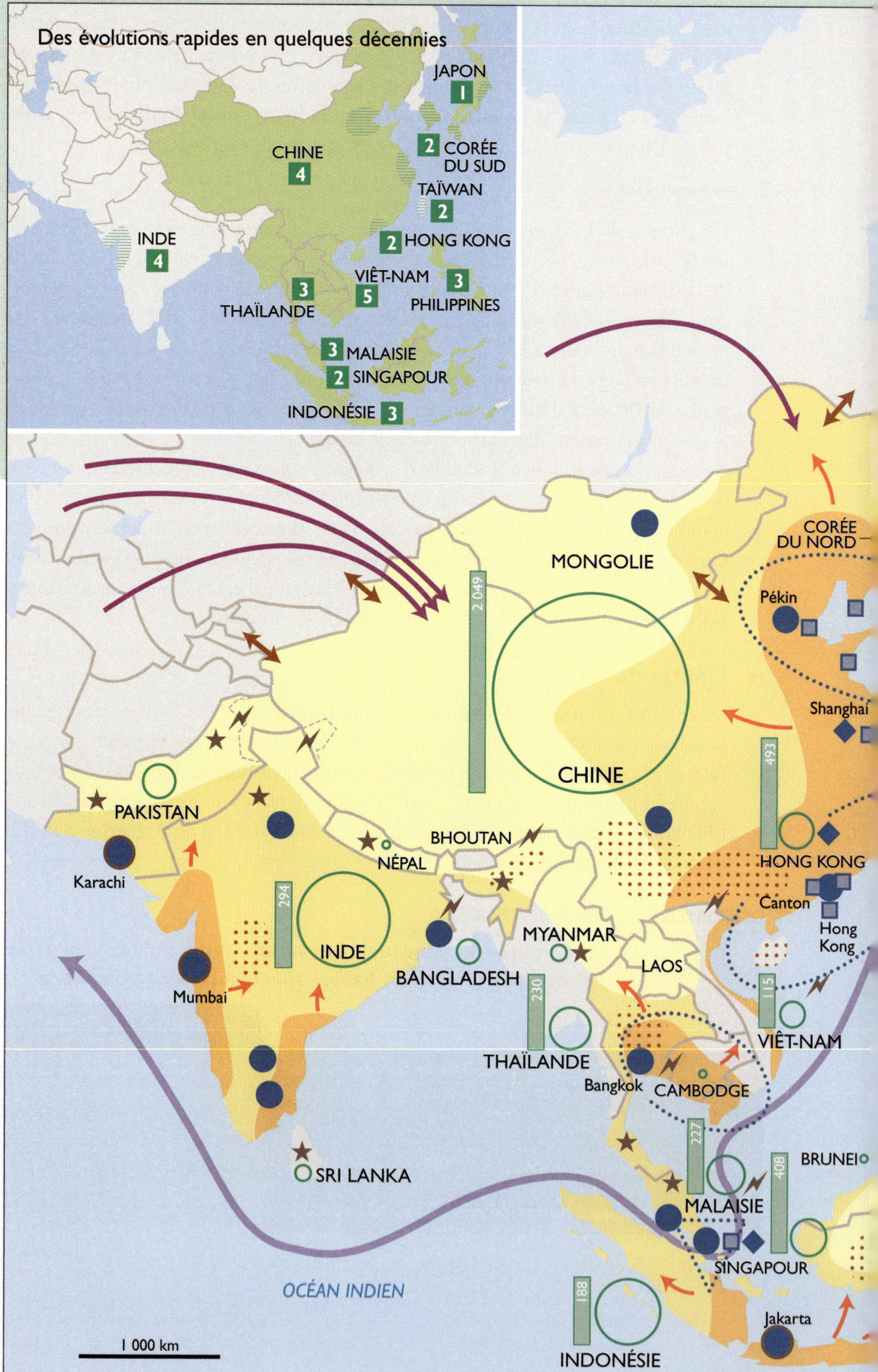

COMMENTAIRE P. 106

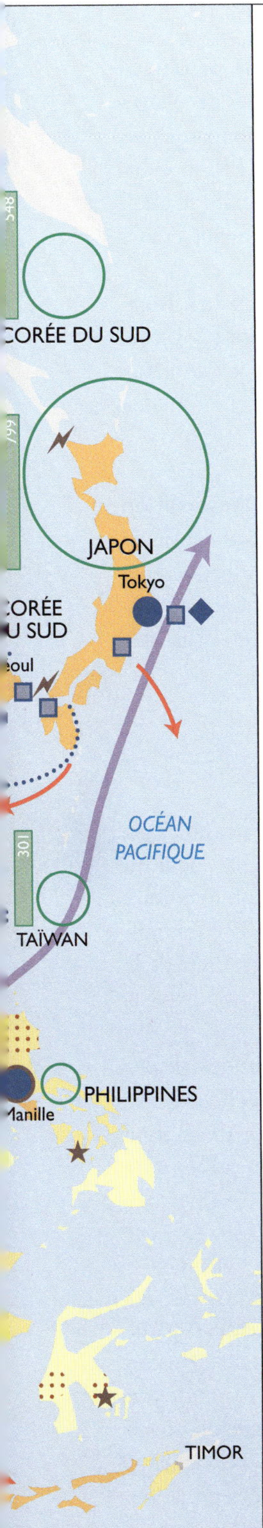

I. Une émergence économique spectaculaire

a. Des manifestations remarquables

PIB, en milliards de dollars US, en 2012

8 227 — 2 000 — 1 000 — 300 — Moins de 20

115 Exportations, en milliards de dollars, en 2012

b. Des évolutions rapides en quelques décennies

5 Des décollages économiques successifs

Lieux de concentration de la haute technologie

ASEAN + 3 : une évolution vers l'intégration économique

II. Une croissance spatialement sélective

a. Une logique centre-périphérie à partir de certains littoraux

Espaces dynamiques bien insérés dans la mondialisation

Espaces intérieurs en voie d'intégration ponctuelle

Axes de diffusion du développement

Espaces intérieurs en réserve de développement

Poussée récente des échanges terrestres

b. Les relais de la mondialisation

Métropoles majeures

Principaux ports

Importantes places boursières

Espaces internationaux de synergie économique

III. Les défis de la croissance

a. Le défi des inégalités socio-spatiales

De graves inégalités socioéconomiques : grands bidonvilles

b. Le défi de l'approvisionnement énergétique

Grandes routes maritimes assurant l'essentiel des importations pétrolières

Conduites continentales en essor

c. Le défi environnemental

Exemple des zones de déforestation

d. Les défis géopolitiques

Conflits intra-étatiques

Principaux conflits frontaliers et maritimes

Problème de la Corée du Nord (choix de l'autarcie et du nucléaire)

COMMENTAIRE

⏭ Présentation

En à peine un demi-siècle, l'Asie du Sud et de l'Est est devenue **le premier pôle productif mondial**. Un cartouche inséré en haut de la carte résume les principales étapes des décollages économiques successifs qui ont entraîné l'essentiel de la région dans une croissance remarquable. Aujourd'hui, non seulement l'Asie du Sud et de l'Est représente environ 30 % du PIB mondial mais sa part dans le commerce mondial progresse rapidement, dépassant maintenant le quart des échanges planétaires, et sa place dans la géographie mondiale des capitaux ne fait que croître (capitalisations boursières, émissions et réceptions d'IDE, etc.).

Cette croissance économique formidable se traduit en particulier par l'émergence de **la Chine**, devenue depuis peu **la deuxième puissance économique de la planète derrière les États-Unis**, revendiquant même en 2014 le premier rang mondial en matière de commerce international. Pour autant, les inégalités de développement dans cette vaste zone persistent et ont même tendance à s'exacerber à toutes les échelles, entre les différents pays, au sein des États et à l'échelle locale (dans les grandes villes, notamment).

À partir du constat de l'émergence économique spectaculaire, la carte met en valeur **l'inscription spatiale sélective** de cette croissance puis insiste sur les défis qu'elle engendre dans plusieurs domaines (économique, social, environnemental et géopolitique). Une telle étude cartographique souligne les nombreux aspects communs de cet ensemble régional : la forte littoralisation des économies, le rôle essentiel des États et des firmes transnationales, l'importance du marché asiatique au-delà des logiques mondialisées.

⏭ Explications

1. Les indicateurs de la croissance économique

Pour évaluer l'émergence économique de l'Asie, plusieurs indicateurs simples sont possibles : le PIB actuel, le taux de croissance annuel moyen du PIB pour une période donnée, la valeur du commerce international, l'IDH, etc. Pour des raisons de lisibilité, la carte n'a retenu que **deux données statistiques jugées particulièrement représentatives** : la valeur du PIB (en milliards de dollars), qui permet de quantifier les différents niveaux économiques des États de la région, et le volume des exportations (en milliards de dollars), qui souligne le lien étroit entre la croissance et la production pour les marchés extérieurs.

Le cartouche placé en haut de la carte permet d'affiner ce constat en évoquant la chronologie des décollages successifs, en montrant l'évolution vers des productions intégrant de la technologie et en soulignant les forces de synergie de l'ensemble asiatique (transformation de l'ASEAN en zone d'intégration économique).

2. L'impact territorial de la mondialisation

C'est l'objectif principal de la carte. Les frontières étatiques jouent leur rôle dans cet impact territorial mais on observe que **le phénomène de littoralisation**, certes à des degrés divers selon les États, constitue le facteur principal d'inscription territoriale de la mondialisation en Asie. À partir de ces zones littorales (Japon, Taïwan, Chine, Inde, Indonésie, etc.), le processus de diffusion spatiale du développement économique entraîne l'expansion des centres, ce qui a pour effet de **repousser les périphéries intérieures**. Pivot de la nouvelle division internationale du travail (DIT), la Chine accélère l'intégration régionale asiatique avec de nouveaux pays ateliers (Vietnam, Cambodge, Indonésie, etc.) voués principalement à l'assemblage de pièces détachées produites dans d'autres pays.

Dans certaines zones transfrontalières, se constituent **des espaces internationaux de synergie économique** comme le « triangle de croissance » de Johor entre Singapour, l'Indonésie et la Malaisie. C'est donc tout un dispositif spatial de la croissance qui se forme en Asie du Sud et de l'Est, dans lequel les relais de la mondialisation occupent une place majeure (métropoles, places boursières, ports maritimes d'envergure, etc.).

3. Les défis de la croissance

La carte tente de montrer que les défis existent dans de nombreux domaines et ceci à plusieurs échelles, ce qui pose une nouvelle fois la question des choix des informations et de leur transposition graphique. Par exemple, **le défi des inégalités socio-spatiales** s'inscrit également à l'échelle locale des grandes villes, avec l'existence de bidonvilles comme ceux de Jakarta, Manille ou Mumbai ; la cartographie de quelques exemples suffit à suggérer ces inégalités socioéconomiques.

La représentation du défi environnemental s'avère beaucoup plus délicate mais, là encore, le choix d'un exemple, compatible avec l'objectif de lisibilité de la carte, peut évoquer la question sans vouloir détailler ses différentes facettes. L'exemple de la déforestation avec ses impacts territoriaux relativement limités (donc occupant une portion assez faible de la carte) semble probant pour montrer les graves atteintes à l'environnement d'une croissance avant tout soucieuse de performance économique.

En ce qui concerne **les multiples défis géopolitiques**, la question de leur transposition cartographique est sans doute une tâche plus facile à réaliser avec des figurés ponctuels pour les tensions internes (Inde, Indonésie, Chine, Philippines, etc.) et pour les tensions interétatiques (îles des mers de Chine, îles Kouriles, Cachemire, frontière sino-indienne, etc.).

⏭ Limites de la carte

Si la carte met bien en valeur l'impact territorial de la mondialisation dans cette zone d'Asie du Sud et de l'Est, des aspects du sujet, d'ailleurs difficilement cartographiables, ont été (volontairement) négligés, en particulier les relations entre les trois « grands » asiatiques (Chine, Japon, Inde). Ces relations mériteraient pourtant d'être étudiées par le biais cartographique pour mieux montrer comment elles se nourrissent de rivalités et de complémentarités.

Ainsi, une étude de **la régionalisation en Asie** avec ses crises et ses redéploiements permettrait de mieux comprendre comment la promotion des échanges de toute nature (économiques, financiers, humains et politiques) est propice au renouveau du processus de régionalisation se dotant d'objectifs économiques. Ce processus déborde de ses limites traditionnelles avec le lancement, en 2012, du partenariat économique régional global, réunissant 16 des 18 membres du Sommet de l'Asie orientale, soit les dix pays membres de l'ASEAN auxquels s'ajoutent la Chine, le Japon, l'Inde, la Corée du Sud, l'Australie et la Nouvelle-Zélande.

Un tel partenariat a vocation à concurrencer le partenariat transpacifique impulsé par les États-Unis et excluant la Chine. Dans cet **affrontement géopolitique majeur**, la question des différends frontaliers en mer de Chine est exploitée par les uns et les autres dans une vaste négociation qui met en jeu impératifs économiques et préoccupations politico-militaires.

CARTE B8

La Chine et son environnement asiatique

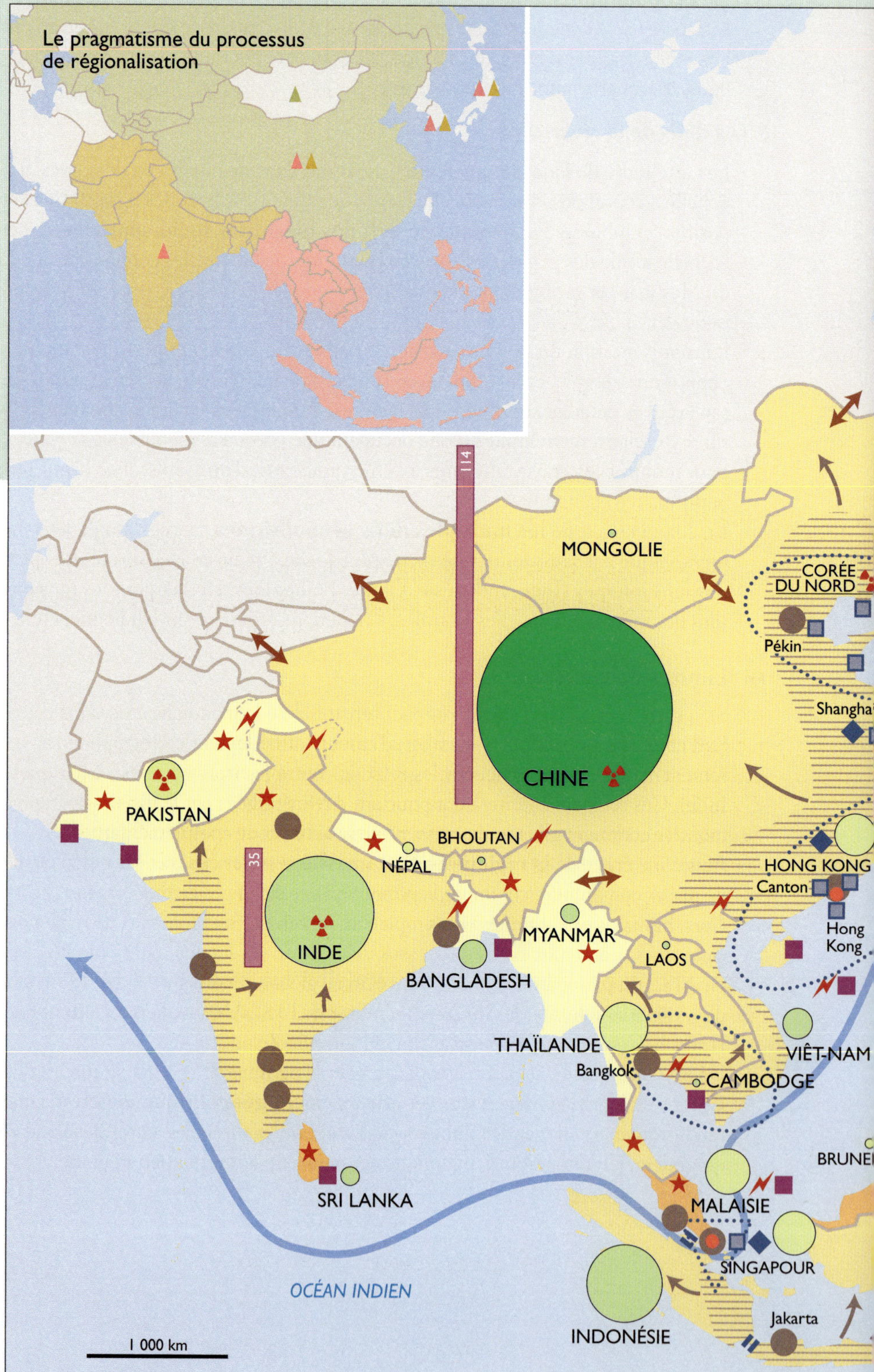

▶▶| COMMENTAIRE P. 110

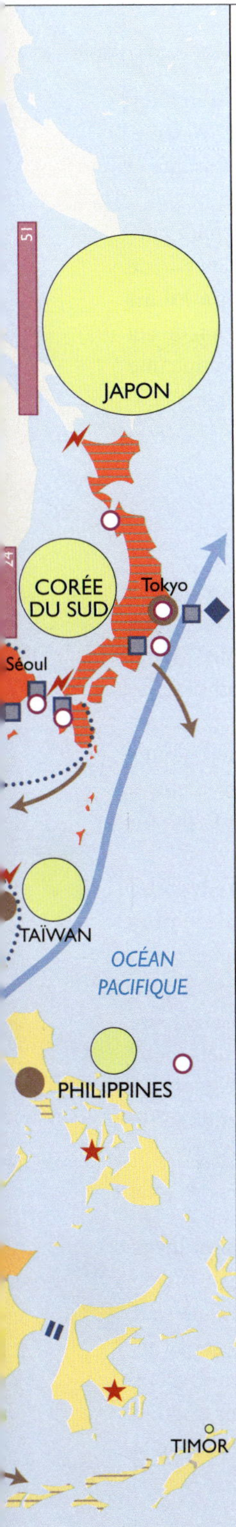

I. Un ensemble complexe caractérisé par une émergence économique spectaculaire et des ambitions mondiales

a. L'affirmation de la puissance chinoise au sein du principal pôle mondial de croissance

Des économies inégalement puissantes et dynamiques

PIB, en milliards de dollars US, en 2012

8 227 — 1 000 — 200 — 50 — Moins de 15

Taux de croissance annuel moyen du PIB, en pourcentage, 2009-2013

- Plus de 10
- De 5 à 10
- Moins de 5

Des niveaux de développement très contrastés

IDH, en 2013

- Très élevé
- Élevé
- Moyen
- Faible

b. Une dynamique de développement spatialement sélective

- Principales métropoles, relais majeurs de la mondialisation
- Zones dynamiques bien insérées dans la mondialisation
- Diffusion de la dynamique de développement vers l'intérieur ou l'outre-mer

II. L'Asie pour la Chine : un espace d'échanges et d'investissements

a. La Chine, acteur majeur de la maritimisation asiatique

- Principales routes maritimes
- Détroits stratégiques
- Principaux ports
- Espaces internationaux de synergie économique
- Principales places boursières

b. La Chine, diffuseur de développement dans les périphéries terrestres

- Essor des échanges terrestres depuis les années 1990

III. La Chine en Asie : une stratégie géopolitique entre partenariats et rivalités

a. Une région du monde minée par de nombreux litiges et tensions

- Litiges territoriaux et tensions entre États
- Tensions et séparatismes intra-étatiques
- États possédant l'arme nucléaire

b. Les ambitions régionales de quatre grandes puissances

- Principaux budgets militaires de la région, en milliards de dollars, en 2010
- Le « collier de perles » : positions portuaires chinoises en mer de Chine et dans l'océan Indien
- Principales bases des États-Unis

c. Le pragmatisme du processus de régionalisation

ASEAN + 3	États membres	États observateurs
OCS	États membres	États observateurs
SAARC	États membres	États observateurs

B. LES GRANDES RÉGIONS DU MONDE

COMMENTAIRE

⏭ Présentation

Cette carte peut sembler redondante avec la carte précédente (carte B7 sur l'Asie du Sud et de l'Est face aux défis de la croissance) dans la mesure où la zone cartographiée est grossièrement semblable dans les deux cas et les informations sélectionnées se recoupent elles aussi très largement. En réalité, la **réflexion comparée portant sur ces deux cartes** est très intéressante et permet à plus d'un titre de bien comprendre les enjeux de la cartographie.
Les limites géographiques du sujet dépassent les frontières de l'Asie du Sud et de l'Est pour pouvoir représenter les relations de la Chine avec l'ensemble de ses voisins (dont la Russie et l'Asie centrale). Ainsi, le sujet lui-même met en valeur **la place et le rôle d'un État (la Chine) dans un vaste ensemble régional**, ce qui conduit bien sûr à organiser la légende en fonction de cet objectif. Après avoir caractérisé l'ensemble régional étudié, au sein duquel la Chine occupe une place majeure et croissante, la carte tente pour l'essentiel de préciser la nature des rapports économiques et géopolitiques entre la Chine et l'espace asiatique qui l'environne.

⏭ Explications

1. Caractériser l'ensemble régional asiatique

Le sujet invite à privilégier les rapports entre États. En conséquence, les choix graphiques les plus aisément perceptibles (plages de couleur, cercles également colorés) soulignent **les différences nationales d'un ensemble régional marqué par un fort dynamisme économique**. Même si la couleur affectée à l'IDH moyen domine sur la carte, de fortes disparités existent sur ce plan, par exemple entre la Chine (IDH moyen) et le Japon (IDH très élevé). De plus, les cercles correspondant aux PIB des différents États de la région traduisent des situations économiques clairement dissemblables, autant pour la production globale que pour le rythme de croissance. Dans cette vaste région asiatique, la prééminence économique de la Chine se manifeste par un PIB considérable (le deuxième de la planète) et un dynamisme remarquable.
Même si les données statistiques privilégient l'échelon étatique pour mieux comprendre les relations entre la Chine et ses voisins, la carte ne fait pas l'impasse sur **une réflexion spatiale plus précise en soulignant le caractère sélectif du développement territorial**. Ainsi, les zones dynamiques bien insérées dans la mondialisation apparaissent nettement en rapport avec le processus de littoralisation, tandis que les grandes métropoles s'imposent comme les relais majeurs de cette mondialisation. La superposition d'un système de hachures et de figurés ponctuels (pour représenter les espaces du développement délimités avec précision) et d'un système de plages colorées (pour représenter les différences étatiques du développement) garantit un maximum de lisibilité de la production cartographique.

2. Des relations économiques et financières privilégiées

La carte met en évidence **trois principaux types de relations économiques et financières** entre la Chine et son environnement asiatique : les relations commerciales (surtout par la voie maritime mais aussi par la voie terrestre), les complémentarités de production économique (notamment dans le cadre des espaces internationaux de synergie économique) et les investissements croisés (suggérés seulement par les places boursières). Le fait que la Chine soit l'acteur majeur de la maritimisation asiatique ressort nettement grâce au nombre de figurés utilisés pour traduire ce phénomène (ports, routes maritimes, places boursières, etc.) et à la couleur bleue qui unifie la représentation de ces figurés et facilite ainsi leur perception visuelle.

Un aspect particulier de ces relations économiques et financières est **l'essor des échanges terrestres entre la Chine et certains de ses voisins** (Asie centrale, Russie, Mongolie) depuis le début de la décennie 1990. En ce qui concerne l'Asie centrale, c'est la nouvelle donne politique de la disparition de l'URSS qui permet l'ouverture, à partir de 1991-1992, des 5 400 km de frontière commune du Xinjiang avec les nouveaux États limitrophes, en particulier le Kazakhstan, le Kirghizistan et le Tadjikistan, de peuplement turcophone et musulman. Une première étape de l'ouverture s'accomplit dans le cadre du Groupe de Shanghai, qui devient en 2001 l'OCS (Organisation de coopération de Shanghai), dans laquelle la Chine veut voir la base d'une zone de libre-échange susceptible de faciliter son influence économique en Asie centrale.
Les échanges frontaliers se sont développés jusqu'à représenter plus de la moitié des échanges extérieurs du total de la région autonome du Xinjiang, ceux-ci étant constitués, pour une part notable, par des biens en transit de la façade littorale chinoise vers l'Asie centrale. Mais la grande affaire de ces échanges depuis le début des années 2000 réside dans le transit d'hydrocarbures reliant le Kazakhstan (pour le pétrole) et le Turkménistan (pour le gaz naturel) à la Chine. Depuis 2011, un réseau considérable d'oléoducs réunit les gisements de la Caspienne au réseau chinois du Nord-Ouest, sans compter un gazoduc qui devrait satisfaire vers 2015 près de la moitié de la consommation chinoise de gaz naturel.

3. La stratégie géopolitique de la Chine en Asie

Après son intégration dans le système économique mondial, **la Chine a modernisé sa stratégie géopolitique**. La plus grande partie des litiges frontaliers a été réglée, même si plusieurs différends subsistent encore, essentiellement avec l'Inde et à propos d'îles situées dans les mers de Chine. L'importance du marché asiatique pour l'économie chinoise explique l'attitude de la Chine face aux organisations régionales du continent. Ainsi, l'OCS, créée en 2001 pour des motifs essentiellement politiques (surveillance de certains mouvements et idéologies), met dorénavant au premier plan de ses objectifs la promotion des synergies de développement économique. De la même manière, la Chine utilise l'ASEAN, pourtant créée en 1967 pour contenir le communisme en Asie du Sud-Est, comme plate-forme d'un partenariat stratégique et commercial mutuellement bénéfique.
L'essentiel du jeu géopolitique dans cette partie du monde réside sans aucun doute dans **les relations entre quatre puissances mondiales : les trois « grands » pays asiatiques** (Chine, Inde, Japon) **et les États-Unis**, « protecteur » de plusieurs pays de la région (Japon, Corée du Sud, Taïwan, Philippines, etc.). Les relations entre la Chine et l'Inde sont particulièrement intéressantes à analyser. Si les relations politiques et commerciales s'intensifient entre les deux pays, une méfiance réciproque persiste entre les deux puissances nucléaires à propos de leurs capacités militaires, sans compter le fait que la faible complémentarité de leurs économies constitue un handicap au développement du commerce bilatéral.

⏭ Limites de la carte

Afin de préserver une bonne lisibilité de la carte, l'attitude pragmatique de la Chine à l'égard du processus de régionalisation a fait l'objet d'**un cartouche particulier** qui complète donc la carte sur ce point.

Le Moyen-Orient, richesses et fragilités

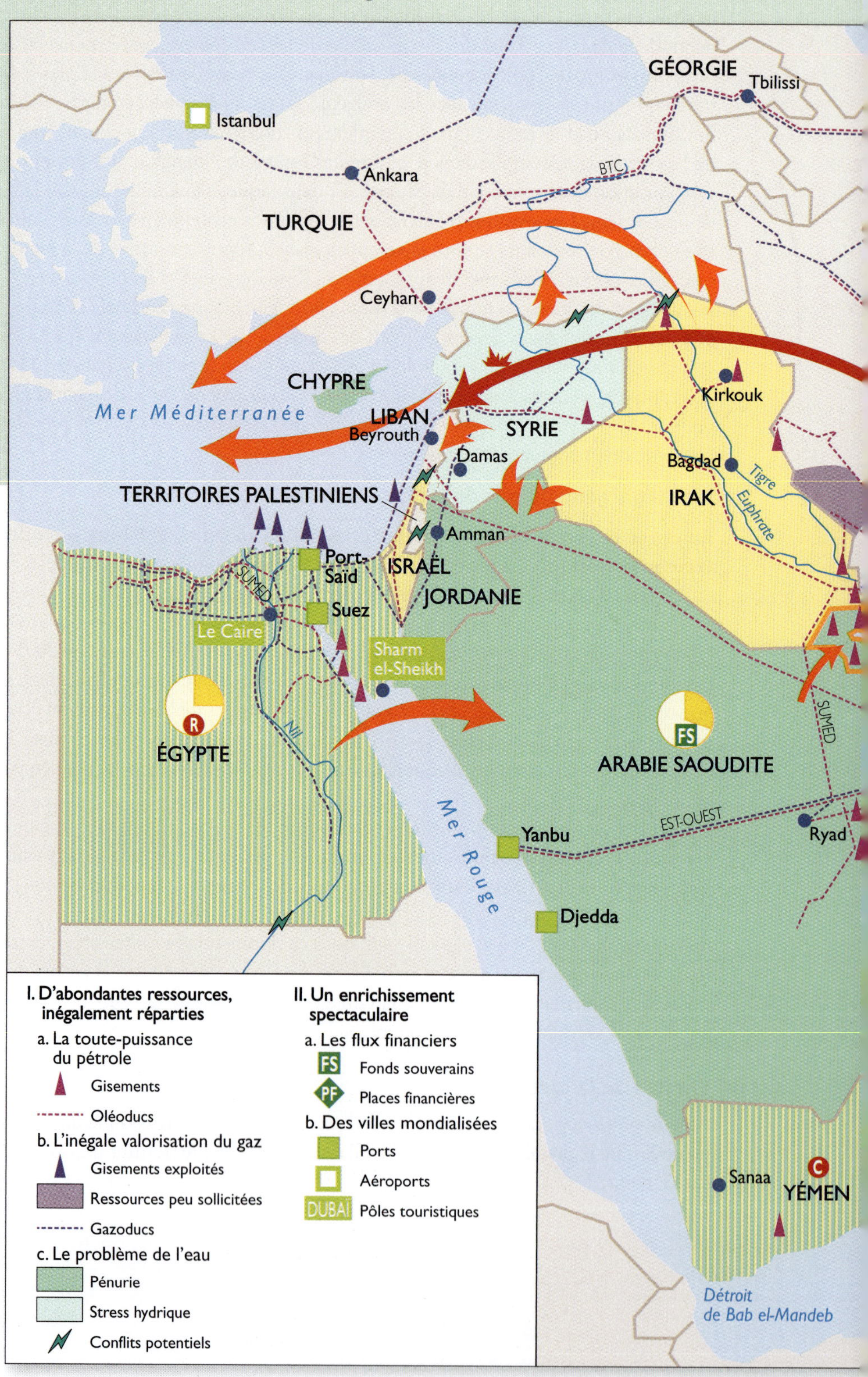

COMMENTAIRE P. 114

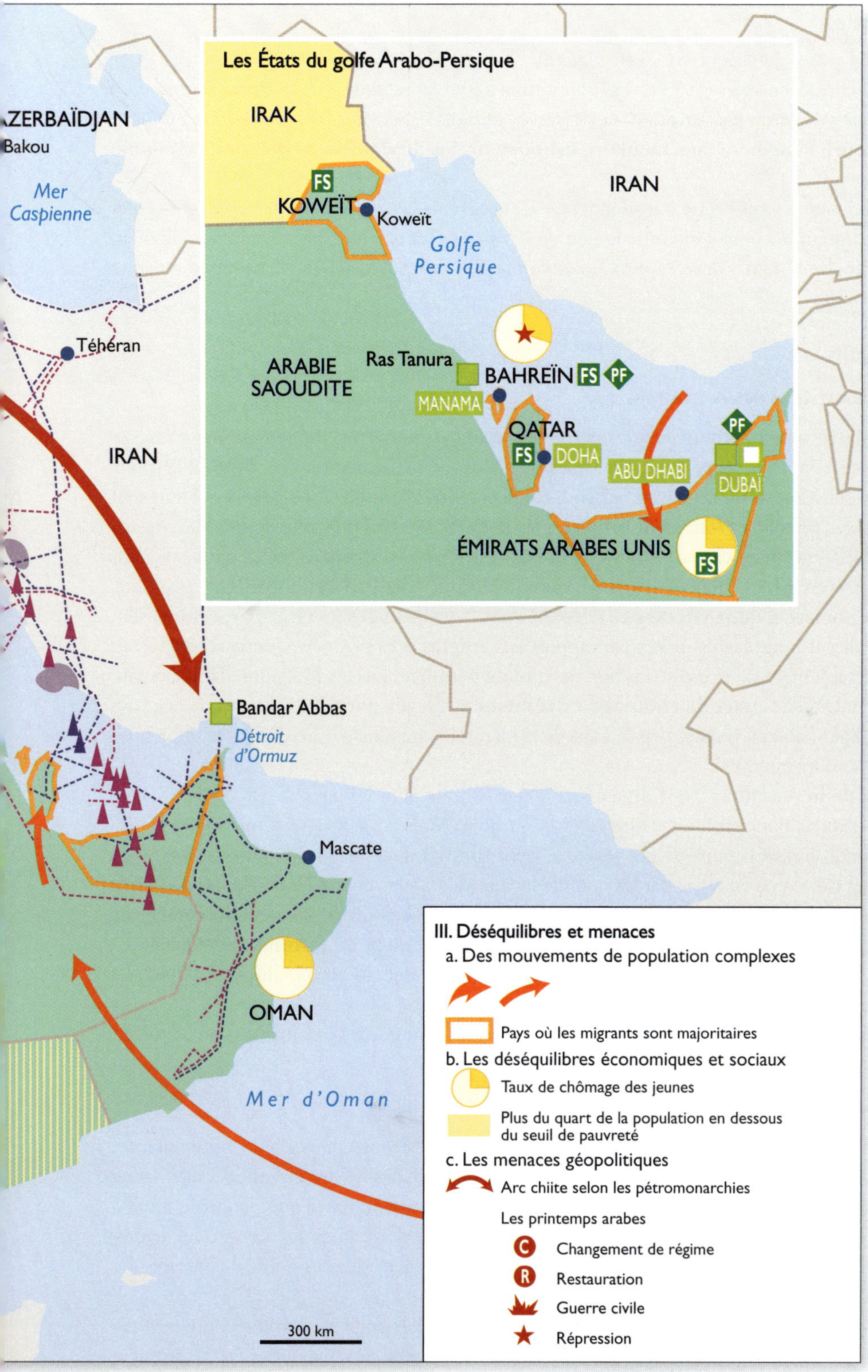

COMMENTAIRE

⏭ Présentation

L'opposition entre la prospérité et les fragilités du Moyen-Orient s'impose depuis les années 1970, lorsque les chocs pétroliers (1973 et 1979) ont transformé les ressources en hydrocarbures, dont la zone détient environ les deux tiers des réserves mondiales, en gigantesque pompe à dollars. **Mais cet enrichissement spectaculaire est porteur des déséquilibres de toute économie de rente.**

La difficulté pour aborder cette question réside d'abord dans la définition du territoire concerné. Ici, le concepteur du sujet a identifié le flou de « Moyen-Orient » à l'espace traditionnellement appelé « Proche-Orient » dans l'approche diplomatique française, élargi à l'ensemble du golfe Arabo-Persique.

⏭ Explications

1. L'inégale répartition des ressources

La principale ressource commerciale est pétrolière, doublée du gaz, peu exploité encore à l'exception du Qatar, comme le rappelle la carte. Mais les pays sont inégalement dotés : le géant égyptien est pauvre en hydrocarbures, comme la Syrie, et encore plus la Turquie. Seuls l'Irak et l'Iran sont des puissances pétrolières fortement peuplées, les pétromonarchies du Golfe devant faire massivement appel à une main-d'œuvre étrangère, qui atteint plus des trois quarts de la population dans les cas du Koweït ou des Émirats. Il s'agit évidemment d'une **fragilité structurelle** de ces États, puisqu'une **société à deux vitesses** en découle, dans laquelle toutes les tâches d'exécution sont confiées à des étrangers, sous-payés par rapport aux critères salariaux des nationaux, qui vivent plus confortablement de la redistribution de la rente pétrolière par les États que d'une activité productrice. D'où des **taux de chômage extrêmement élevés parmi les jeunes** de ces pays dont le PIB par habitant pointe dans le haut de la hiérarchie mondiale (plus d'un tiers des jeunes saoudiens sont inemployés).

Le **transit de la ressource** peut aussi constituer une rente pour les pays traversés par les oléoducs et gazoducs, dont profitent l'Égypte et la Turquie. Mais il s'agit aussi d'une menace permanente pour la région puisque ces réseaux, dont sont ici dessinées les grandes lignes, sont susceptibles d'être pris en otage par les conflits locaux : le relèvement de l'Irak dépend autant de la modernisation de son appareil de production, victime du sous-investissement des années de guerre et d'embargo (1991-2003), que de la maîtrise de son réseau de tubes, régulièrement attaqué par les différentes factions armées que l'intervention américaine n'a pas éradiquées, quand elle ne les a pas renforcées.

Enfin, si elle n'est pas directement monnayable, une autre ressource est très inégalement répartie : l'eau.

2. Les menaces politiques

Les tensions politiques sont alimentées par l'accès à l'eau : c'est vrai à une échelle infranationale, qui n'apparaît pas sur la carte, c'est vrai aussi dans le contrôle des ressources entre États. Israël occupe ainsi depuis 1967 le plateau du Golan, reconnu par la communauté internationale comme syrien, ce qui lui permet de mieux contrôler l'approvisionnement du Jourdain. Le système hydrologique mésopotamien est contrôlé en aval par la Turquie, grâce à un ensemble de barrages (le GAP) qui met la Syrie et surtout l'Irak à sa merci.

Les oppositions politiques s'inscrivent aussi dans des héritages anciens, comme celui des rivalités entre Arabes et Perses, ou entre musulmans chiites et sunnites, évoquées sur la carte par l'évocation récurrente par les monarchies sunnites conservatrices du Golfe d'un « arc chiite » qui réunirait l'Iran, l'Irak (dont la majorité de la population est chiite) et le pouvoir alaouite de Syrie, ainsi que la minorité libanaise chiite autour du mouvement du Hezbollah. Mais ces tensions se doublent de rivalités emboîtées, entre l'Arabie saoudite et le Qatar notamment, bien que membres du **Conseil de coopération du Golfe**, et mues par les mêmes déterminations sociologiques.

3. Une inscription déséquilibrée dans la mondialisation

La question de l'après-pétrole se pose autant pour les micro-États, aux réserves limitées, que pour les pays plus peuplés qui doivent développer un appareil de production à destination de leur marché intérieur en forte croissance. Le **choix d'une inscription par le haut** a souvent été privilégié : l'attraction des capitaux par la finance, dans le cadre régional d'une finance islamique, pourrait permettre de limiter les sorties massives de capitaux vers les places occidentales traditionnelles. Une **logique spéculative** marque fortement ces tentatives de diversification : placement des fonds souverains dans l'industrie du luxe et du sport spectacle, croissance immobilière frénétique.

⏭ Limites de la carte

Une des clefs politiques de la région n'est pas ici explicitée : le **conflit israélo-arabe** autour de la question palestinienne. Le jeu des échelles (l'ensemble Israël-Palestine est grand comme deux ou trois départements français) ne facilite pas son inscription dans la carte.
Autre fragilité géopolitique qui n'est ici qu'implicite : **l'immixtion des puissances étrangères** dans la région (bases américaines, mais aussi française désormais aux Émirats, armement russe du régime Assad en Syrie, jeu russe en Iran, etc.) Du coup, les passages obligés constituent des rentes de situation (Suez pour l'Égypte), mais aussi des points faibles facilement bloqués.

DOCUMENT COMPLÉMENTAIRE

Les fonds souverains, levier de puissance pour les pays du Moyen-Orient

Pays	Fonds d'investissement souverain	Capital en milliards de dollars
Norvège	Govern Pension Fund	838
Émirats arabes unis – Abu Dhabi	Abu Dhabi Investment Authority	773
Arabie saoudite	SAMA Foreign Holdings	675,9
Chine	China Investment Corporation	575,2
Chine	SAFE Investment Company	567,9
Koweït	Kuweit Investment Authority	410
Chine – Hong Kong	Hong Kong Monetary Authority Investment Portfolio	326,7
Singapour	Government of Singapore Investment Corporation	320
Singapour	Temasek Holdings	173,3
Qatar	Qatar Investment Authority	170

Source : SWF Institute Bloomberg.

CARTE B10

Géopolitique du monde arabo-musulman

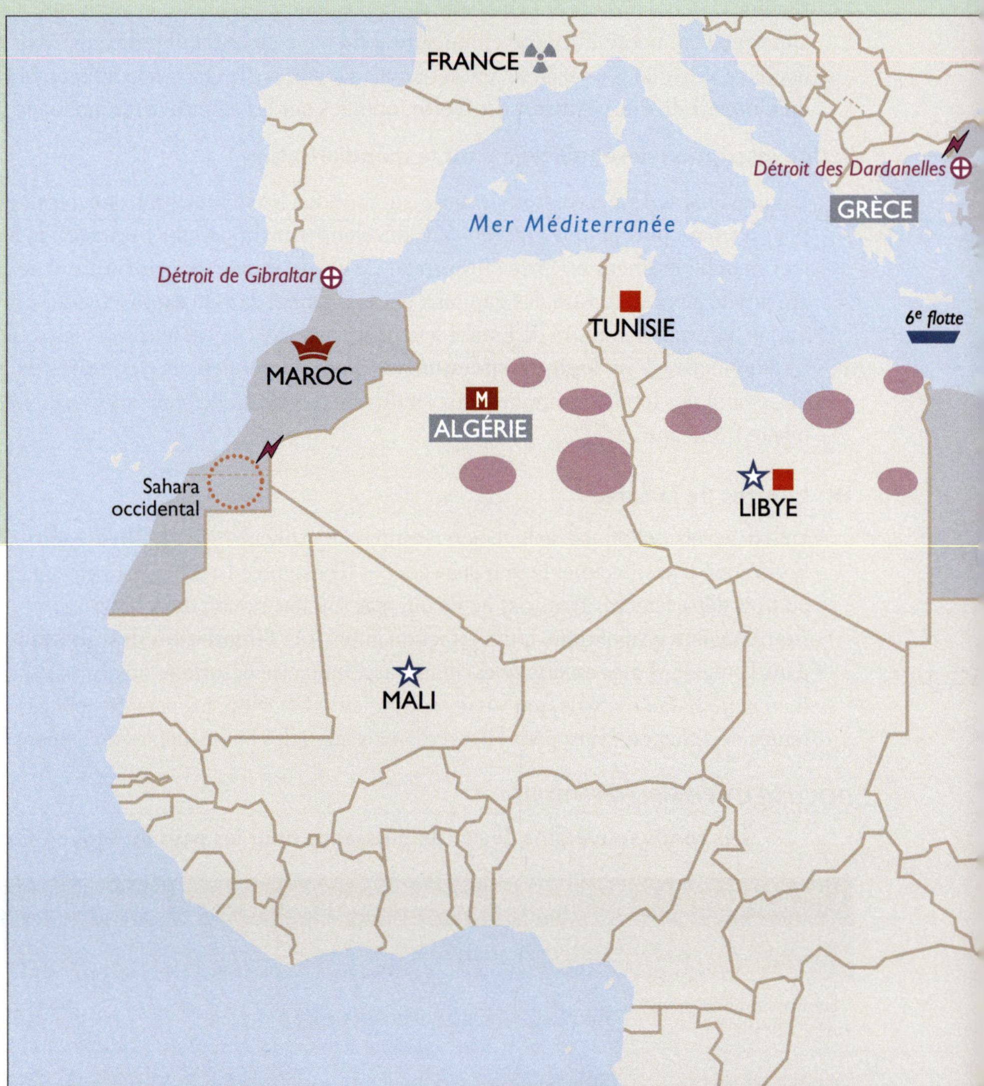

I. Les tensions religieuses et leur instrumentalisation

a. La réactivation de la *fitna*

- Conseil de coopération du Golfe
- Arc chiite
- Pays à majorité et gouvernement chiites

b. Les chrétiens marginalisés

- Communauté stable : les Maronites
- Minorités menacées

c. L'isolement d'Israël

- État juif
- Pays musulmans qui reconnaissent Israël

II. Dynamiques sociales et blocages politiques

a. Les revendications autonomistes des minorités linguistiques et ethniques

b. Les contestations révolutionnaires des printemps arabes

- Révolution
- Guerre civile
- R Restauration

c. Des régimes politiques conservateurs

- Monarchie conservatrice
- M Régime militaire
- T Théocratie

COMMENTAIRE P. 118

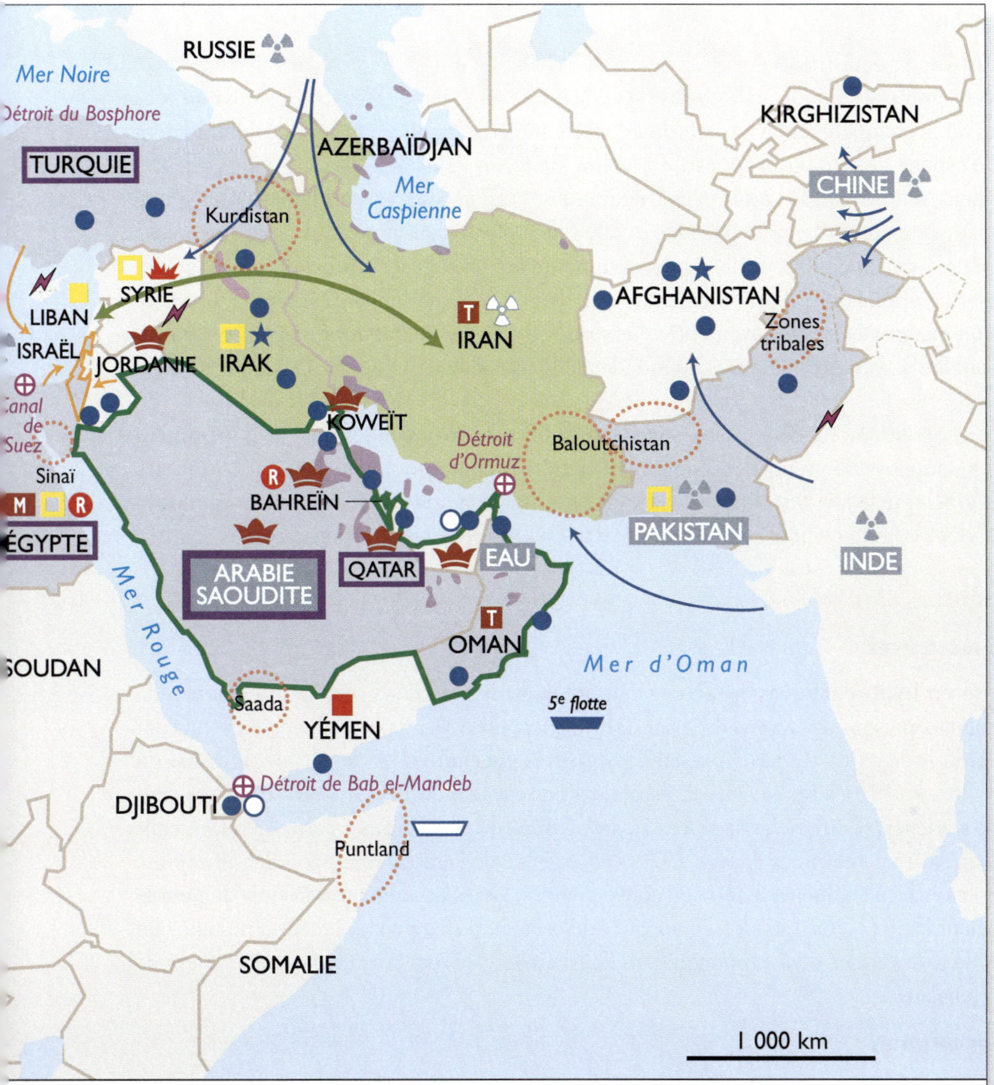

III. Les appétits des puissances extérieures et la lutte pour le leadership interne

a. Les puissances extérieures

Les États-Unis, la puissance tutélaire

- Bases
- Flottes
- Alliés
- Interventions

Les interventions européennes

- Interventions
- Bases françaises
- Opération maritime Atalante
- Russie, Inde, Chine : vieux réflexes et nouveaux enjeux

b. Un espace surmilitarisé

- Puissances nucléaires
- L'Iran, au seuil de la puissance nucléaire
- EAU — Pays parmi les 10 premiers importateurs d'armes

c. Les puissances régionales et leur influence

- Hydrocarbures
- QATAR — Rivalités des puissances régionales
- Rivalités
- Verrous maritimes

COMMENTAIRE

⏭ Présentation

Zone de broyage géopolitique par excellence, le Proche-Orient est ici pris dans un sens large, étendu à l'ensemble du monde arabo-musulman, soit une large bande territoriale couvrant tous les espaces où la conquête arabe à partir du VIe siècle puis l'ordre ottoman se sont durablement établis. Un espace s'étendant, à l'ouest, du Maroc jusqu'au Pakistan. Ne sont donc pas retenus les régions islamisées plus orientales (notamment l'Indonésie, pays abritant le plus grand nombre de musulmans au monde) pas plus que le Bangladesh (troisième dans cette catégorie). Le concepteur a considéré que les logiques dominantes relevaient ici principalement d'autres influences et déterminations. De la même façon, l'Afrique subsaharienne n'est prise en compte que de façon marginale. Les mouvements migratoires du XXe siècle ont aussi implanté dans les pays du Nord des communautés issues du monde arabo-musulman qui ne sont pas explicitement évoquées.

L'approche géopolitique de cet espace, soit les rivalités de pouvoir telles qu'elles s'expriment spatialement, suppose de prendre en compte les héritages historiques, l'inégale répartition des ressources ainsi que le jeu des puissances extérieures à la zone. Un ensemble de dynamiques complexes, dont la carte ne peut rendre compte dans ses échelles les plus fines.

⏭ Explications

1. Le rôle des ressources

La richesse en hydrocarbures est un des déterminants de fond de la géopolitique du monde arabo-musulman, puisque ayant servi de levier d'affirmation aux pays les plus richement dotés. Pour ne pas alourdir la carte, on n'a pas représenté les guerres engendrées par le pétrole (invasion du Koweït par l'Irak en 1990, à l'origine des interventions américaines de 1991 et 2003, décisives dans les tensions actuelles). Cette richesse a permis, avec l'afflux de pétrodollars à partir du relèvement des prix du pétrole au début des années 1970, l'émergence de la monarchie saoudienne comme puissance régionale, à l'influence lourde de conséquences. Les extraordinaires revenus du pétrole – encore aujourd'hui, l'Arabie saoudite engrange le deuxième excédent commercial au monde – lui ont permis de financer des relais d'opinion dans l'ensemble de la zone, par le biais notamment de fondations religieuses.

2. Les divisions internes

La légende reprend le terme classique de «***fitna*** », la division. Celle-ci a historiquement pris plusieurs formes au sein du monde musulman et, aujourd'hui, la majorité **sunnite** est fréquemment traversée par la crainte d'un conflit interne avec les **chiites**, majoritaires en Iran et en Irak. Le **Conseil de coopération du Golfe** n'a de cesse d'agiter une menace chiite, fomentée par l'Iran, sous la forme, discutable, d'un « arc chiite » regroupant, autour de l'Iran et de l'Irak, les minorités chiites du Liban, le pouvoir alaouite de Syrie (assimilé rapidement à l'islam chiite) et les minorités chiites arabes du littoral occidental du Golfe. Ils sont majoritaires, et réprimés, au Bahreïn, mais aussi sur le littoral pétrolifère saoudien.

Cette **ligne de fracture**, souvent plus instrumentalisée que réelle, l'emporte sur celles qui distinguent les différents peuples (Perses, Turcs, Arabes) mais aussi sur celles qui fragilisent les minorités, qu'elles soient religieuses (les nombreuses communautés chrétiennes) ou ethniques : Baloutches d'Iran, Kurdes de Turquie, Bédouins, etc. Sur cette trame déjà complexe, les bouleversements politiques récents, notamment les mouvements initiés en 2011 et regroupés ici, faute de mieux, sous l'expression « **printemps arabes** », ont redistribué les cartes de façon variée.

Enfin, au sein de puissances régionales proches, les rivalités peuvent prendre un tour agressif ; c'est le cas, notamment, entre les très conservatrices monarchies sunnites du Qatar et de l'Arabie saoudite.

3. Un espace de contact

L'exportation des richesses pétrolières est un élément stratégique déterminant dans la zone. La carte évoque **les trois verrous maritimes** vitaux pour la péninsule Arabique. **Ormuz** est l'un des points de contact les plus régulièrement menacés par les tensions entre l'Iran et les monarchies sunnites. Paradoxalement, ce détroit, essentiel désormais pour l'Asie (y transite la majorité du pétrole qu'elle consomme), reste encore sous la protection américaine, alors que les États-Unis, gardiens des intérêts saoudiens depuis **les accords du Quincy de 1945**, en sont de moins en moins dépendants. Dans un rayon plus large, **les détroits turcs** ont perdu de leur importance depuis la guerre froide, tandis que **Gibraltar** est surtout envisagé par l'Europe comme un point de passage des flux clandestins d'immigrants.

Par **le monde turcophone**, qui excède la zone mais y a ses bases, la région est en contact, *via* l'Asie centrale, avec le monde chinois : les Ouïgours, qui peuplent l'Ouest de la Chine, sont des turcophones musulmans, dont Pékin redoute qu'ils ne s'intègrent aux logiques de déstabilisation du Moyen-Orient.

Celles-ci sont en grande partie réactivées par l'immixtion américaine dans la zone, le projet d'un « **grand Moyen-Orient démocratique** », porté par l'aile néoconservatrice de l'administration Bush en 2003, ayant surtout alimenté la mouvance du terrorisme, l'Irak étant devenu un ventre mou de la circulation des **jihadistes** et des armes vers la Syrie.

⏭ Limites de la carte

Pour des raisons de lisibilité, le cartographe n'a pas représenté de déterminants naturels qui jouent pourtant un rôle de poids dans les postures géopolitiques. **La question de l'eau**, notamment, est localement cruciale : elle s'immisce dans le conflit israélo-syrien, dans la question du statut de la Cisjordanie et donc d'un éventuel État palestinien. Mais ici, l'échelle retenue ne permettait pas de représenter le plateau du Golan, occupé par Israël depuis 1967, pas plus que la gestion de l'eau par Israël dans les territoires gérés par l'Autorité palestinienne. Par ailleurs, le monde arabe s'est en partie défini par rapport à sa naissance dans un milieu désertique, qui n'est pas non plus représenté.

Le Sahara est à la fois un espace de délimitation du monde arabo-musulman vis-à-vis de l'Afrique noire et l'une des matrices de la civilisation islamique. Le conservatisme wahhabite, par exemple, qui imprègne la société saoudienne, est incompréhensible si on ne prend pas en compte son élaboration dans le cadre du nomadisme désertique.

DOCUMENT COMPLÉMENTAIRE

La dépendance au pétrole, une arme à double tranchant, l'exemple de l'Iran

	2009	2010	2011	2012
Inflation en %	10,7	12,3	21,4	30,6
Croissance du PIB en %	4	5,9	3	– 1,8
Exportation de pétrole en milliards de $	75 000	90 000	118 231	70 000

Sources : FMI, EIA.

CARTE C1

La Russie, un État-continent en recomposition

I. Une organisation du territoire largement héritée

a. Une organisation tripartite
- Espace densément peuplé et industrialisé
- Périphérie intégrée et exploitée
- Périphérie presque vide et sous-exploitée

b. Des axes structurants sans grand changement
- Transsibérien et BAM : la colonne vertébrale russe
- Axes de communication importants centrés sur Moscou
- Système des cinq mers : un axe sous-utilisé

c. Des contraintes naturelles redoutables
- Limite sud du pergélisol
- Littoral fermé par la banquise hivernale

II. Un territoire malgré tout bousculé par la mondialisation

a. L'immense potentiel des ressources naturelles
- Grands gisements d'hydrocarbures exploités
- Gisements d'hydrocarbures en cours de prospection
- Importantes ressources minières

b. La reconversion de l'appareil industriel
- Industrie lourde réorganisée
- Industrie spatiale toujours puissante

c. Les vecteurs de la mondialisation
- Métropoles, relais de la mondialisation
- Fenêtres maritimes
- Vitrine internationale de la Russie
- Zones franches

⏭ COMMENTAIRE P. 122

III. La place singulière de la Russie dans le monde globalisé

a. Un pays inséré dans la mondialisation (BRICS)

- Principaux flux d'exportations d'énergie et de matières premières
- IDE : un essor tardif mais spectaculaire
- Route maritime du Grand Nord

b. Des relations transfrontalières entre coopération et contentieux

- Dynamiques transfrontalières
- Contentieux ou conflits persistants
- Enclave russe dans l'UE
- Base navale russe louée à l'Ukraine jusqu'en 2014

COMMENTAIRE

Présentation

La Russie, de loin le plus vaste pays du monde, déploie ses 17 millions de km^2 à la fois en Europe et en Asie. Issue de **l'éclatement de l'URSS en 1991**, elle doit affronter en même temps des recompositions politiques, économiques et territoriales alors qu'elle s'insère dans la mondialisation en revendiquant son rang de puissance émergente (BRICS) tout en affirmant sa volonté de restaurer son statut de grande puissance mondiale. Ces multiples recompositions dans le contexte d'un monde devenu multipolaire s'inscrivent de façon complexe dans **un territoire marqué par des inégalités croissantes**.

Si le modèle centre-périphérie permet toujours de comprendre l'organisation du territoire russe avec un « centre » européen plus que jamais hégémonique et organisé autour de Moscou, l'examen attentif des régions frontalières montre **comment la Russie cherche à s'insérer dans la mondialisation**, autant sur le plan géopolitique (Ukraine, Caucase, Extrême-Orient) que sur le plan économique (ressources du Grand Nord).

Explications

1. Un plan de légende qui privilégie les impacts de la mondialisation

À première vue, l'organisation du territoire russe n'apparaît pas fondamentalement différente de celle qui prévalait pour le territoire équivalent à l'époque soviétique : **un même schéma tripartite eurasiatique**, largement conditionné par de redoutables contraintes naturelles et toujours organisé par un réseau urbain fortement hiérarchisé (deux grandes métropoles dont l'une, Moscou, domine largement l'autre, Saint-Pétersbourg) et par quelques grands axes de communication. Pourtant, le passage brutal à l'économie de marché après l'éclatement de l'URSS bouscule le territoire russe avec la reconversion difficile de son système productif et l'insertion rapide dans la mondialisation. **L'immense potentiel des ressources naturelles** constitue sans aucun doute un des fondements majeurs de la renaissance russe. Cette évolution explique la place particulière de la Russie dans le monde actuel : une puissance émergente ayant l'ambition de restaurer son influence sur « l'étranger proche », de tisser des liens avec ses grands voisins en plein essor (Chine, Inde) et de réaffirmer son statut de grande puissance mondiale.

Une nouvelle fois, le choix de quelques couleurs pour unifier les parties ou sous-parties de la légende aide considérablement à la lisibilité de la carte. Par exemple, la couleur rouge est utilisée pour les différents vecteurs de la mondialisation (métropoles, ports maritimes, zones franches, etc.) alors que la couleur bleue permet de repérer rapidement tous les facteurs qui explicitent la place singulière de la Russie dans le monde globalisé.

2. La Russie est-elle réellement une puissance émergente ?

L'adoption de la notion de BRIC (puis BRICS) par le pouvoir russe vise à compenser la perte de prestige et de puissance de la Russie, déchue de son statut de grande puissance mondiale en même temps que disparaît l'Union soviétique. **La rhétorique de la forteresse assiégée par ses ennemis** est toujours utilisée par les élites, notamment vis-à-vis de l'influence de l'Union européenne, des États-Unis et de l'OTAN. Mais cette revendication d'une puissance émergente correspond-elle à la réalité ? Selon Michel Foucher, géographe et diplomate, « la Russie n'est plus une *puissance première* qui pouvait prétendre par ses armements et l'attraction de son idéologie communiste à une influence mondiale ». **Elle serait devenue une « puissance seconde »** qui, certes, dispose encore de nombreux atouts dans l'arène mondiale (entreprises liées au pouvoir politique, position de force dans le domaine de l'énergie) mais qui se trouve dans la situation confortable – et périlleuse – du « pays rentier exportateur de matières premières ». Toujours selon M. Foucher, une partie de sa base industrielle a été détruite ou connaît un déclin rapide, le pays ne gardant **des capacités technologiques de premier plan** que **dans quelques secteurs** (spatial, aéronautique, nucléaire civil, armement). D'ailleurs, la Russie a longtemps tardé à adhérer à l'OMC par refus de souscrire à certaines règles du commerce international (subventions agricoles, restrictions aux importations, refus d'ouvrir le secteur énergétique aux investisseurs occidentaux). Après dix-huit ans de longues négociations, la Russie a franchi le pas en 2012 en devenant le 156e pays membre de l'OMC.

Pourtant, par sa position géographique, la Russie se trouve **entre deux pôles économiques majeurs situés à chaque extrémité du vaste espace eurasiatique** : à l'ouest, l'Union européenne, à l'est, l'Asie-Pacifique. D'où l'idée de tirer parti des relations économiques et financières entre ces deux pôles en projetant la réalisation d'un « pont eurasiatique » ou, mieux encore, d'une « Union eurasiatique ».

3. Quelques précisions sur les IDE

La Russie a récemment réalisé **une percée en matière d'investissements directs étrangers** (IDE), passant de la neuvième place en 2012 à la troisième en 2013 (94 milliards de dollars), même si elle reste encore assez loin des États-Unis (159 milliards de dollars) et de la Chine (127 milliards de dollars). Cette dynamique est due en bonne part aux investissements du groupe BP dans l'entreprise pétrolière Rosneft. Ce n'est qu'à partir de 1998 que l'essor des IDE devient spectaculaire, vite interrompu par la crise de 2008, mais retrouvant un rythme de croissance élevé depuis peu. D'abord concentrés dans le domaine des matières premières, les IDE se sont progressivement diversifiés, en particulier dans les domaines de la distribution (Auchan, Ikea, Metro) et des activités financières (banques et assurances). En se limitant aux IDE non financiers pour lesquels on dispose de statistiques fiables, la polarisation géographique des IDE est remarquable puisque la région de Moscou accueille près de la moitié du total, loin devant quelques régions européennes et asiatiques (Saint-Pétersbourg, Sakhaline, Kalouga, Tcheliabinsk).

⏭ Limites de la carte

Ayant choisi de privilégier les clés de lecture géoéconomique et géopolitique pour étudier la recomposition du territoire russe, en lien avec l'insertion dans la mondialisation, **la carte a minoré consciemment l'importance d'autres aspects importants, tels que la question environnementale et les données démographiques et culturelles**. Ainsi, la légende a choisi de laisser de côté le défi du développement durable avec les différentes formes de dégradation de l'environnement ainsi que la question de la crise démographique et celle des tensions ethnoculturelles d'un État multinational.

Par ailleurs, la carte a été réalisée au moment de la crise ukrainienne de 2013-2014, qui a engendré notamment le rattachement de la Crimée à la Fédération de Russie. Sans entrer dans les tribulations diplomatiques de tels faits, le concepteur de la carte a conservé son idée initiale de souligner le problème géopolitique majeur d'une puissance d'envergure mondiale (la Russie) qui a l'une de ses principales flottes militaires dans une base navale située en territoire internationalement reconnu comme étranger (Sébastopol).

CARTE C2

Les dynamiques territoriales des États-Unis

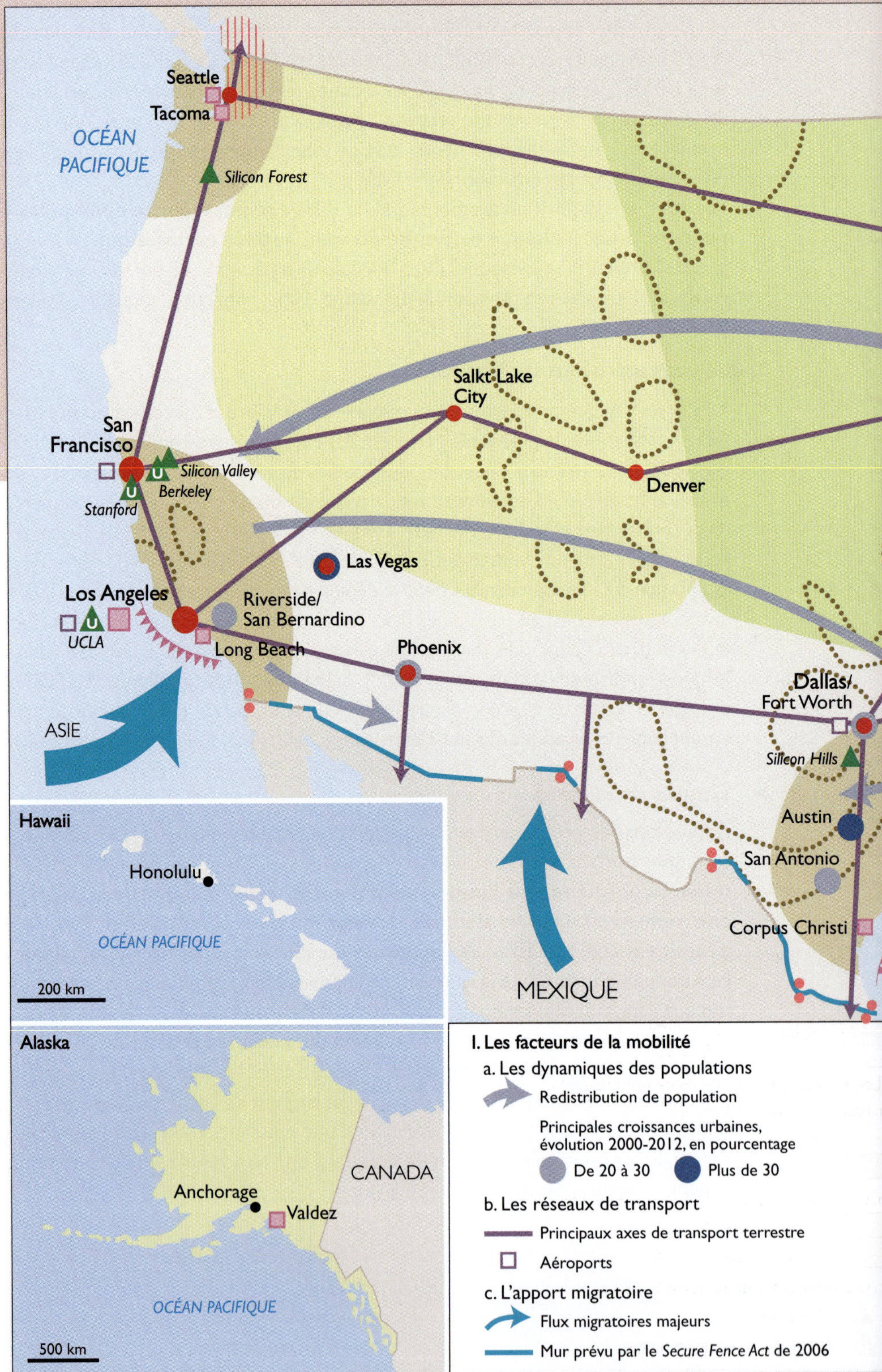

COMMENTAIRE P. 126

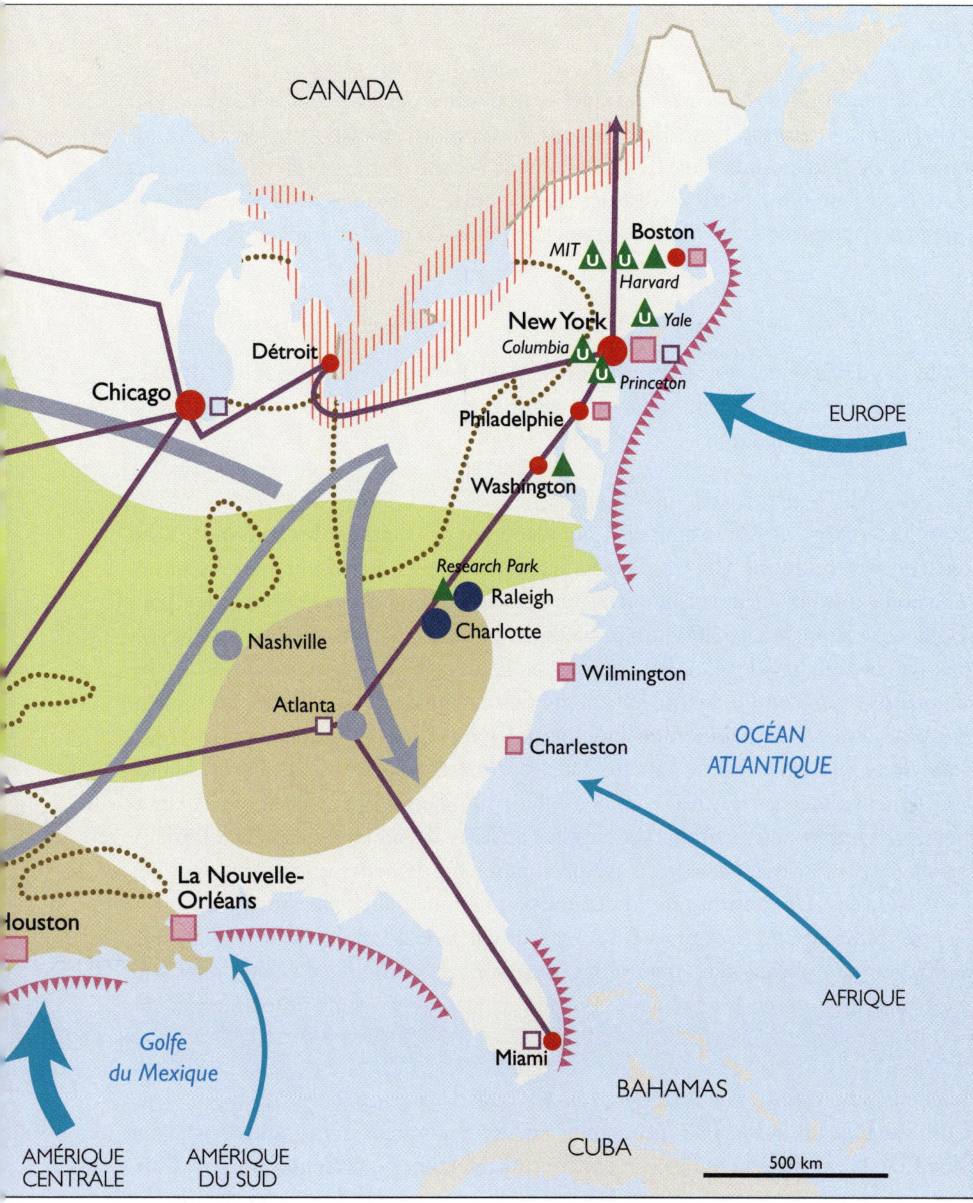

Les redéploiements de l'appareil productif

a. Résistance de l'industrie

- Gaz et pétrole de schiste
- Territoires dynamiques de l'industrie

b. La persistance des logiques extensives

- Grandes Plaines : le cœur agricole
- Espace en réserve : Les Rocheuses

c. Les territoires de la nouvelle économie

- Technopôles
- Principaux pôles universitaires

III. Les territoires face à la mondialisation

a. Les frontières actives

- *Twin cities*
- Intégration économique avec le Canada

b. Les façades maritimes

- Ports
- Principales interfaces maritimes

c. Les métropoles

- Rang international
- Métropoles régionales

COMMENTAIRE

⏭ Présentation

L'intitulé est formulé de façon très classique, mais sa réalisation doit prendre en compte des évolutions permanentes et rapides : au cœur du sujet se trouve une des singularités fréquemment relevées des États-Unis, la **grande flexibilité de leur système productif**, associée à la **mobilité traditionnelle de leur population**. La conception de la carte repose sur un équilibre entre les structures et les dynamiques, entre les distinctions régionales classiques de la géographie de la première puissance mondiale et les remises en question, plus ou moins durables, au début du XXIe siècle.

⏭ Explications

Trois dimensions des dynamiques régionales apparaissent ici : les pôles, les flux qui les relient et les espaces qu'ils irriguent, de telle sorte que la carte pourrait presque passer pour une illustration exemplaire du langage cartographique.

1. Les pôles

Les dynamiques du territoire des États-Unis sont impulsées par des **métropoles puissantes, au rayonnement souvent mondial**. Centres de commandement, elles organisent leurs régions et servent d'articulation entre les logiques nationales et les échelles mondiales : évidemment pour New York, que la crise financière de 2008 n'a pas longtemps affectée, mais aussi pour Chicago, qui fixe les prix agricoles du monde, pour Los Angeles, au cœur de l'industrie mondiale de l'*entertainment* ou pour Houston dans l'industrie pétrolière. Les dynamiques migratoires, les mouvements internes aussi, favorisent la **croissance spectaculaire de villes de l'intérieur** (Las Vegas, Phoenix), ou du **vieux Sud revitalisé** (Charlotte, Raleigh). Les transports favorisent la croissance des plus solides articulations des réseaux, comme les hubs aéroportuaires de Dallas ou Atlanta. Les interconnexions de transports y fixent de nouvelles activités dynamiques, associant tertiaire supérieur, logistique et industrie, les *edge cities*, qui sont autant de nouveaux centres dans ces aires urbaines très étalées. **L'économie de la connaissance** fonctionne, elle aussi, par la mise en réseaux de pôles puissants, dont les États-Unis ont fourni le modèle avec la Silicon Valley californienne, multipliée par d'autres pôles répartis sur l'ensemble du territoire, alimentés dans leur créativité par les meilleures universités du monde, qui attirent les chercheurs du reste de la planète.

2. Les flux

Les flux de migrants sont organisés de l'extérieur vers les États-Unis par une législation souple et performante qui s'adapte aux besoins de l'économie. Environ un million de migrants s'installent légalement aux États-Unis chaque année, un chiffre sensiblement équivalent à celui de l'Europe. **La question migratoire reste néanmoins politiquement sensible**, comme le rappelle l'évocation par la carte de la construction, inachevée, d'un mur le long d'un tiers de la frontière mexicaine. L'**ALENA**, qui réunit les trois pays de l'Amérique du Nord et a largement favorisé la croissance de leurs échanges, n'est qu'un traité de libre-échange des marchandises et des capitaux, pas des hommes. Les grands axes des transports terrestres assurent une grande fluidité à travers le territoire, fluidité gagnée de haute lutte dans la conquête de la *frontier*, mythe fondateur de la dynamique américaine.

3. Les espaces

Les espaces les plus reculés du territoire américain peuvent aussi être les témoins de transformations spectaculaires. Ainsi des territoires des Rocheuses et des Grandes Plaines, où se déploie

depuis 2005 la **révolution des hydrocarbures non conventionnels**, gaz et pétrole de schiste. Les évolutions du marché, de la technique (fracturation hydraulique), la faible régulation (le sous-sol est privatisé) ont rendu rentable l'exploitation à grande échelle de ces ressources. Les conséquences directes se lisent dans un boom vers les gisements les plus intéressants, qui n'est pas sans rappeler, au Dakota du Nord ou en Pennsylvanie, les ruées vers l'or du XIXe siècle. Indirectement, la baisse du prix du gaz, souvent substituable au pétrole dans des processus industriels, a relancé la chimie, qui l'utilise comme matière première et carburant : les couloirs de la chimie de la façade du golfe du Mexique en sont spectaculairement revitalisés, et recréent des emplois dans un secteur fortement affecté jusque-là par la concurrence asiatique. Pour autant, **la résistance au déclin industriel n'est pas non plus une inversion d'un processus profond de retrait** : les emplois dans l'industrie manufacturière restent, début 2014, inférieurs de 12,5 % à ce qu'ils étaient avant la crise de 2008. Dans le PIB, cette industrie manufacturière ne pèse que 12 %, deux fois moins qu'en l'Allemagne.
Mais ce déclin se joue dans le cadre d'une redistribution, les emplois du Nord-Est basculant vers un Sud revitalisé par des conditions salariales bien plus favorables aux employeurs : l'Alabama, dans le Sud profond, n'a pas encore rejoint le Michigan en termes d'emplois dans l'automobile, mais le rapprochement est spectaculaire, puisqu'on passe d'un facteur 250 à un facteur 4 en vingt-deux ans (document complémentaire).

Limites de la carte

Le choix d'une légende synthétique ne permet pas de bien distinguer les différentes régions des États-Unis. Si le découpage traditionnel de la production en bandes latérales, les différentes *belts* (ceintures), n'est plus de mise depuis longtemps, le concepteur a voulu traiter le sujet pour lui-même, en valorisant les facteurs dynamiques les plus positifs. Du coup, n'apparaît plus de façon distincte le quart nord-est, à la frontière floue, *Steel Belt* (ceinture de l'acier) des années 1950, devenue *Rust Belt* (ceinture rouillée) dans les années 1980, redynamisée dans les années 1990, durement touchée de nouveau depuis 2008. Ces changements de statut ne facilitent évidemment pas la représentation cartographique. Ils rappellent surtout que les dynamiques l'emportent sur les héritages dans les évolutions du territoire américain. De même, n'a pas été retenue la classique appellation, depuis le début des années 1970, *Sun Belt*, utilisée à l'origine pour le tiers méridional du pays, souvent étendue depuis jusqu'à la frontière canadienne de la côte Pacifique. On a ici considéré qu'elle représentait un ensemble trop composite de régions aux dynamiques variées, outre le fait que qualifier d'« ensoleillé » l'État de Washington relevait plus de la facilité que de l'analyse météorologique objective.

DOCUMENT COMPLÉMENTAIRE

Le glissement de l'emploi automobile vers le sud : évolution des emplois dans le secteur automobile au Michigan et dans l'Alabama (en milliers)

	1990	2000	2013
Michigan	102 000	95 000	41 500
Alabama	400	1 000	11 600

Source : *Le Monde*.

CARTE C3

Le territoire chinois et la mondialisation

I. Le choix de la mondialisation

a. Une stratégie spatiale d'ouverture progressive

- Les quatre premières zones économiques spéciales (1980)
- Les trois deltas ouverts (1985)
- L'extension à l'ensemble du littoral (1988) : l'exemple de la ZES de Hainan
- Une ouverture de l'ensemble du territoire (1992) : l'exemple de villes frontalières

b. Une extraversion pleinement assumée

- IDE en forte croissance
- Exportations également en forte croissance
- Ports maritimes aux premiers rangs mondiaux
- Principaux aéroports
- Grandes métropoles au cœur de la mondialisation
- Provinces littorales bien intégrées à la mondialisation ou en voie de l'être
- Provinces en retard de développement
- Provinces périphériques en retrait de la mondialisation

II. Les défis de l'émergence

a. Le défi environnemental

- Concentration d'industries polluantes

b. Le défi des besoins en ressources naturelles

- Flux massifs d'importations de pétrole
- L'essor du nucléaire civil

c. Le défi des déséquilibres spatiaux

- Ligne délimitant officiellement l'Ouest chinois à développer
- Revendications identitaires contre la sinisation

III. Les tentatives de rééquilibrage

a. Des politiques d'aménagement du territoire

- Pôles principaux bénéficiant du développement de l'Ouest
- Axe fluvial majeur aménagé récemment

b. Une volonté de diversification économique

- Zones de recherche et développement en nouvelles technologies

c. Une politique de bon voisinage ?

- Frontières avec les pays voisins, délimitées officiellement pour l'essentiel
- Limite de la revendication chinoise en mer de Chine
- Pays membres et observateurs de l'OCS (Organisation de coopération de Shanghai)

COMMENTAIRE P. 130

COMMENTAIRE

⏭ Présentation

L'impact spatial de la mondialisation en Chine a été nécessairement abordé dans les cartes précédentes traitant de l'Asie orientale et méridionale (carte B7 sur l'Asie du Sud et l'Est face aux défis de la croissance et carte B8 sur la Chine et son environnement asiatique). Mais cette fois-ci, le sujet est entièrement consacré à ce thème, ce qui permet une étude beaucoup plus complète et nuancée.

La légende de la carte suit une démarche logique. Dans un premier temps, elle se propose de montrer comment l'ouverture a investi progressivement des lieux sélectionnés pour finalement concerner tout le territoire, mais de façon très sélective. Dans un deuxième temps, elle montre que cette intégration inégale du territoire chinois au système économique mondial engendre une série de problèmes plus ou moins difficiles à résoudre, qui représentent autant de défis (environnementaux, socioéconomiques, etc.) à relever. Enfin, les autorités politiques ont cherché à rééquilibrer leur stratégie pour gérer au mieux les inégalités territoriales, l'évolution de la politique économique et les relations avec les pays voisins.

⏭ Explications

1. Lieux de l'ouverture et territoires de la mondialisation

La politique « de réformes et d'ouverture », impulsée par Deng Xiaoping, est adoptée par le comité central du Parti communiste chinois en décembre 1978. Des réformes économiques fondamentales sont introduites progressivement, en commençant par quatre zones économiques spéciales créées dans le Sud (trois dans le Guangdong et une dans le Fujian). En même temps que les lieux de l'ouverture s'élargissent, les réformes économiques se multiplient. C'est **en 1992** que **l'ensemble du territoire chinois est ouvert**, en particulier avec de nombreuses villes frontalières qui obtiennent des facilités pour commercer avec l'Extrême-Orient russe, l'Asie centrale et la péninsule Indochinoise.

Pour le géographe Thierry Sanjuan, le territoire chinois comporte **six grands types régionaux en fonction de leur degré d'intégration** : les lieux les plus intégrés (certaines provinces littorales et les trois grandes métropoles, les provinces littorales en voie d'intégration, les provinces dites « intermédiaires », les terres enclavées, les marges proches et enfin, les périphéries continentales[1]). Par souci de simplification, la carte a fait le choix de trois ensembles spatiaux de l'Est littoral, bien inséré dans la mondialisation, à l'Ouest continental, en retrait de celle-ci.

2. Les défis de l'émergence économique

La carte a choisi de privilégier les trois défis de l'environnement, de l'approvisionnement en ressources naturelles et de l'aménagement du territoire.

Le **défi environnemental** constitue sans aucun doute l'un des défis majeurs causés par la modernisation chinoise. Aux risques naturels se sont ajoutées toutes sortes de dégradations des milieux liées à l'industrialisation et à la rapide croissance urbaine : pollutions industrielles et urbaines, déforestation, désertification, problèmes des ressources hydriques, etc. Pour des raisons de lisibilité, la carte s'est contentée de localiser la principale zone de concentration d'industries polluantes (entre Shanghai et Pékin).

Le **défi de l'approvisionnement énergétique** se pose de façon grandissante malgré l'importance des ressources nationales. Ainsi, la dépendance de la Chine en énergie primaire (sans comp-

---

1. *Atlas de la Chine*, éditions Autrement, 2013.

ter les besoins en matières premières) s'accroît rapidement et explique une stratégie énergétique tous azimuts de prospection renforcée des ressources du pays, de développement du potentiel nucléaire, de raccordement aux grands réseaux d'oléoducs et de gazoducs, et d'investissements considérables dans les énergies renouvelables.

Le **défi de l'aménagement du territoire** est indissociable d'énormes enjeux économiques et politiques dans ce pays-continent. Pour certains, l'hypothèse d'un prochain éclatement territorial provoqué par la croissance économique ne doit pas être négligée alors que la légitimité politique d'un État idéologiquement affaibli est fondée sur les bienfaits sociaux de cette modernisation économique. En effet, « les distorsions géographiques du développement économique remettent en question un territoire national encore insuffisamment intégré par les transports, l'insertion au marché et le rayonnement des grands pôles urbains[2] ».

3. La nécessité du rééquilibrage dans plusieurs domaines

La conduite d'une politique volontariste de modernisation économique aussi audacieuse incite les dirigeants chinois à surveiller constamment les dérives possibles et à guider les infléchissements nécessaires pour garder le contrôle de la situation. En particulier dans trois domaines : territorial, économique et géopolitique.

Sur le plan socio-spatial, l'État central cherche à **redonner du lien entre les grands ensembles régionaux du pays** et à assurer une meilleure unité au territoire national. Pour cela, il a mis en place une ambitieuse politique d'aménagement du territoire depuis les années 1990, dont le barrage des Trois Gorges et le projet de développement de l'Ouest sont les réalisations phares. **Sur le plan économique**, la **nécessaire diversification** passe par la modernisation de la recherche chinoise, comme en témoigne l'essor remarquable des zones de recherche et développement en nouvelles technologies. Enfin, **sur le plan géopolitique**, la Chine maintient ses ambitions régionales (revendications frontalières dans les mers de Chine) tout en exploitant sa réussite économique pour transformer l'Asie en vaste zone de coopération économique.

⏭ Limites de la carte

Cette carte de synthèse a clairement privilégié la problématique de l'impact spatial de la mondialisation. Aussi a-t-elle sélectionné les informations estimées les plus représentatives pour caractériser et expliquer cet impact sans chercher à évoquer tous les aspects du sujet, soit parce que certains étaient difficilement cartographiables, soit parce qu'ils s'inséraient mal dans la démonstration révélée par le plan de légende. Ainsi, **la carte a négligé, peut-être à tort, plusieurs questions** comme celles du vieillissement rapide de la population, de l'essor des loisirs et du tourisme, de la recomposition des campagnes, etc.

Quant à la concentration géographique de très nombreux phénomènes relevant du sujet dans trois grandes régions littorales de Chine (Canton-Hong Kong, Shanghai, Pékin-Tianjin), elle existe à l'évidence sur la carte, traduisant une réalité forte mais au **risque d'un certain encombrement préjudiciable à une lisibilité optimale**. Le compromis constamment recherché dans les cartes de l'ouvrage entre l'ambition du contenu et la lisibilité de la réalisation graphique correspond parfois à un équilibre obtenu sur le fil du rasoir.

2. Thierry Sanjuan, *La Chine et le monde chinois*, Armand Colin, 2010.

CARTE C4

Le territoire indien face à la mondialisation

I. Les manifestations d'une puissance émergente

a. Une métropolisation poussée
- Domination de trois grandes métropoles
- Dynamisme de quatre métropoles secondaires

b. L'importance de la haute technologie
- Grands pôles technologiques
- Pôles d'excellence universitaire

c. L'ouverture au monde depuis 1991
- Zones économiques spéciales (ZES)
- Flux commerciaux
- Façades maritimes actives
- Remises de la diaspora indienne

II. Des freins à la mondialisation

a. Des freins géopolitiques externes et internes
- Frontières terrestres « fermées »
- Conflits frontaliers de natures diverses
- NÉPAL Pays membres de la SAARC : une régionalisation limitée
- Principales guérillas

b. Des structures de transport encore insuffisantes
- « Quadrilatère d'or » : grand équipement autoroutier récent
- Ports maritimes en cours de modernisation
- Aéroports majeurs

III. Des territoires très inégalement insérés dans la mondialisation

a. Des territoires intégrés
- Espaces économiques majeurs organisés le plus souvent autour d'un centre d'impulsion
- Espaces agricoles modernisés

b. Des territoires à l'écart de la mondialisation pour l'essentiel
- Campagnes densément peuplées au développement restreint
- L'Inde centrale en retard de développement
- Pôles industriels et de diffusion de la modernité
- Marges bordières, montagneuses ou arides, faiblement peuplées

COMMENTAIRE

⏭ Présentation

Si le sujet est classique (la réorganisation d'un territoire national par les forces de la mondialisation), son application à l'Union indienne est d'autant plus intéressante que l'exemple indien est rarement traité alors que cet autre géant asiatique connaît, depuis la décennie 1990, une croissance très rapide et fait désormais partie des grandes puissances émergentes (« *Shining India* », « l'Inde qui brille », selon le slogan du BJP pour les élections de 2004).

En observant les nouvelles dynamiques territoriales liées à la croissance et à l'ouverture économique, il est facile de constater que des **processus géographiques tels que la métropolisation et la littoralisation (relative) se déploient en Inde, comme ils le font dans d'autres territoires insérés dans la mondialisation** (par exemple, en Chine). Mais des aspects particuliers semblent distinguer l'Inde par rapport aux autres grands émergents, à tel point que certains auteurs évoquent **une « voie indienne »** dont la spécificité se lit dans les mutations du territoire du sous-continent.

⏭ Explications

La logique du plan de la légende, après avoir montré les manifestations de l'ouverture indienne depuis les années 1990 puis les freins à cette ouverture, aboutit à **une typologie des territoires de l'Union indienne, inégalement insérés dans la mondialisation**. La diversité de cet impact territorial est mise en valeur par différentes plages de couleur qui constituent la base graphique de la carte.

Lorsqu'on regarde attentivement la localisation des grandes métropoles et des espaces moteurs du développement économique, il est intéressant de réfléchir au rôle respectif de la colonisation et de la mondialisation dans les structures spatiales de l'Inde. Ainsi, l'urbanisation et la concentration littorale sont ici des faits anciens, hérités en grande partie de la période coloniale (implantation de comptoirs). Mais les **nouvelles dynamiques territoriales** mettent en évidence la **perte de monopole de l'industrie côtière** et une **réorganisation de l'espace à l'intérieur des terres**. La croissance remarquable de Delhi et l'explosion de grandes métropoles comme Bangalore (site de la *Silicon Valley* indienne dans l'État du Karnataka) ou Hyderabad (dans l'Andhra Pradesh) illustrent cette évolution confortée par la structure fédérale de l'Union indienne et la stratégie des grandes firmes qui se fait à l'échelle du sous-continent.

⏭ Limites de la carte

La carte ne s'est pas contentée de localiser les seuls grands pôles technologiques comme pôles diffuseurs de la modernité, elle fait apparaître également quelques pôles industriels d'un rang inférieur comme Bhopal, Nagpur, Kanpur et Lucknow. Néanmoins, pour préserver une lisibilité optimale, **il n'a pas été possible de représenter les « corridors de développement »** qui se développent surtout depuis deux décennies, à l'instar de ceux de Delhi-Mumbai ou de Bangalore-Madras, jalonnés de villes anciennes qu'on industrialise et que l'on équipe en infrastructures de transport.

Une autre limite de la carte relève de la nécessité d'être synthétique et d'opter pour la concision des intitulés de légende. Par exemple, les « fenêtres maritimes actives », placées au large des principaux ports indiens, situés sur les deux façades ouvrant sur l'océan Indien, témoignent bien d'**un tissu portuaire en expansion**, mais **le rang modeste de ces ports à l'échelle mondiale** constitue sans aucun doute un frein au développement économique du pays.

CARTE C5

Le Japon à la croisée des chemins

I. Un clivage centre-périphérie très net

a. L'hégémonie écrasante de la Mégalopole

- Cœur économique et démographique
- Réseau urbain dominé par trois mégapoles
- Pôle de commandement majeur
- Littoraux fortement aménagés
- Axe de communication majeur
- Périphérie en retard de développement

b. Les vecteurs de l'ouverture sur le monde

- Principaux ports
- Aéroports internationaux

II. Les défis du modèle japonais

a. Le défi de l'aménagement du territoire

- Technopôles implantés sur tout le territoire
- Axes d'extension de la Mégalopole, aujourd'hui très ralentis

b. Le défi du vieillissement

- Zones affectées par un solde naturel très négatif

c. Le défi énergétique

- Centrales nucléaires : un choix remis en question ?
- Projets d'énergies renouvelables après Fukushima

III. Des liens avec le monde réaménagés dans le cadre de la globalisation

a. Une grande puissance commerciale et financière

- Commerce extérieur au 4e rang mondial
- Importants IDE sortants, de plus en plus tournés vers l'Asie

b. Des échanges croissants avec les pays voisins

- Pays associés dans l'ASEAN + 3
- Pays membres de l'APEC
- Pays en marge des dynamiques de l'intégration régionale
- Maintien d'importants échanges avec les États-Unis

c. Des contentieux persistants

- Litiges frontaliers
- Principales bases étatsuniennes

COMMENTAIRE

⏭ Présentation

L'intitulé métaphorique de cette carte masque, en réalité, le **sujet classique de l'organisation du territoire japonais confronté à la mondialisation**. Le modèle centre-périphérie, hérité de la période de la Haute Croissance (1960-1982), apparaît clairement sur la carte avec un contraste très net entre la mégalopole, territoire moteur de la puissance japonaise, et le reste de l'archipel nippon. La problématique du sujet pose la question de l'évolution du modèle centre-périphérie (décrit dans la partie I de la légende) en lien avec les défis internes (partie II) et externes (partie III) auxquels est confronté le territoire japonais.

Compte tenu de la grande extension en latitude du Japon, **un cartouche** a été ajouté à la carte principale **pour rendre compte de la dimension géopolitique du sujet** : litiges frontaliers « surinsulaires » et importante base militaire de l'allié américain. Cet aspect géopolitique n'est pas à négliger dans la compréhension de l'énoncé du sujet (« Le Japon à la croisée des chemins »), d'autant plus qu'il renvoie indirectement à la rivalité entre l'« ancienne » puissance japonaise et la « nouvelle » puissance chinoise.

⏭ Explications

1. La mégalopole se recompose depuis les années 1980 lorsqu'une nouvelle géographie de l'économie japonaise se met en place avec :

– la relocalisation outre-mer de nombreuses industries et l'insertion dans l'économie financière ;
– le redéploiement industriel au Japon même des activités à forte intensité de main-d'œuvre ;
– la tentative de déconcentration industrielle (plan Technopolis de 1983-1998) qui aboutit à l'élargissement de la mégalopole ;
– la reconcentration industrielle et tertiaire dans les mégapoles, surtout à Tokyo (phénomène non représenté sur la carte à cause de l'échelle).

2. Le contraste centre-périphérie ne cesse de se renforcer malgré les efforts de déconcentration entrepris par les gouvernements japonais, surtout dans les années 1980-1990. À ce sujet, la présence de nombreux technopôles dans la « périphérie » de l'archipel ne doit pas faire illusion, l'essentiel de l'appareil productif restant plus que jamais concentré dans **le « Japon de l'endroit »**, ouvert sur l'océan Pacifique et bien inséré dans la mondialisation.

Les trois quarts du territoire se vident, en particulier certaines campagnes reculées du « **Japon de l'envers** » ouvert sur la mer du Japon. Sur la carte, il est facile de constater que le défi du vieillissement, qui concerne sans doute toute la société japonaise, affecte particulièrement des régions entières de l'arrière-pays montagneux (sur la carte, les « zones affectées par un solde naturel très négatif » représentées par un système de hachures).

⏭ Limites de la carte

Le principal problème de la réalisation cartographique réside dans la lisibilité de la carte, rendue délicate notamment par la **concentration de nombreux phénomènes dans l'espace restreint de la mégalopole**. La vigueur du contraste centre-périphérie et le format réduit du fond de carte sont grandement responsables de cette difficulté.

Pour résoudre ce problème de lisibilité et faciliter la lecture rapide de la carte, le **choix des couleurs utilisées** a été fait selon deux principes : un nombre limité de couleurs pour éviter la dispersion visuelle et, surtout, dans la mesure du possible, une même couleur pour chaque sous-partie de la légende (le rouge pour I. a, le bleu pour I. b, le gris pour II. a, II. b et II. c, le vert pour III. a et III. b, le violet pour III. c).

CARTE C6

Le Brésil face aux défis de la mondialisation

I. Les facteurs de la puissance

a. L'énergie
- Hydroélectricité
- Pétrole

b. Mines et industrie
- Le triangle industriel
- Principales mines

c. L'agriculture exportatrice
- Front pionnier
- Expansion du soja

II. L'insertion dans la compétition mondiale

a. Le réseau urbain
- Métropoles décisionnelles
- Autres pôles urbains
- Stades de la Coupe du monde de football de 2014

b. Les régions motrices
- Sudeste, centre de la puissance
- Sud, intégré et prospère
- Centre-Ouest, ancien front pionnier, désormais intégré

c. Les régions en retrait
- Nordeste, périphérie en retard
- Amazonie, espace en réserve

III. Les faiblesses persistantes

a. Le goulet d'étranglement des transports
- Rail et route : un réseau déficient
- Modestie des ports

b. Les tensions sociales
- Pauvreté : plus de la moitié de la population en dessous du seuil de pauvreté
- Recife — 8 villes parmi les 50 plus dangereuses au monde

c. Une médiocre intégration régionale
- Frontières difficiles à maîtriser
- Frontières actives

COMMENTAIRE

⏭ Présentation

Grand pays émergent, le **Brésil est un acteur majeur de la mondialisation**, entendant y imposer la marque de sa puissance, dans tous les domaines : l'économie, mais aussi la capacité d'influence ou la force militaire classique, les entreprises ou l'organisation d'événements mondiaux. La légende suit un schéma classique, partant des fondations de la puissance, passant en revue les modalités de son affirmation, avant de souligner ses insuffisances. Le sujet est traité depuis une carte du Brésil, le concepteur ayant jugé qu'un planisphère, qui aurait pu souligner, par exemple, les liens du Brésil avec les grands émergents ou une rivalité fréquemment évoquée avec les États-Unis, aurait dilué la représentation des effets de la mondialisation sur le développement du pays. Or, il s'agit certainement du principal défi auquel le pays s'est confronté ces vingt dernières années.

⏭ Explications

Sous la houlette du président charismatique Lula, devenu une icône politique internationale, le Brésil du début du XXIe siècle s'est spectaculairement imposé sur la scène mondiale. La carte en rend compte à travers deux directions.

1. Une puissance plus mondiale que régionale

La puissance exportatrice du Brésil s'est tournée vers les pays riches et les grands émergents plus que vers son environnement régional. Celui-ci souffre encore d'économies extraverties, à la croissance insuffisamment nourrie par la demande intérieure. Cette analyse semble encore dominante au Brésil, bien que la Colombie s'affirme comme un émergent de la nouvelle génération. D'où un désintérêt pour l'instrument privilégié de l'insertion régionale qu'a représenté, à la fin du XXe siècle, le Mercosur.

En revanche, la **vigueur de la production agricole** a fait du Brésil un acteur majeur de ces marchés, obtenant par exemple la condamnation par l'OMC des États-Unis pour leurs subventions. Il déploie toute une gamme de produits d'exportation, dans le cadre d'une agriculture capitaliste puissamment intégrée. Mais la carte rappelle par ailleurs qu'il n'est pas enfermé dans les seuls matières premières, ses **atouts énergétiques** offrant notamment à son industrie une base solide.

2. Un développement incontestable mais encore entravé

La **pauvreté persistante du Nordeste**, atténuée par les programmes de redistribution hérités du président Lula, rappelle que l'amélioration sensible des questions sociales n'a pas encore sorti l'ensemble des Brésiliens des marqueurs du sous-développement, comme l'extrême violence urbaine que rappelle la carte. L'autre obstacle réside dans la **faiblesse des infrastructures**, qui constitue un surcoût à la production. Le report sur la route de l'essentiel du fret – le réseau ferroviaire n'est pas plus développé qu'il y a un siècle – entraîne congestion et accidents. Les ports sont les plus importants de l'Amérique du Sud, mais ils ne sont pas à la hauteur des ambitions mondiales du pays.

⏭ Limites de la carte

Une grande partie des faiblesses du Brésil n'est pas cartographiable. Son **exposition à la conjoncture financière** d'abord, qui est une conséquence paradoxale de son émergence : l'afflux de capitaux a pesé sur ses exportations au début des années 2000, surévaluant sa monnaie, le réal. Leur retrait brutal à partir de 2013 a ensuite eu l'effet inverse, mais a généré une forte inflation. La persistance problématique de la corruption ensuite, même si elle est poursuivie par la justice. Le déséquilibre enfin de ses exportations, largement dominées par les matières premières, au détriment d'une industrie pourtant plus performante que celle du reste du continent.

CARTE C7 Le territoire français et l'intégration européenne

▶▶| COMMENTAIRE P. 140

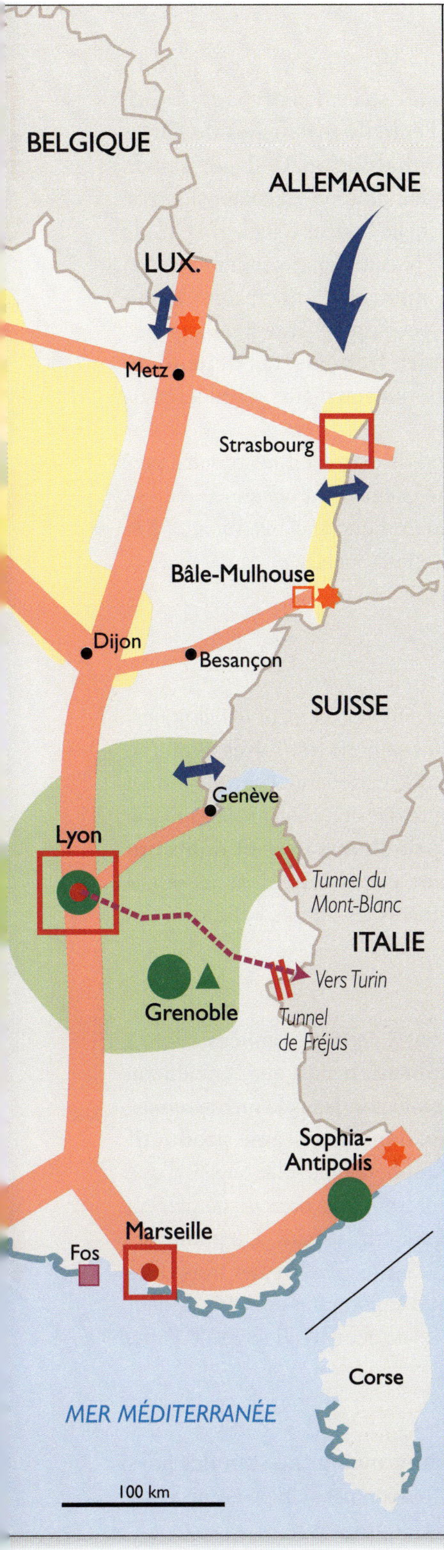

I. Des espaces productifs réactifs face aux dynamiques européennes et mondiales

a. Une métropolisation très inégale

- Seule métropole d'envergure européenne et mondiale
- Métropoles régionales d'ambition européenne

b. Des espaces productifs stimulés par l'intégration européenne

- Espaces agricoles intensifs bénéficiaires de la PAC
- Territoires industriels globalement dynamiques
- Pôles de compétitivité de rang mondial
- Technopoles
- Littoraux touristiques à forte clientèle européenne
- Grand pôle touristique

II. Un territoire inséré dans les réseaux de transport européens

a. Un carrefour européen valorisé

- Corridors de circulation de niveau européen
- Autres axes de transport importants
- Carrefours multimodaux
- Grands tunnels transfrontaliers

b. Une insertion à améliorer

- Ports relativement modestes à l'échelle européenne
- Projet européen de LGV

III. Des périphéries frontalières inégalement arrimées à l'Europe

a. Des flux transfrontaliers de différentes natures

- Flux de travailleurs frontaliers
- Flux d'IDE

b. Des coopérations transfrontalières

- Eurorégions
- Limite orientale de l'Arc atlantique
- Aéroport transfrontalier en territoire français

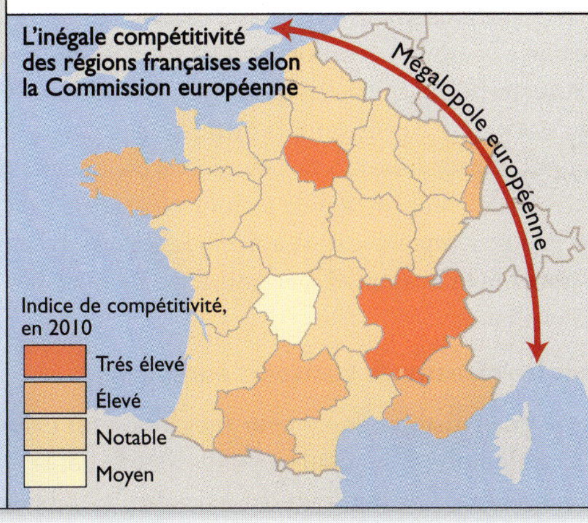

COMMENTAIRE

Présentation

Depuis un demi-siècle, l'intégration européenne se fait chaque jour plus importante, ce qui n'est ni sans conséquences spatiales, ni sans impacts sur la dynamique régionale du territoire français. À coup sûr, l'Union européenne constitue désormais **le cadre et l'échelle privilégiés de l'intégration de la France dans les réseaux d'échanges de la mondialisation**. Cette intégration a pour effet une mutation des systèmes productifs qui engendre une profonde recomposition de l'espace économique (technopolisation, métropolisation, etc.). L'échelle française seule n'a plus de sens, les trafics sur les réseaux de l'espace national sont de plus en plus marqués par la dimension européenne, ce qui se traduit notamment par la valorisation des interfaces (attractivité sélective des littoraux, espaces frontaliers devenus objets de coopérations spécifiques). Face à l'émergence de nouvelles fractures territoriales, **l'aménagement du territoire français**, qui **dépend de plus en plus de l'Union européenne**, doit affronter des enjeux fondamentaux, parmi lesquels l'accessibilité et la compétitivité se trouvent au premier rang.
Si le sujet incite à privilégier l'échelle nationale, le format du fond de carte doit néanmoins permettre de représenter les espaces transfrontaliers et même la « mégalopole européenne », qui se déploie à une certaine distance des frontières françaises. Ce souci explique le choix d'ajouter à la carte un cartouche où la « mégalopole européenne » est sommairement localisée.

Explications

1. De l'importance des choix graphiques

Les aplats de couleur (espaces agricoles intensifs, territoires industriels globalement dynamiques) ne couvrent qu'une partie de la carte. L'inégale compétitivité des régions françaises aurait pu accroître la surface des plages colorées mais elle ne figure que dans le cartouche. Pourquoi un tel choix ? Sans doute l'objectif de lisibilité cartographique a-t-il compté dans ce choix, mais la raison principale réside dans la **volonté de mettre en évidence les principaux axes et pôles qui permettent l'intégration du territoire français dans l'espace européen**. Ainsi ressortent clairement les figurés linéaires des grands axes de communication et les figurés ponctuels des métropoles et des pôles de compétitivité.

2. La recomposition de l'espace économique

L'intégration européenne et la mondialisation contribuent, surtout à partir des années 1980, à renforcer la **double dynamique de tertiarisation/désindustrialisation** ainsi que l'orientation croissante de l'activité industrielle vers le secteur des hautes technologies. Dans le même temps, la métropolisation a conduit au **renforcement du rôle de Paris dans le système productif national et international**, même si les métropoles régionales ont bénéficié, elles aussi, d'une attractivité croissante. Pour construire la carte, la sélection des informations dans ce domaine a privilégié ces deux impacts majeurs des mutations du système productif français. Un point particulier de cette évolution : la notion de technopole (sans accent). Sur la carte, seules trois villes sont qualifiées de « technopoles », c'est-à-dire qu'elles concentrent d'importantes activités de haut technologie situées pour l'essentiel dans plusieurs technopôles (avec accent). Il s'agit de Paris, Toulouse et Grenoble.

3. L'insertion dans les réseaux de transport européens

Occupant une position d'isthme, le territoire français est **un carrefour majeur au sein des pays de l'Europe occidentale**. L'internationalisation des flux et la promotion par l'Union européenne d'un réseau transeuropéen de transport ont redessiné la France des transports.

L'axe principal Nord-Sud (Lille-Paris-Lyon-Marseille) a renforcé son importance, un axe secondaire *via* Paris et Bordeaux relie le Benelux à l'Espagne, un corridor de circulation emprunte la plaine du Languedoc pour les échanges entre les péninsules Italienne et Ibérique.
Les réseaux de transport à haut niveau de service se sont développés de façon sélective, au bénéfice notamment des métropoles, ce dont témoigne, par exemple, l'emplacement des plates-formes multimodales (Paris-Roissy, Lille-Dourges).

4. Le révélateur des espaces frontaliers

Les régions frontalières sont devenues des espaces charnières bénéficiant de nombreuses dynamiques supranationales qui tendent à en faire de **nouvelles centralités à l'échelle européenne**. La frontière reste une discontinuité souvent à l'origine de flux de natures diverses (travailleurs, touristes, capitaux et marchandises). On estime par exemple à 320 000 le nombre de personnes résidant en France qui traversent tous les jours une frontière pour aller travailler dans les pays voisins. Ceci concerne surtout les régions frontalières du Nord et de l'Est, qui ont subi de fortes baisses d'activités alors qu'elles se trouvent à proximité de bassins d'emploi étrangers dynamiques.
En outre, les espaces frontaliers sont aujourd'hui **des lieux privilégiés de coopération institutionnelle**. Celle-ci prend des visages multiples à diverses échelles : agglomérations transfrontalières, coopérations infrarégionales, Eurorégions, etc. Depuis 1984, le programme européen Interreg a pour finalité d'encourager les programmes de coopération transfrontalière. Le format de la carte a conduit à privilégier l'exemple des Eurorégions : Sarlorlux (entre France, Allemagne et Luxembourg), Kent-Nord-Pas-de-Calais (entre Royaume-Uni et France), Alpes-Méditerranée (entre France et Italie), etc.

⏭ Limites de la carte

1. Mondialisation et intégration européenne

Il est souvent bien difficile de distinguer les impacts de l'intégration européenne et ceux de la mondialisation sur le territoire français, **l'européanisation** étant, par bien des aspects, **une composante essentielle de la mondialisation**. Malgré son souci de s'en tenir au plus près des termes de l'intitulé du sujet, le concepteur de la carte n'a pu éviter cette difficulté. Ainsi, pour titrer la première partie de la légende, il a choisi avec franchise la formulation : « Des espaces productifs réactifs face aux dynamiques européennes et mondiales ».

2. La difficulté de représenter l'échelle locale

Les gagnants et les perdants de la nouvelle donne territoriale s'observent à différentes échelles mais le format de la carte pose problème pour représenter une évolution majeure des disparités territoriales depuis quelques décennies. En effet, il est assez aisé de montrer les grands contrastes territoriaux à l'échelle nationale avec, d'un côté, des territoires gagnants (grands pôles urbains, espaces agricoles productivistes, espaces technopolitains et certains bassins d'emploi spécialisés) et, de l'autre, des territoires perdants (espaces agricoles en difficulté, diagonale des faibles densités, vieilles régions industrielles, foyers portuaires en déclin, etc.). Mais **en réalité**, **l'inscription spatiale des difficultés apparaît de plus en plus microgéographique** et n'isole que rarement des régions continues (exemple de la région parisienne où se trouvent les plus fortes inégalités de revenus). **Ce dispositif territorial peut être difficilement représenté sur la carte** à cause de l'échelle de celle-ci.

CARTE C8

Les mutations de l'industrie française

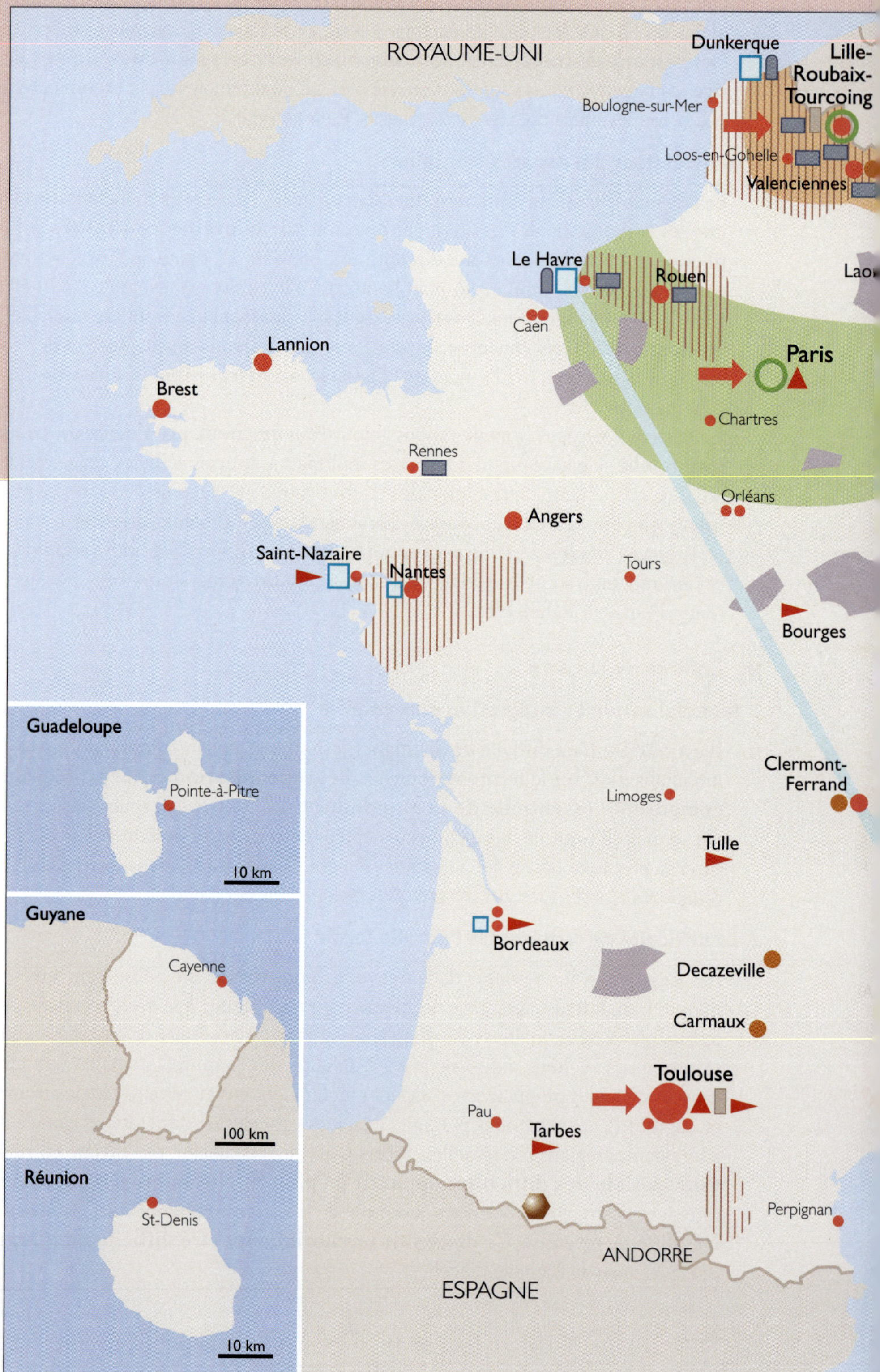

⏭ COMMENTAIRE P. 144

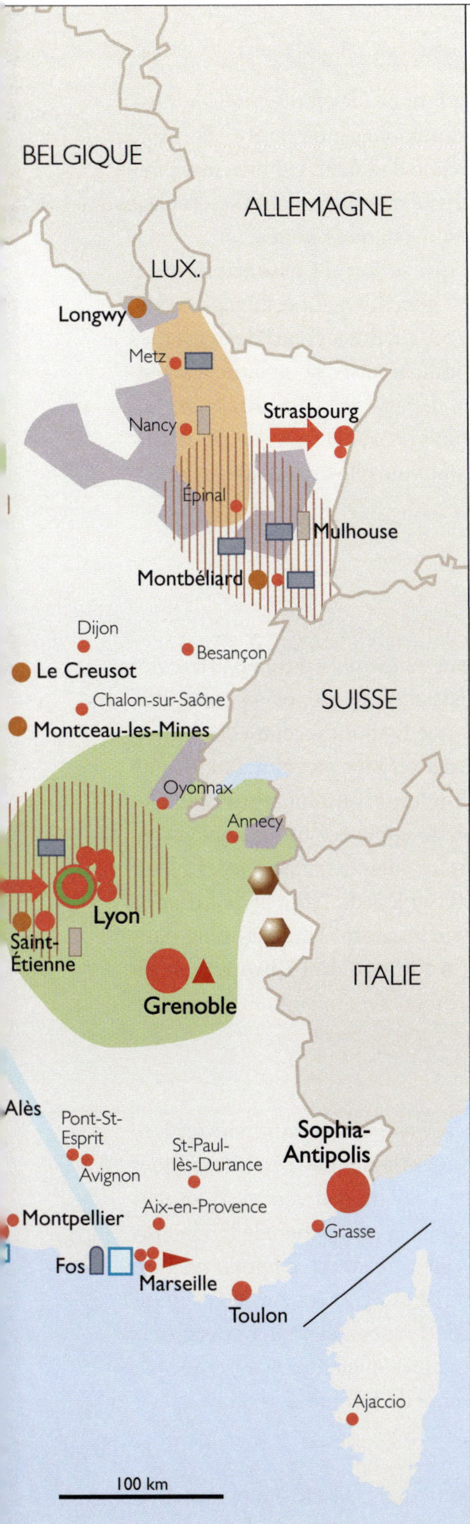

I. Les territoires industriels en reconversion

a. Les territoires industriels en difficulté

b. Les vieilles villes industrielles

c. Les traditions industrielles
- Textile
- Électrométallurgie
- Chimie

II. Une industrie menacée

a. La destruction des emplois industriels
- Bassins d'emplois industriels où les actifs ont diminué de plus de 10 % entre 2008 et 2012

b. Les branches en surcapacité
- Raffinage
- Automobile

c. L'insuffisante intégration à la mondialisation
- ZIP
- Autres pôles portuaires
- Ligne Le Havre-Marseille au nord de laquelle l'industrie s'est historiquement développée

III. Une industrie renouvelée

a. Les pôles industriels majeurs
- Forte concentration de l'emploi industriel
- Territoires industriels dynamiques

b. Les pôles de compétitivité
- Mondial
- À vocation mondiale
- National

c. Les points forts
- Aéronautique
- Technopôles
- Principaux flux d'IDE

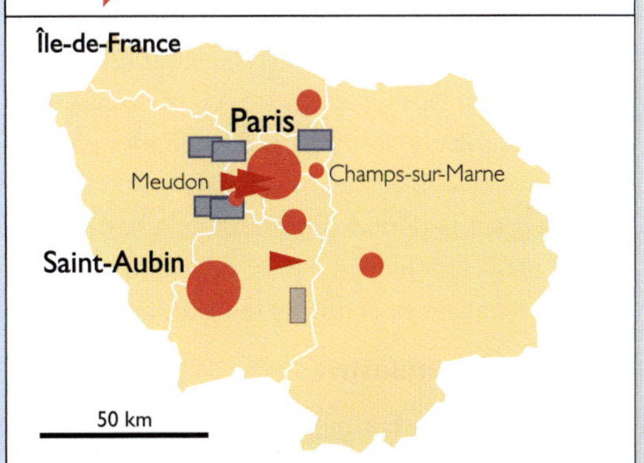

COMMENTAIRE

⏭ Présentation

Cette carte à l'intitulé très classique correspond en réalité à une vraie gageure puisqu'elle doit prendre en compte deux échelles de mutation de l'industrie en France : les fermetures de sites, d'une part, éventuellement leurs ouvertures, mais aussi les transformations profondes de la nature même de l'industrie, d'autre part, qui tendent à fragmenter la chaîne de valeur. Un bien manufacturé est ainsi devenu le résultat d'un processus segmenté à l'échelle mondiale, dont l'assemblage final ne constitue qu'une opération dont la valeur ajoutée n'est souvent que minime.

La représentation à une échelle nationale de processus qui se jouent essentiellement à d'autres échelles n'a donc rien d'évident, et l'exercice est généralement évité par les géographes les plus prudents. Pour y faire face, le concepteur de cette carte a choisi d'opposer les logiques héritées, fondamentales dans l'un des premiers pays industrialisés au monde, aux tendances lourdes imposées par la mondialisation. Trois des cinq départements d'outre-mer sont représentés, par la présence de pôles de compétitivité, mais on doit relever la faiblesse de l'industrie en dehors de l'Hexagone, excepté l'exploitation du nickel en Nouvelle-Calédonie, dernière activité minière sur le territoire national.

⏭ Explications

1. Localisation

La traditionnelle coupure entre un Nord-Est industrialisé (longtemps plus des deux tiers des emplois du secteur) et le reste du territoire national sous-industrialisé est rappelée par la carte. Elle dessine moins la réalité de l'industrie au début du XXIe siècle que l'opposition entre des régions à l'identité industrielle forte et d'autres où le secteur manufacturier est plus récemment implanté et fortement polarisé autour des métropoles (aéronautique à Toulouse, automobile à Rennes). L'importance de Paris et de Lyon permet une diffusion régionale appuyée sur les densités de population, l'excellence des infrastructures ou les aménités pour les villes dynamiques des Alpes. En revanche, les anciennes villes industrielles, les vieux bassins miniers du Nord et de Lorraine peinent à capter une nouvelle génération de fonctions industrielles, après l'implantation dans les années 1970 et 1980 de sites automobiles. Or, **la France, à l'image de l'Europe, est en surcapacité de production**, son marché intérieur ayant perdu en dynamisme, sa gamme de véhicules s'exportant difficilement.

2. Déclin

La liste des sites qui ferment ressemble trop à une litanie répétée *ad libitum* pour pouvoir être représentée : à Florange succède Aulnay, etc. Plutôt que de représenter des lieux emblématiques mais trop chronologiquement marqués, l'indicateur retenu ici est celui du pourcentage d'emplois industriels détruits sur un laps de temps très court (quatre ans) après la contraction de l'économie en 2008. Ne sont retenus que les bassins d'emploi les plus marqués, puisqu'on a retenu un seuil probant : 10 %. Si on passe à l'échelle régionale, seule la Région Midi-Pyrénées conserve autant d'emplois industriels sur la période 2009-2014, la perte en Île-de-France s'élève à un tiers, et la moyenne est d'un nouvel emploi créé pour deux détruits. La tendance ancienne représentée par le document complémentaire se confirme donc, et ce sur l'ensemble du territoire.

3. Les nouvelles formes de l'industrie

La difficulté à représenter le fait industriel en France correspond dans le fond à une mutation assez comparable à celle qui a affecté l'agriculture il y a cinquante ans, cette « révolution silencieuse » qui a vu de nouvelles formes de production dégager davantage de bénéfices en utilisant bien moins de bras. **La concurrence avec les pays émergents rend impossible le maintien d'industries de main-d'œuvre**, trop coûteuses. Leur remplacement par des secteurs à plus forte valeur ajoutée, qui s'appuient sur les atouts de la population (formation, densité des bassins d'emploi) et du territoire (infrastructures, liaisons avec le reste de l'Europe), peut dégager davantage de bénéfices, mais créé forcément moins d'emplois.

L'action publique consiste, pour l'essentiel, à favoriser ces activités en les articulant à un tissu d'opportunités. C'est le modèle ancien déjà des technopôles, c'est celui que doivent diffuser les **71 pôles de compétitivité**. Ils sont recensés ici, non sous leur nom, mais sous celui de leur ville d'accueil. Ils sont spécialisés dans les communications, la mobilité, les nanotechnologies ou les systèmes optiques. L'industrie qui s'y crée s'incarne dans des sites de faible emprise au sol, connectés entre eux, en apparence radicalement différents des usines de l'âge industriel. Ils sont pourtant concernés, à leur façon, par des contraintes qui n'ont guère changé : les fermes de serveurs informatiques, par exemple, consomment de plus en plus d'énergie et se rapprochent autant que possible des centrales. La proximité des marchés de consommation, en aval, celle des bassins d'emploi, en amont, n'a pas non plus été abolie, et ces nouvelles formes de l'industrie perpétuent en conséquence les **logiques de métropolisation**.

⏭ Limites de la carte

Les emplois industriels ne sont pas tous représentés. On relève facilement, dans la comptabilité nationale, le pourcentage d'emplois industriels par région, ce qui n'a pas été conservé ici, pour rendre la carte plus concrète : dans cette approche, le Bassin parisien, qui concentre, en dépit d'un demi-siècle d'efforts de décentralisation, de loin la plus forte concentration d'emplois industriels, est largement sous-représenté puisqu'il concentre encore plus les emplois tertiaires. La carte s'appuie aussi, faute de pouvoir faire autrement, sur la distinction classique entre les trois secteurs d'activité, sans pouvoir distinguer les emplois industriels classiques de ceux qui relèvent du **secteur périproductif**, à savoir des emplois tertiaires qui dépendent de l'industrie.

On n'a pas systématiquement non plus distingué ici, au sein de l'industrie, les emplois relevant purement de l'industrie manufacturière, celle qui est plus particulièrement sur le déclin, des autres composantes du secteur secondaire, l'énergie, à l'activité bien plus régulière car non délocalisable, et le BTP, très cyclique et adhérent absolument aux aléas de la conjoncture.

DOCUMENT COMPLÉMENTAIRE

Le déclin des emplois industriels en France depuis les années 1970

1970	1980	1990	2000	2011
5 18 300	5 000 000	4 700 000	4 000 000	3 593 000

Source : INSEE.

CARTE C9 La Méditerranée, des jeux d'interfaces multiples

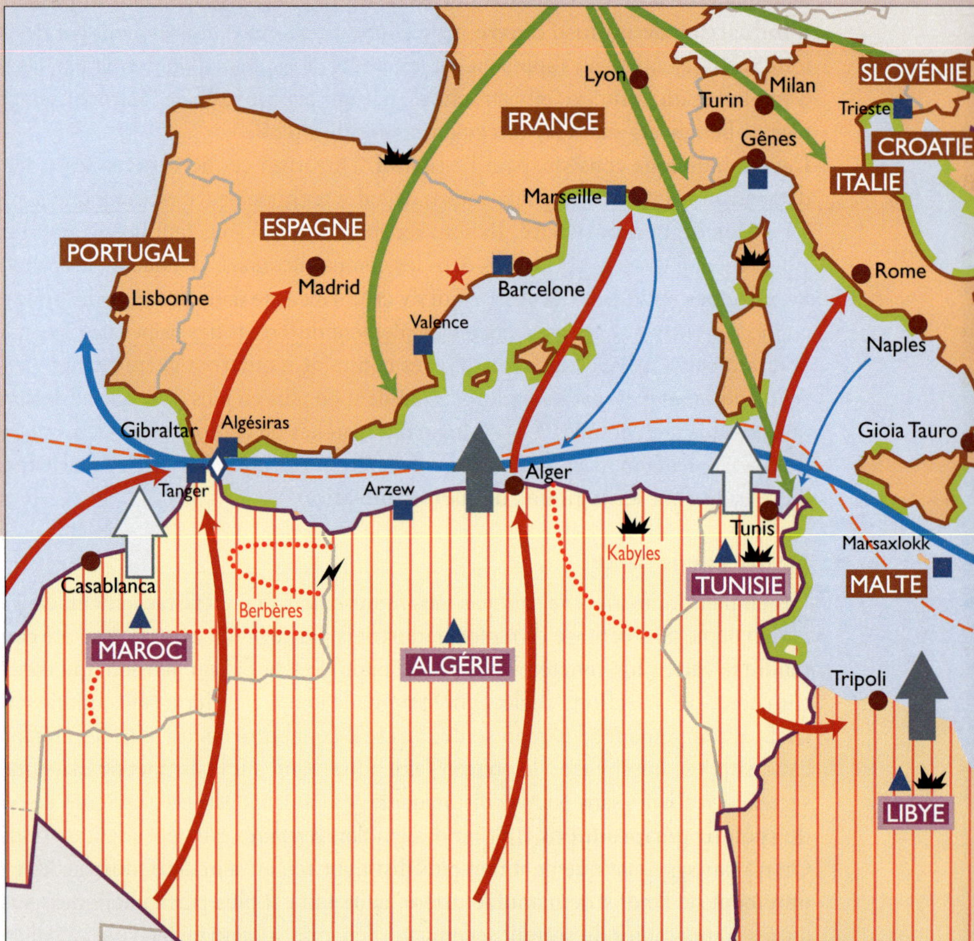

I. Un espace marqué par des fractures multiples

a. Des clivages socioéconomiques marqués

- Limite traditionnelle Nord/Sud

Niveaux de développement très contrastés (en 2012)

- IDH élevé (plus de 0,8)
- IDH assez élevé (entre 0,8 et 0,72)
- IDH moyen (entre 0,71 et 0,59)

b. Des clivages démographiques toujours importants

Taux d'accroissement naturel (2012)

- Faible ou négatif (inférieur à 1 %)
- Moyen ou élevé (plus de 1 %)

c. D'autres clivages existent

- Exemple des fractures culturelles héritées : zones de minorités ethniques et linguistiques
- Zones de pression sur la ressource en eau

II. Des flux complexes à différentes échelles

a. D'amples flux migratoires principalement méridiens

- Flux migratoires internationaux

b. Des flux touristiques aux trajectoires plus complexes

- Flux touristiques privilégiant la rive nord de la Méditerranée
- Littoraux touristiques très attractifs

c. Des flux économiques et financiers, reflets d'une insertion croissante dans la mondialisation

- Flux de marchandises de transit
- Flux de marchandises provenant de l'UE
- Flux d'hydrocarbures
- Flux de produits manufacturés
- Principaux ports maritimes
- Portes d'entrée méditerranéennes
- IDE témoignant d'une attractivité inégale des PSEM (pays du Sud et de l'Est de la Méditerranée)

COMMENTAIRE P. 148

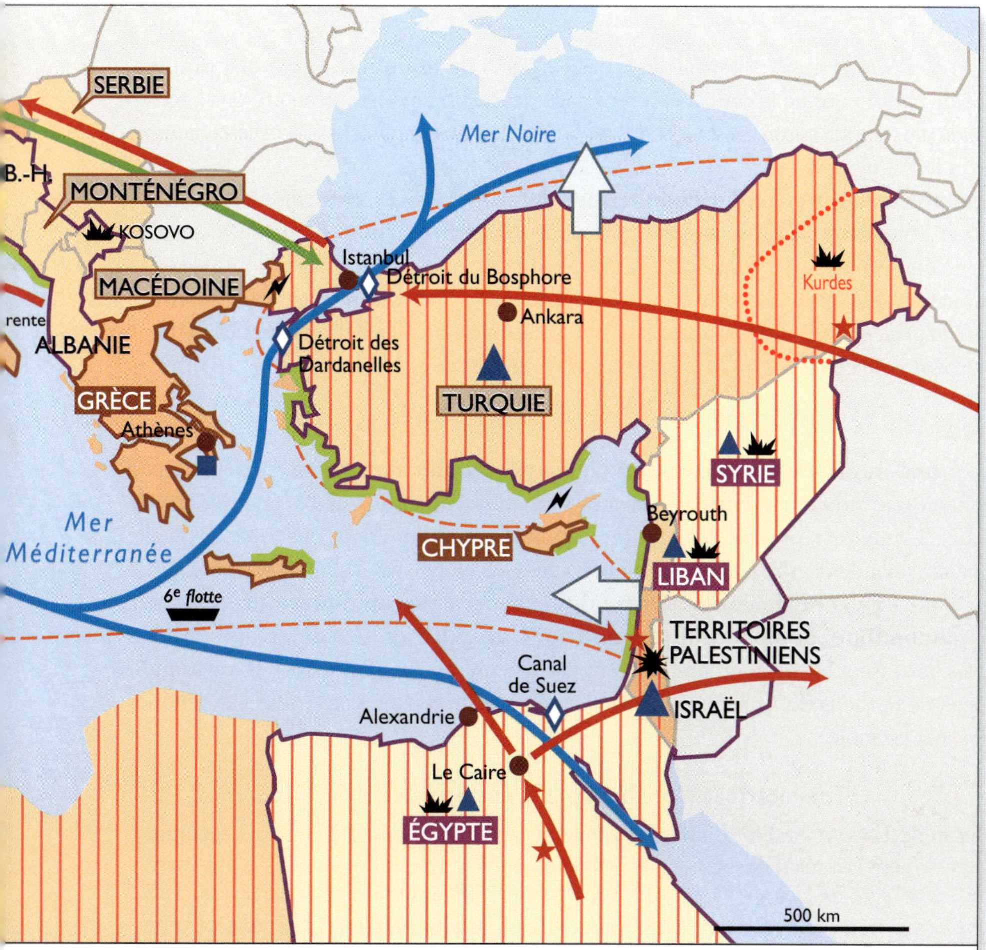

III. Des relations régionales entre tensions et coopérations

a. Un foyer de nombreux conflits et tensions de toute sorte

- Israël/Territoires palestiniens, conflit majeur de la région
- Foyers de troubles dans certains pays
- Tensions entre pays de la région

Une mer sous surveillance des grandes puissances :

- Présence de la 6e flotte américaine

b. Des tentatives de coopération encore limitées en dehors de l'UE

- ITALIE Pays appartenant à l'UE
- Pays méditerranéens de l'UE appartenant à l'espace Schengen
- SERBIE Pays candidats à l'entrée dans l'UE

Des associations bien ténues sur la rive sud :

- SYRIE Ligue arabe
- LIBYE Union du Maghreb arabe (UMA)
- Pays membres du partenariat euro-méditerranéen institué à l'initiative de l'UE

c. Les agglomérations, lieux de tensions/d'échanges

- Grandes villes, interfaces privilégiées

COMMENTAIRE

⏭ Présentation

Centré sur la mer Méditerranée, l'espace de la carte n'a **pas de délimitations indiscutables**. Le parti pris du concepteur de la carte a été d'envisager le Bassin méditerranéen au sens large en représentant la plus grande partie des États bordant la Méditerranée ou proches de celle-ci (comme les Balkans et le Portugal).

Difficulté supplémentaire : le pluriel du terme « interface ». Si le sujet conduit à privilégier l'interface Nord-Sud entre une rive nord majoritairement composée d'États développés appartenant à l'Union européenne, et une rive sud constituée d'États en développement, l'intitulé (« des jeux d'interfaces multiples ») exige une réflexion suffisamment fine pour nuancer cette interface majeure avec la prise en compte d'espaces « intermédiaires » comme les Balkans dont les IDH ne sont pas si éloignés de certains PSEM (pays du Sud et de l'Est de la Méditerranée).

⏭ Explications

Rappelons qu'**une interface est une notion clé en géographie** qui désigne un plan ou une ligne de contact et d'interaction entre des entités spatiales distinctes. Limite traversée par de multiples flux, « l'interface produit des différenciations fortes à l'intérieur des espaces qu'elle met en contact, selon le degré de connexion qu'ils ont avec elle[1] ». La Méditerranée constitue sans aucun doute **une zone de contact entre des espaces géographiques différents sur les plans économique, démographique, politique et culturel**. Ces différences, parfois considérables, favorisent ou, au contraire, freinent des flux presque exclusivement asymétriques, qui font l'objet de tensions (flux migratoires, par exemple) ou de coopérations (flux économiques et financiers, par exemple).

Une interface Nord-Sud pas si nette que cela

Pour faire simple, la frontière Nord-Sud conventionnelle fait le tour de la planète en séparant les pays développés (au nord de cette ligne) et les pays en développement (au sud de cette ligne). Or, cette ligne de clivage Nord-Sud, apparue en 1980 dans le rapport *Nord-Sud : un programme de survie* de Willy Brandt, est contestable et de plus en plus critiquable car elle reste souvent utilisée ou citée alors que, depuis plus de trente ans, le monde a beaucoup changé, comme en témoignent les indicateurs (PIB et IDH, en particulier) et l'expression « puissances émergentes ». La Méditerranée est-elle un élément de cette limite Nord-Sud ? Grossièrement, on peut répondre à cette question par l'affirmative en soulignant qu'ici, l'important écart de développement entre les deux rives autorise l'emploi du terme « interface » pour qualifier le contact Nord-Sud. Mais si l'on y regarde de plus près, en observant les chiffres de la richesse par habitant mais aussi les données relatives à la santé et à l'éducation, à l'espérance de vie, à la qualité de l'eau, etc., il vaudrait mieux parler de gradients de développement pour le Bassin méditerranéen.

Le **plan de la légende** reproduit classiquement cette démarche. Après avoir décrit les **clivages** qui fondent l'interface majeure rive nord-rive sud avec ses zones « intermédiaires », il montre la **prééminence des flux méridiens** dans l'ensemble des flux qui sillonnent le Bassin méditerranéen, même si d'autres flux existent, en particulier aux échelles nationale et régionale. Enfin, la troisième partie de la légende s'attache à décrire les deux conséquences résultant de ces contacts et de ces échanges : d'un côté, **des tensions** (surtout géopolitiques), de l'autre, **des tentatives de coopération**, comme l'Union pour la Méditerranée fondée en 2008 sur une initiative française

1. Jérôme Dunlop, *Les 100 mots de la géographie*, PUF, 2009.

pour donner un second souffle au processus de Barcelone initié en 1995 et destiné à construire un partenariat entre l'UE et les PSEM.

Les **choix graphiques** sont d'autant plus importants que l'ambition de la carte est de rendre compte de la complexité des « jeux d'interfaces multiples » tout en préservant au mieux la lisibilité de la carte. Les plages colorées et le système de hachures utilisé pour représenter l'importance des clivages économiques et démographiques forment la base visuelle de la carte. Sur ce fond, s'inscrit un grand nombre de flèches pour les flux de toute nature qui parcourent le Bassin méditerranéen. En jouant sur la forme, la taille et la couleur de ces flèches, il a été possible de **montrer l'importance et la variété de ces flux**. Par exemple, même si les flux méridiens sont nettement les plus nombreux, témoignant ainsi des relations entre les divers ensembles spatiaux des interfaces, la grande flèche bleue orientée est-ouest traduit clairement que la Méditerranée est également un espace de transit pour le commerce international empruntant le canal de Suez et le détroit de Gibraltar. Pour les tensions et les coopérations, les figurés ponctuels ont été privilégiés mais afin de garantir une lisibilité optimale, divers systèmes d'encadrement de noms de pays ont été également utilisés.

⏭ Limites de la carte

La **volonté de bannir le schématisme** a conduit le concepteur de la carte à diversifier et nuancer ses choix. Ainsi, les clivages en termes de développement et de démographie ont été nettement mis en évidence mais les clivages d'ordres culturel et environnemental sont tout de même évoqués par quelques exemples (minorités ethniques et linguistiques, tensions sur l'eau). Ces exemples peu nombreux doivent être pris pour ce qu'ils sont, c'est-à-dire des indications sommaires d'une réalité plus complexe qu'il n'y paraît.

De la même façon, les jeux d'interfaces multiples s'exercent à différentes échelles géographiques ; **quelques éléments de la carte suggèrent que l'échelle locale a aussi toute son importance**, notamment au sein des grandes villes de l'ensemble méditerranéen (Naples, Barcelone, Istanbul, Marseille, Alger, Tunis, Alexandrie, etc.). En effet, celles-ci peuvent être considérées comme de véritables interfaces à l'échelle locale mais, compte tenu du format de la carte, ce constat a été seulement évoqué dans la légende pour ne pas compromettre la lisibilité de la réalisation cartographique.

L'exemple des ports maritimes reflète assez bien les ambitions et les limites de la carte. Si la distinction ports de croisière/ports commerciaux a été faite, il n'a pas été possible d'aller plus loin dans la description du système portuaire méditerranéen. Ainsi, la catégorie « ports maritimes » masque en fait la concurrence entre les ports traditionnels (Marseille, Gênes, Barcelone, etc.) et les nouveaux hubs spécialisés dans le trafic des conteneurs. Les principaux hubs (Gioia Tauro, Algésiras, Malte), tous situés sur la route maritime Suez-Gibraltar, sont des ports d'éclatement à partir desquels des flux régionaux se dirigent vers les ports traditionnels de proximité.

CARTE C10

Le Sahara, un espace de tensions et de conflits

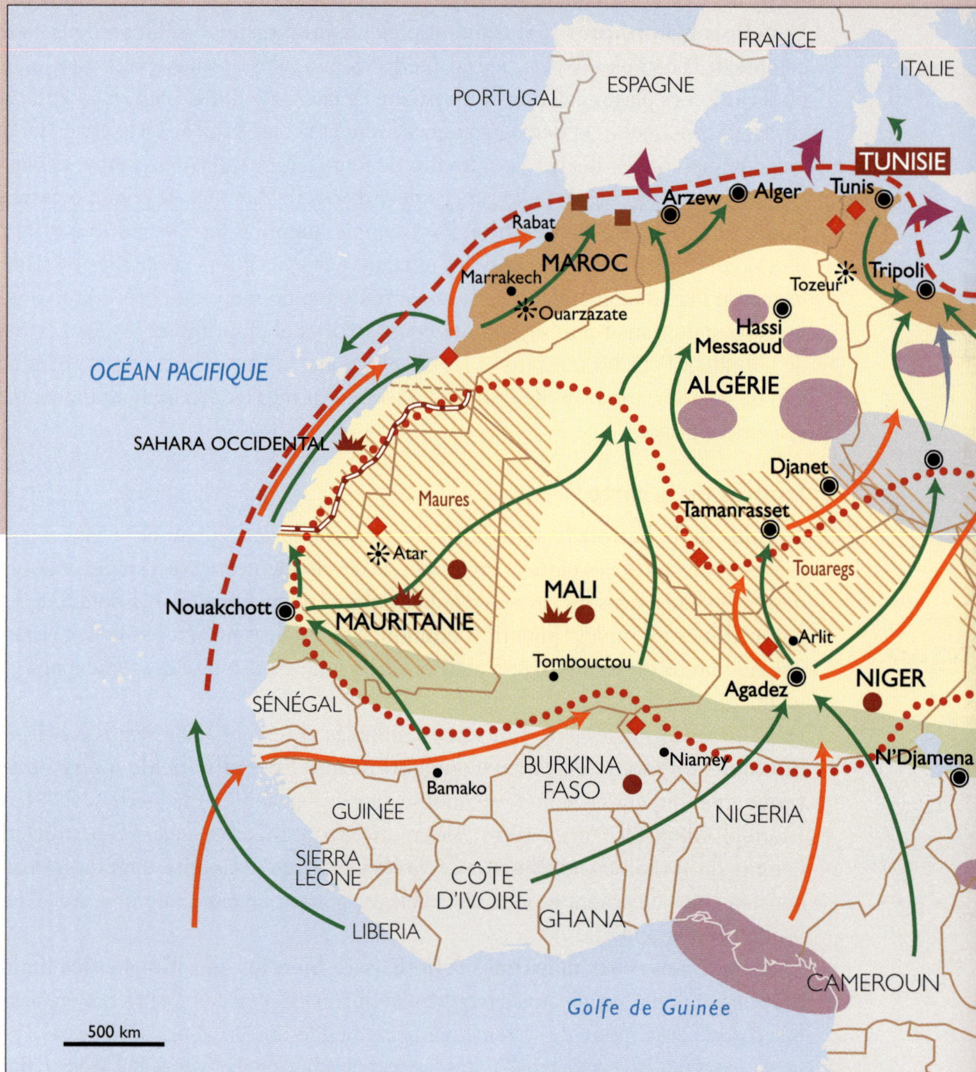

I. De fortes contraintes naturelles mais aussi des ressources convoitées

a. Les contraintes d'un désert-barrière

- Le plus vaste désert du monde
- Marge sahélienne affectée par la désertification
- Marge septentrionale de montagnes et de littoraux méditerranéens
- L'exception de la vallée du Nil

b. Des ressources convoitées par les États de la région et du reste du monde

- Gisements d'hydrocarbures
- Nappes phréatiques fossiles
- Gisements de minerais (uranium, fer, phosphates, etc)

II. Un espace traversé par de nombreux flux

a. Des flux de ressources dominés par l'évacuation des hydrocarbures

- Flux d'exportations d'hydrocarbures
- Transferts d'eau vers le littoral

b. D'importants flux illégaux

- Flux de migrants transsahariens
- Flux commerciaux illicites (armes, tabac, drogue)

c. Des itinéraires guidés par un réseau de villes

- Villes de départ et/ou d'arrivée
- Portes d'entrée touristique

▶▶| COMMENTAIRE P. 152

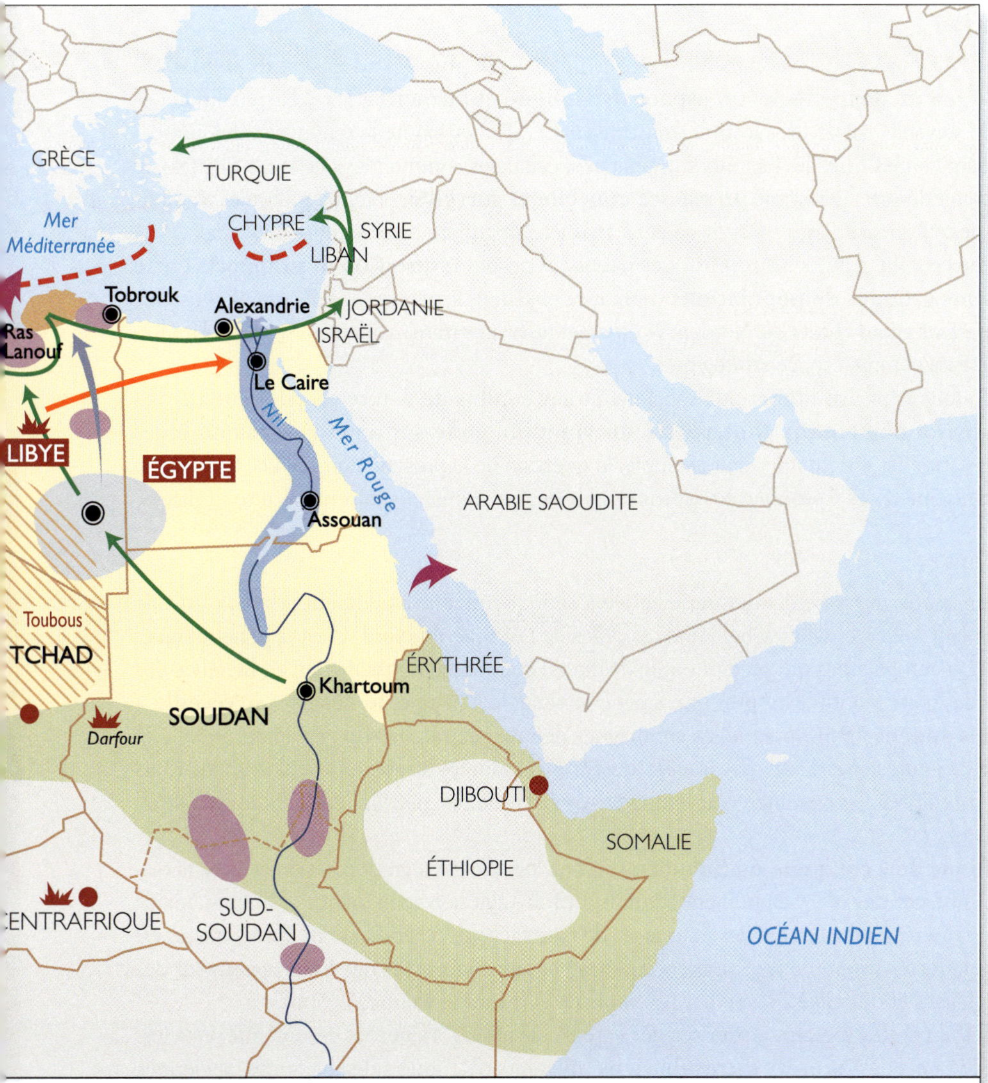

III. Des tensions et des conflits

a. Des facteurs de tension

- Frontières d'origine coloniale plus ou moins poreuses
- Nouvelles frontières (les unes contestées, les autres conflictuelles)
- Enclaves espagnoles
- Aires traditionnelles des groupes nomades (Touaregs, Toubous, Maures)

b. Une situation géopolitique instable et conflictuelle

- Zone d'action d'AQMI (Al-Qaida au Maghreb islamique)
- Conflits armés récents
- LIBYE Régime autoritaire renversé par le « printemps arabe » de 2011
- Front armé du Sahara occidental
- Présence de l'armée française
- « Filtre maritime » de l'Europe (agence Frontex, OTAN)

COMMENTAIRE

⏭ Présentation

Considéré à l'époque coloniale comme un « espace inutile », **le plus grand désert de la planète est devenu, en un demi-siècle, un espace dynamique et attractif** grâce à l'exploitation des richesses de son sous-sol (hydrocarbures, minerais, eau). Si l'on y ajoute le renouveau des circulations transsahariennes (flux de migrants subsahariens, échanges commerciaux licites et illicites), le Sahara apparaît désormais comme **un espace convoité et surveillé**, objet de multiples tensions et conflits de toute nature, qui s'inscrit de cette manière singulière dans la mondialisation.

Les nombreux conflits internes aux territoires nationaux posent la **question des rapports entre les différents groupes de populations** (nomades et sédentaires, etc.) tandis que la présence d'acteurs extrasahariens (États du Nord, pays émergents, firmes transnationales) souligne l'importance du Sahara comme espace stratégique.

Enfin, il ne faudra pas se limiter aux tensions et aux conflits de nature géopolitique car **les aspects environnementaux font partie du sujet** qui porte sur un espace soumis à des contraintes naturelles redoutables. Par exemple, la question de la préservation des écosystèmes et celle de l'épuisement des ressources fossiles (exemple des aquifères) ne doivent pas être négligées.

⏭ Explications

1. Le Sahara a été une zone économique active à l'époque médiévale lorsque les caravanes le sillonnaient pour relier les villes sahéliennes et celles de l'Afrique du Nord. C'est la pénétration et la colonisation européennes qui précipitent le déclin du commerce transsaharien au bénéfice des littoraux et des ports maritimes. Après une longue période de léthargie, **le désert « se réveille » à partir des années 1960** lorsque les campagnes de prospection du sous-sol aboutissent à la découverte de grands gisements d'hydrocarbures. Ces ressources stratégiques incitent les États riverains à asseoir leur souveraineté sur leurs marges sahariennes, particulièrement au Maghreb et au Machrek.

Cette **politique de « conquête du Sahara »** suit une logique d'intégration nationale avec la réalisation d'infrastructures et l'encadrement administratif. Il s'agit non seulement d'assurer au mieux l'exploitation des ressources naturelles mais aussi de faire face aux revendications autonomistes et/ou indépendantistes (exemple du Sahara occidental) et aux convoitises des États voisins sur des marges litigieuses et difficiles à surveiller (exemple de la frontière Maroc/Algérie).

Aux tensions et conflits mettant aux prises des acteurs sahariens, s'ajoutent des conflits dans lesquels sont présents des **intérêts extrasahariens** (migrants d'Afrique subsaharienne, anciennes puissances coloniales, États-Unis, puissances émergentes dont la Chine, firmes transnationales, etc.). Depuis les années 2000, le Sahara revient sur le devant de la scène politique internationale et médiatique en raison de l'installation de groupes terroristes islamistes dans le désert, de l'essor des trafics illicites de toute nature (drogues, armes, cigarettes, etc.), de l'importance des flux d'immigration clandestine et enfin, de la compétition entre les puissances occidentales et les pays émergents pour s'approprier ses richesses énergétiques et minières. Ainsi, l'hégémonie française traditionnelle est-elle battue en brèche, principalement par les États-Unis et la Chine. Le Sahara est devenu une zone d'insécurité où se concentrent de nombreux enjeux (énergétiques, économiques, démographiques) du XXIe siècle.

Un système de crises complexe dans la zone sahélo-saharienne occidentale (de la Mauritanie au Tchad)

Dans cette zone immense, la majorité de la population vit dans une partie réduite du territoire national, celle qui est cultivable au sud du Sahara. Elle est éloignée de l'espace désertique qui abrite l'épicentre des crises contemporaines : rébellion touarègue, crise libyenne, présence islamiste armée, criminalité internationale, contrebande, le tout sur fond de « grand jeu » géopolitique. C'est la dimension économique et démographique qui constitue le substrat essentiel des crises actuelles dans cette zone. En effet, l'économie de rente (uranium, pétrole, coton, arachide) favorise le clientélisme et l'exploitation de la fluctuation des cours mondiaux comme occasion d'enrichissement. En retour, le désordre économique engendré exacerbe l'impact local des manipulations de puissances régionales et internationales ainsi que celles d'acteurs non étatiques, parfois criminels. Enfin, une telle situation renforce l'incapacité des États à gérer le territoire et à mettre en place une économie moderne. On peut donc parler d'un véritable cercle vicieux.

2. La **légende de la carte** cherche à décrire et à expliquer les tensions et conflits de cet immense espace désertique. L'exploitation d'importantes ressources naturelles, malgré les contraintes du milieu (partie I) et les nombreux flux empruntant des itinéraires privilégiés (partie II), auxquels s'ajoute la question des frontières d'origine coloniale (partie III. a), constituent les facteurs essentiels des tensions et conflits représentatifs d'une situation géopolitique particulièrement instable (partie III. b).

Ainsi, **les ressources et les conflits sont-ils au cœur de la problématique** et de la légende de la carte. Pour les ressources naturelles, la question de leur mise en valeur renvoie à leur accessibilité et à leur rentabilité, une ressource pouvant être, dans certains cas, renouvelable (exemple de l'énergie solaire) ou, le plus souvent, non renouvelable (hydrocarbures, minerais, eau fossile). Pour les conflits, les rivalités peuvent opposer des États ou des groupes organisés au sein des États, ou encore mettre en cause des acteurs non étatiques comme Al-Qaida. **Parmi les conflits liés aux ressources**, plusieurs types existent :

– des conflits d'usage (par exemple, entre pasteurs nomades et agriculteurs sédentaires au Sahel) ;
– des conflits territoriaux ou frontaliers pour l'appropriation de la ressource (par exemple entre le Soudan et le Soudan du Sud) ;
– des conflits pour le partage de la rente (par exemple, pour l'uranium au Niger).

⏭ Limites de la carte

Notre souci, constant dans cet ouvrage, de rechercher un **compromis entre un contenu suffisamment riche et une lisibilité cartographique indispensable** trouve sans doute ses limites avec cette carte. Compte tenu de la complexité des itinéraires empruntés par les nombreux flux, souvent illicites et clandestins, exploitant les nombreuses frontières mal contrôlées par les États, surtout ceux du Sud (Mauritanie, Mali, Niger, Tchad, Soudan), la carte est sillonnée par de nombreux figurés linéaires (surtout des flèches).

Il a été **difficile de rendre encore plus sélective les informations retenues**, d'autant plus qu'il fallait montrer que, dans les étendues désertiques, la maîtrise des flux et des points de passage obligés importe plus que celle des surfaces. De même, le choix des procédés graphiques a été contraint par la nature même des phénomènes géographiques dont beaucoup sont linéaires, ce qui explique le nombre assez élevé de trait et de flèches sur cette carte.

CARTE C11

Le bassin caraïbe, une interface sous domination étatsunienne

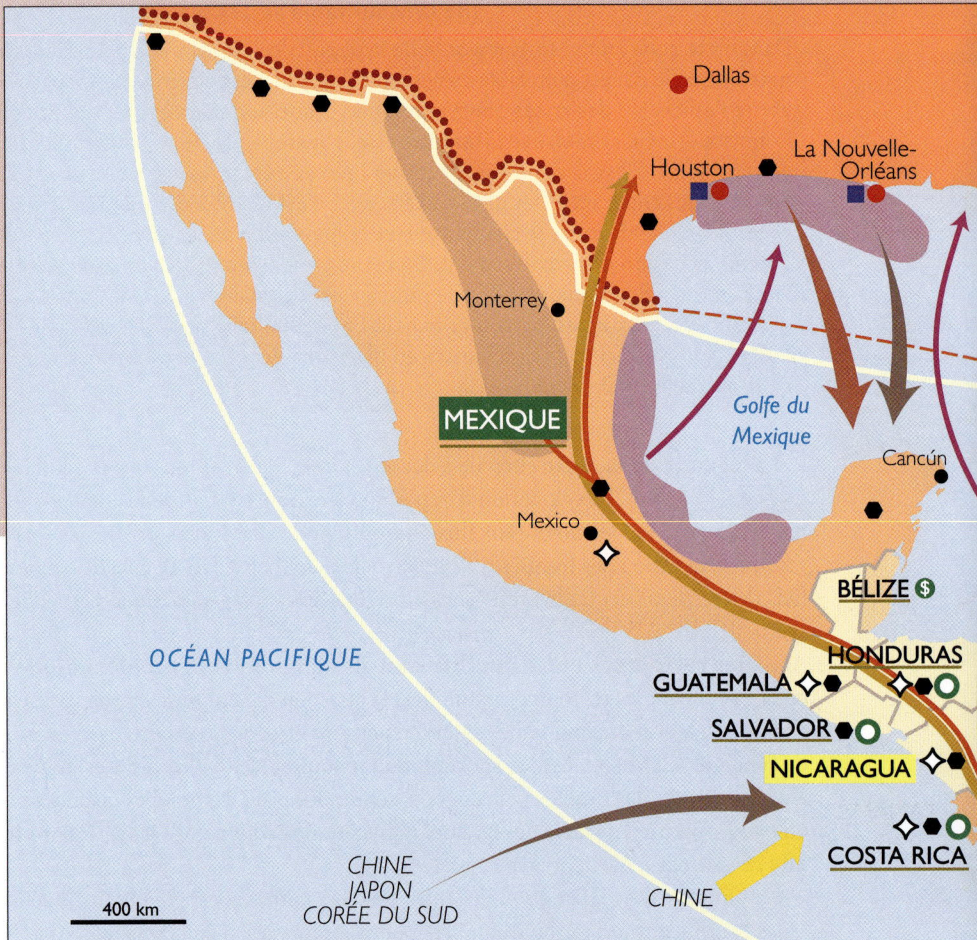

I. Une interface plus complexe qu'il n'y paraît

a. Des contrastes de développement marqués

- Limite traditionnelle Nord-Sud

IDH (en 2012)

0,9 | 0,76 | 0,68 | 0,45

b. Des territoires permettant le fonctionnement de l'interface

Des territoires de communication

- Passages maritimes stratégiques
- Principaux ports commerciaux
- Principaux ports de croisière

Des territoires dérogatoires

- *Maquiladoras* et zones franches
- Paradis fiscaux

Des métropoles organisatrices

- Métropole décisionnelle majeure de l'interface
- Métropoles étatsuniennes bénéficiant fortement de l'interface (capitaux et migrants)

II. Un espace de flux complexes, licites et illicites

a. Des flux de marchandises principalement méridiens

- Gisements et flux d'hydrocarbures
- Zones de production et flux de drogue
- Implantation des FTN fruitières étatsuniennes à l'origine d'importants flux d'exportations vers les États-Unis

b. Des flux humains de forte intensité

- Flux migratoires, en grande partie clandestins
- Frontières sous étroite surveillance
- Flux touristiques orientés majoritairement vers la croisière et le séjour balnéaire

c. Des flux financiers articulés à plusieurs échelles

- Flux d'IDE et aide au développement
- Flux de capitaux attirés par les paradis fiscaux

⏭ COMMENTAIRE P. 156

1. Une hégémonie étatsunienne peu contestée

a. L'« arrière-cour » des États-Unis

- MEXIQUE : Association commerciale où les États-Unis jouent un rôle prépondérant (ALENA)
- $: Monnaie nationale liée au dollar US
- Pays alliés des États-Unis
- Présence militaire des États-Unis
- CUBA : Pays sous embargo étatsunien

b. Quelques limites à l'hégémonie des États-Unis

- Associations régionales sans grand pouvoir (ex. de l'Association des États de la Caraïbe, AEC)
- VENEZUELA : Pays antiaméricains
- Influence européenne à travers les territoires ultramarins de l'UE
- Influence commerciale et financière de la Chine en essor

COMMENTAIRE

⏭ Présentation

Le bassin caraïbe est un espace maritime presque fermé (golfe du Mexique et mer des Caraïbes) avec ses îles (Petites et Grandes Antilles) et ses bordures continentales appartenant aux États-Unis, au Mexique et à l'Amérique centrale, à la Colombie et au Venezuela. Cet ensemble régional adossé au continent américain occupe **une position stratégique entre l'océan Atlantique et l'océan Pacifique, à proximité des États-Unis**, première puissance économique de la planète, et du canal de Panama, passage clé du commerce maritime international.

Traversé par la ligne de clivage Nord-Sud, le bassin caraïbe occupe **une position d'interface entre l'Amérique anglophone et l'Amérique latine, entre les pays riches et les pays en développement**, qui lui permet d'être intégré à la mondialisation, en particulier par l'existence de multiples échanges. L'hégémonie des États-Unis dans cet espace, vieille de plus d'un siècle, se double d'une forte attraction qui explique d'importants flux migratoires même si, parallèlement, la mosaïque caraïbe reste encore très attachée à son passé colonial ou à une identité qu'elle cherche à affirmer.

Après l'étude des territoires de l'interface, qui souligne son hétérogénéité et la complexité de son fonctionnement, la carte s'attache à révéler l'intensité des flux qui parcourent cet espace puis à montrer comment **les États-Unis maintiennent, sans trop de difficulté, leur domination malgré quelques résistances régionales**.

⏭ Explications

1. Une interface complexe

Le bassin caraïbe comprend essentiellement des pays en développement mais l'existence de la ligne Nord-Sud et la présence des États-Unis font que cet espace présente **la césure de développement et de richesse la plus importante de la planète**. La carte a choisi l'IDH pour révéler les inégalités de développement de la mosaïque caraïbe, non seulement entre les États-Unis et les autres pays, mais également au sein des pays en développement qui forment l'essentiel de l'ensemble régional. S'inscrivant dans cette mosaïque, **trois types de territoires permettent le fonctionnement de l'interface** : des territoires de communication (ports maritimes, canal de Panama), des territoires de dérogation (zones franches, paradis fiscaux) et des territoires décisionnels (métropoles). Chacun de ces types est unifié par une couleur spécifique pour garantir une meilleure lisibilité de la réalisation graphique.

Le canal de Panama

Rétrocédé à l'État du même nom en 1999, il fête son 100e anniversaire en 2014. 5 % du transport maritime mondial transite par ce passage stratégique. Actuellement, l'Autorité du canal de Panama (ACP), qui est responsable de sa gestion, se trouve en conflit avec le groupe chargé des travaux d'élargissement. Ceux-ci doivent permettre, à partir de 2015, de faire transiter par le canal des navires d'une capacité de 12 000 conteneurs, soit plus du double qu'actuellement. Au même moment, le Nicaragua relance l'ancien projet de Grand Canal qui doit relier les deux océans à travers son territoire, même si des voix questionnent sa faisabilité et la mainmise d'un magnat chinois sur le projet. Actuellement en phase d'étude, le projet comprend, en plus de la voie d'eau, la construction de deux ports, un aéroport international et deux zones franches. Mais le Panama ne semble pas s'inquiéter de cette perspective dans la mesure où il est devenu un centre d'affaires pour toute la région et il va accroître sa compétitivité avec l'élargissement du canal.

2. Un espace d'échanges et de flux

Des flux intenses traversent le bassin caraïbe : des flux humains, de marchandises et de capitaux, de direction Sud-Nord pour certains (migrations économiques, exportations d'hydrocarbures et de capitaux), de direction Nord-Sud pour d'autres (investissements, aides financières, produits manufacturés) alors que les flux interrégionaux sont peu développés. Cet espace est également intégré à la mondialisation par l'importance de l'activité touristique, la présence de nombreux paradis fiscaux et l'existence d'un important trafic illicite de drogue.

Zones franches, *offshore* et paradis fiscaux : l'« antimonde légal[1] »

Le bassin caraïbe a développé différentes formes d'activités dérogatoires grâce aux avantages de son positionnement et à l'indulgence du législateur. C'est un véritable « antimonde légal » qui s'est constitué avec des paradis fiscaux bénéficiant d'un régime fiscal avantageux ; des zones franches, industrielles ou commerciales, dotées de privilèges de franchise ; des places *offshore* bâties sur une simple activité extraterritoriale, sans domiciliation ni commerce sur place. Ces espaces de l'antimonde profitent de l'existence d'un espace régional politiquement émietté avec de nombreux petits États et micro-États ayant choisi de valoriser leur situation de proximité par rapport à la première puissance mondiale, à la croisée des flux touristiques et économiques qui nourrissent l'inégal développement de la région et des flux financiers provenant d'activités mafieuses, entre les masses océaniques atlantique et pacifique.
Les pratiques dérogatoires légalisées se sont développées ici d'abord dans un contexte de globalisation commerciale et financière et de libéralisation des mouvements de capitaux, puis dans un contexte d'endettement public et de déréglementation internationale. Ce rôle de régulateur du système-monde a commencé à être remis en question surtout après les attentats du 11 septembre 2001 qui, en intensifiant la lutte contre le terrorisme et l'argent sale, ont touché indirectement les paradis fiscaux. Ainsi, après avoir été toléré puis légalisé, l'antimonde fiscal et bancaire serait en voie d'être strictement contrôlé, ce qui n'exclut pas l'apparition d'autres formes plus insidieuses.

3. Une hégémonie des États-Unis peu contestée

La carte entreprend de décrire les **diverses formes de la domination des États-Unis** sur son « arrière-cour » : économique, financière, diplomatique, militaire. Dans cette réalité hégémonique, **Miami** occupe une place majeure, jouant le rôle de **véritable capitale du bassin caraïbe** avec de nombreuses fonctions : porte d'entrée migratoire vers les États-Unis, grande métropole économique et financière, plate-forme multimodale (portuaire et aéroportuaire), etc.
Malgré la difficulté de la transposition cartographique, la carte réussit malgré tout à suggérer plusieurs facteurs limitant (faiblement) l'hégémonie des États-Unis dans la région : positionnement antiaméricain de quelques États (Cuba, Venezuela), existence de territoires relevant toujours de la tutelle européenne (exemple des DOM français), essor de l'influence commerciale et financière de la Chine.

⏭ Limites de la carte

L'émiettement politique du bassin caraïbe explique le choix de nombreux figurés ponctuels pour tenter, malgré tout, de caractériser la place des micro-États insulaires dans l'ensemble régional, au risque de compromettre parfois la lisibilité de la carte.

---

1. D'après Michel Desse et Thierry Hartog, revue *Mappemonde*, n° 72, 2003.

CARTE C12

L'Arctique entre inquiétudes et espoirs

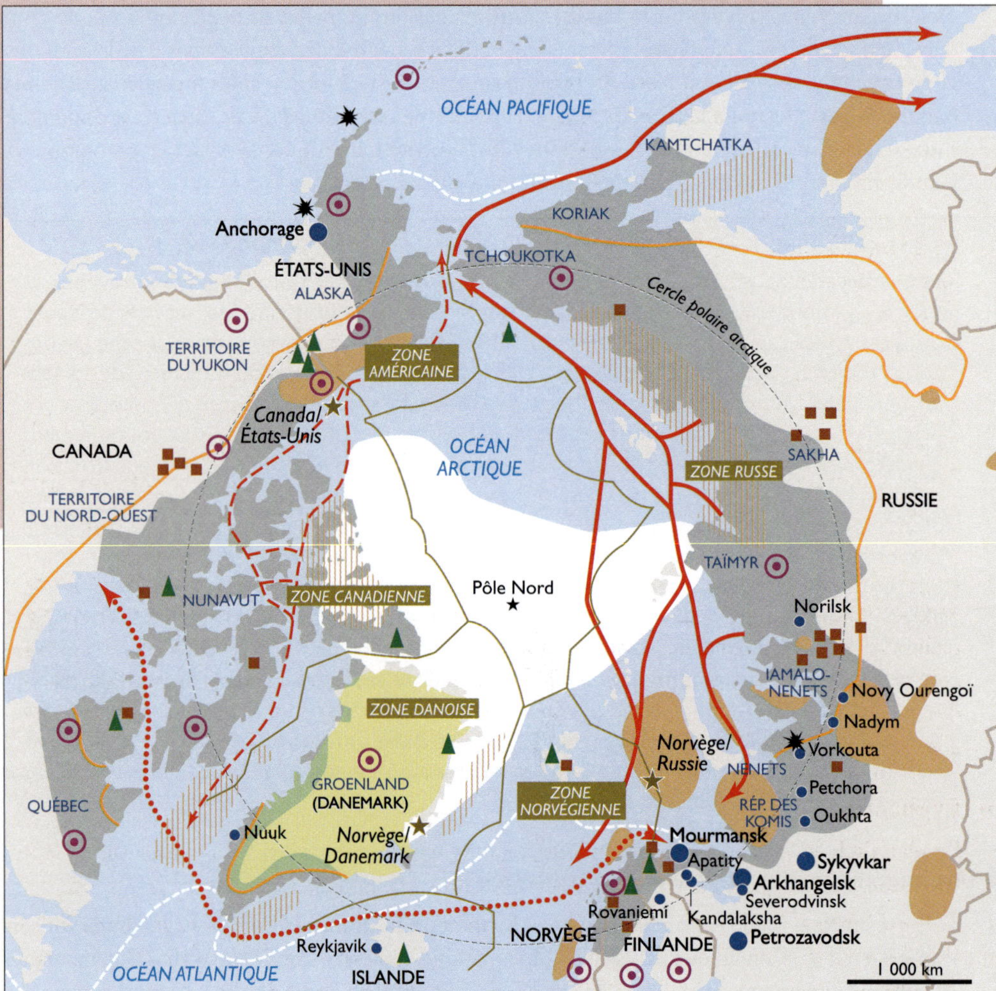

I. Un milieu hostile, une mosaïque humaine

a. Un milieu hostile
- Banquise estivale
- Banquise hivernale
- Inlandsis
- Limite du pergélisol

b. Une mosaïque humaine
- Peuples autochtones
- Agglomérations de l'Arctique
- SAKHA Territoire administratif de l'Arctique

II. De nouvelles perspectives liées au réchauffement climatique

a. Les perspectives d'une nouvelle circulation maritime
- La route du Nord-Est
- Le passage du Nord-Ouest
- Le « pont arctique »

b. Les perspectives d'importantes ressources énergétiques et minières
- Principaux gisements d'hydrocarbures
- Réserves d'hydrocarbures probables ou prospectées
- Principales réserves minières exploitées

III. Des tensions relatives aux nouveaux enjeux arctiques

a. Des tensions de nature environnementale
- Aires de protection écologique
- Principales marées noires ou ruptures d'oléoducs

b. Des tensions de nature géopolitique
- Limites de souveraineté théorique des eaux arctiques (non reconnue internationalement)
- Zones de contestation

c. Une gouvernance arctique en devenir
- SUÈDE États membres du Conseil arctique
- Associations autochtones (Conseil sami, etc.)

COMMENTAIRE

Présentation

Le premier enjeu d'une carte de l'Arctique réside dans la délimitation de l'espace à étudier. La **question des délimitations polaires** relève autant du domaine géophysique que des domaines culturel et politique. Le cercle polaire arctique (66° 33' de latitude nord) apparaît comme une limite commode mais bien approximative ; d'autres limites de nature climatique existent, telles que la ligne de Köppen (isotherme + 10° pour le mois le moins froid) ou la limite nord de la grande forêt boréale. Sur le plan culturel, les grandes aires de l'autochtonie polaire peuvent servir à délimiter l'espace arctique. Au bout du compte, on utilise le terme « arctique » si l'on veut centrer la réflexion sur le domaine océanique, ou l'on emploie les termes « Nord » ou « Grand Nord » si l'on veut privilégier les questions de développement des régions boréales par les États-nations polaires.

Ce sont les **effets du réchauffement climatique** qui ont modifié le statut de l'espace circumpolaire. Celui-ci est donc devenu depuis peu (deux décennies environ) une partie de la planète concentrant des enjeux économiques et stratégiques majeurs avec les perspectives d'exploitation d'importantes ressources minières, énergétiques et halieutiques, avec l'ouverture prochaine d'une nouvelle route maritime pour le fret mondial, et la question du tracé des frontières maritimes qui recoupe les deux questions précédentes.

L'ensemble de ces enjeux arctiques étroitement liés suscite à la fois **les espoirs de certains acteurs** (États polaires, entreprises multinationales, puissances commerciales, voire peuples autochtones) **et les inquiétudes d'autres acteurs** (ou des mêmes !). Les revendications des États côtiers de la région sur l'extension de leur souveraineté nationale débouchent sur des différends et des tensions qui posent la question de la gouvernance arctique, d'autant plus que sont également concernés les droits des peuples autochtones et les enjeux de protection environnementale.

Explications

Le plan de la légende de la carte reprend logiquement l'intitulé du sujet en décrivant d'abord le contexte physique et humain du bassin arctique dans lequel vont se produire les effets du réchauffement climatique (principalement, les perspectives d'un nouvel espace de transit pour le commerce mondial et celles de l'exploitation d'importantes ressources, notamment énergétiques), de telles perspectives débouchant sur des tensions de diverses natures.

L'étude des mutations des régions polaires fait intervenir **quatre échelles d'analyse qui interagissent constamment**. L'échelle planétaire met en valeur la région arctique dans son ensemble et ses rapports complexes avec le reste du monde. L'échelle nationale pose la question de la gestion des espaces nordiques au sein des différents États polaires. L'échelle régionale permet de réfléchir aux stratégies de développement endogènes du Nord en montrant la diversité de la prise en compte des revendications autochtones. Enfin, l'échelle locale traduit les réalités très nombreuses des territoires arctiques ruraux ou urbains, continentaux, insulaires ou littoraux.

Limites de la carte

Compte tenu de la projection polaire (incontournable) et de l'échelle choisie, la carte rend difficilement compte de certaines questions se posant dans les parties continentales de l'espace représenté. Néanmoins, le choix de plusieurs types de figurés ponctuels permet d'évoquer un nombre satisfaisant de ces questions (gouvernance arctique, ressources, villes, peuples autochtones, etc.).

N° de projet : 10203329
Dépôt légal : Juillet 2014
Imprimé en France par Loire Offset Titoulet